玄空陽宅三十天快譯通

作者：於光泰博士

於光泰

籍貫：中國，江蘇省，常州。
1957 年出生於台灣桃園市。

學經歷：
台北科技大學建築系、土木系
輔仁大學中文(易經)博士
中央大學哲學(陰陽五行)博士
指南宮中華道教學院講師
中華易學會一、二屆理事長
桃園市易經研究學會第十屆副理事長

相關著作：
1.八字基礎會通
2.周易與六爻預測
3.易經三十天快譯通
4.擇日學三十天快譯通
5.陽宅奧秘三十天快譯通
6.八字奧秘三十天快譯通
7.子平真詮三十天快譯通
8.滴天髓三十天快譯通
9.玄空飛星三十天快譯通
10.「梁學八字大破譯」教學光碟

11.「梁學陽宅內局大解碼」教學光碟

12.「三合派與形家風水會通」教學光碟

13.「梁學八字基礎整合」教學光碟

14.「擇日十週會通」教學光碟

15.「八字流年實務」教學光碟

16.「八字卜卦基礎十八堂」教學影片

17.「陽宅奧秘二十六堂」教學影片

18.「九星水法八堂」教學影片

19.「大流年判例」教學影片

20.「細批終身詳解」教學影片

21.「子平真詮」(上)教學影片

推薦序

　　「臺灣道教聯合會」於癸卯年（2023 年）在臺北市桂林路 171 號開始籌辦「臺灣道教學院」，第一學期聘請於光泰博士主導應用易學相關課程，其中包含易經哲學、八字學、擇日學與陽宅學等，治學嚴謹而使學員反映熱絡，尤其認為於博士的「三十天快譯通系列」，在質量與可讀性均有精彩內容。前些日，於博士提出近日完成的著作《玄空陽宅三十天快譯通》，余觀察其內容，章節清楚，說理通透易懂，確實是陽宅學公開佳作。

　　於博士孜孜不倦，博覽群書，早年從事建築業時，即在台北科技大學建築系與土木系取得雙學士學位。晚期基於對傳統文化之興趣，分別取得輔仁大學中文（易經）博士與中央大學哲學（陰陽五行）博士學位，是為目前臺灣講授應用易學課程之中堅人物。尤其上課時與同學互動熱絡，在學問關節處務必再三點撥，取得「一石擊破水中天」之效果，以便加強學員理解與記憶，經常在曲折委婉中，使同學在恍然大悟後得到學問菁華處，再以其系列著作開導學員學習格局，觸動同學在學問中流連忘返。

　　於博士完成此書後，先將初稿交余審讀，並索取序文附于書目，余自然樂意在此等質量之書敘述心志，除發揚傳統文化外，並能加強本學院課綱完整性，激發學員上進心。相信此書能在出版後，有益於幫助學習陽宅者循序漸進。「臺灣道教學院」是永續性辦學機構，於往後任重道遠，對於有志一同者欣然相謀相合，並誌於此序文，共同勉勵盡善盡美。

　　　　　　　癸卯年乙丑月　　張瑞濱
　　　　　　　於臺北市桂林路 171 號「臺灣道教學院籌備處」

作者序

　　我寫這本《玄空陽宅三十天快譯通》，是接在《陽宅奧秘三十天快譯通》出版後；換句話說，我認為學習玄空陽宅應該依序將陽宅基礎、內外局形勢、八宅法、紫白飛星等基礎完成後，學習玄空陽宅自然水到渠成。「玄空」之義本《青囊經》，地形家之推時運用之。又有「天玄而地黃」、「玄之又玄」、「玄者天也」等說法；因此武進談養吾謂：玄空者，天運之流行於空際之義。關於玄空學一路悠遠而來，尤惜陰《二宅實驗》自序簡單扼要說明：

> 大玄空挨星法，始於晉郭璞之《青囊經》哲理深奧，不易了解。至唐而有楊筠松，洞悉陰陽原理，闡發傾囊秘訣，一時著書立說，其學大昌。自宋以降，其法漸漸失傳，於是異法蠭起，謬偽流傳，莫宗一法。至清初有雲間蔣大鴻氏，得無極真傳，著《地理辯正》一書，辨是非，定真偽，以為後世法；經數傳而有吾邑章仲山先生出著《辨正直解》及《心眼指要》等書，然皆半吞半吐，蘊而不顯。

由上述可知玄空學雖然隱蔽玄妙，但仍有清晰之軸路可以遵循。江南自古稱「魚米之鄉」，現代已成為中國對外主要貿易進出口通道，尤其以上海、蘇州、無錫、常州、南京一線人文薈萃，亦為玄空學「無常派」發源之一。本書之寫作目的不過是將此門學術化繁為簡，讓習者學以致用。

　　本書主要內容依據《沈氏玄空學》為主軸，並參考玄空學相關文獻，第一章：玄空學基礎認識。第二章：飛星盤組合。第三章：玄空理氣專論。第四章：宮星組合意義。第五章：玄空訣語析論。第六章：古今實例解析。我盡量在層次、段落、

文獻、解釋等下功夫，讓現代人能輕鬆閱讀，以除去此門玄之又玄的刻板印象。運筆之間逢中央大學哲學所博士論文考試，與臺灣道教學院（臺北市桂林路 171 號）課務行政等，焦頭爛額之際必然有所疏漏，願讀者神會而明之。

　　　　　　　　　　　輔仁大學　中文（易經）博士

　　　　　　　　　　　中央大學　哲學（陰陽五行）博士

　　　於光泰　於癸卯年　乙丑月　　於中華易學會視訊教室

內文目錄

1

2

圖片編號與目錄

圖 1、幹龍枝龍支龍

地理家以山名龍，何也？山之變態千形萬狀，取其潛、見、飛、躍，變化莫測。

《地理人子須知》：論龍不可不辨枝幹，論枝幹又不可不辨大小，以審其力量之輕重，然審辨之法以水源為定，故大幹龍則以大江大河夾送，小幹龍則以大溪、大澗夾送，大枝龍則以小溪、小澗夾送，小枝龍則惟田源溝洫夾送而已。

所謂大幹龍者，即幹中之幹者也，其祖皆出名山，跨州連郡，延袤幾千百里，乃正氣所聚，鍾靈孕秀，穎異殊常，夐然高廣，而每有雲霧發現。經云：先尋霧氣識正龍；又云：尋龍望氣先尋脈。

枝龍雖有大枝、小枝、旁枝之不同，然要之均稟于造化而有融結者，則亦不可棄也。惟要星峰秀麗，穴情明白。其穴多在龍氣盡處。大抵枝龍之地，必要星辰聳拔，起伏分明，屈曲盤桓，逶迤走弄，枝腳橈棹均勻，護從纏托齊整，穴堂藏聚，証佐分明，前有朝迎，後有護送，左有周密，明堂平正，水城彎曲，四獸有情，下砂有力，水口交鎖，羅城稠疊，乃為吉也。如或龍無起伏，星峰不秀，穴道模糊，沙水散漫，下手無力，朝案無情，水口寬闊，則無融結，不必顧矣。

圖 2、辭樓下殿

辭樓下殿。壠龍,高山之龍,星峰形勢脈絡分明,易於尋索。支龍,平地之龍,千里平夷,一望無際,難於追求。壠龍以磊落起伏,逶迤奔走為美;軟弱、瘦削、醜惡、崚嶒為凶。支龍則以相牽相連,隱隱隆隆,界水明白,脊脈分曉為妙。

祖宗高頂名樓殿,常有雲氣現,故先尋霧氣。尋龍旺氣先尋脈,雲霧多生在龍脊,此是龍樓寶殿定;故觀雲霧之所生,以察山龍之太始,即太祖山。

論少祖山

尋龍先察太祖山,然太祖山何其悠遠,尤恐失真,故審查少祖山美惡,庶為親切。由太祖山一路蜿蜒曲折而下,離祖既遠,各分

支派，必有結穴處，忽起高大山巒，不過數節，即結穴場；其高大山巒，謂之少祖山。若其山分枝尚多結穴尚遠，猶未可謂少祖；乃是駐蹕山。如節數太多，便謂離主星遠，力輕氣弱，又須再起主星方好。

論無少祖山，凡平岡之龍，多只逶迤而來，若行度擺摺屈曲，亦不必拘其必有少祖山，方為大地。只要將入穴際，二三節內跌斷束氣，結咽過脈，此即視同有少祖山。換言之，不必拘泥頓起高山，但斷處以近穴為貴，仍須藏風。若有珠絲馬跡，草蛇灰線，藕斷絲連，龜脊牛背等形，即是得氣真融結。

圖 3、水局關鎖

水到局者，來水入堂之謂也；水之到局，欲其入堂，欲其到口為
吉，若水遠來入局，將及到明堂，卻便反跳撇去，謂之不到堂。
水或到堂而無下關收水，或不肯流至下砂攔截之處，謂之不入口，
總為無益。故水以到堂入口為貴，其水之大小則不必拘。

第一莫下去水地，立見退家計。但去水之穴，未可蓋以為凶。凡
山勢關截高固，龍真穴的，砂又關攔鎖抱，又或小勢雖去，大勢
則逆，非一向直去即可。

圖 4、窩鉗乳突

《地理人子須知》:「穴之所忌,亦丁形而察之耳;蓋葬者乘生氣也;而氣囿于形,因形察氣,故乘粗惡者,其氣暴。山單寒者,其氣微。散漫則氣亦散漫。虛耗則氣亦虛耗。及夫巉巖、陡瀉、臃腫、凹缺、幽冷、峻急、僵硬等類,皆莫不以形而見其氣之吉凶」。

窩以高山地區多見。《地理人子須知》:「窩之為形,凡四格;曰深窩、曰淺窩、曰狹窩、曰闊窩;皆以左右兩掬均勻為正格」。窩穴要窩中圓淨,弦稜明白;凡雞窩、鍋底、掌心、旋螺、金盆、銅鑼等形,皆窩穴之,異名耳。《地理人子須知》:「淺窩者,開口中平淺也,不宜太淺,太淺則不明,須是淺得其宜」此窩淺而張口,亦稱張口窩,雖淺仍宜。

圖 5、起頂開帳

《地理人子須知》:「夫尋龍之法,當原其所始,故先察祖宗山。經云:尋龍須尋祖與宗,不辨祖宗何足話。賦云:問祖尋宗,豈可半途而止;蓋山之有祖,亦山水之有根;水之有源,根大則支遠,源深則流長,自然理也。是故尋龍之法,必先究祖宗,知其祖宗,則龍之遠近長短,氣之輕重厚薄,力量大小,福澤久暫,皆可於此而察識之矣。」少祖山宜奇異特達,秀麗光彩,或開大帳,或起華蓋、寶羊,或作三台、玉枕、御屏諸般貴格。龍開帳而出,最為有力。

圖 6、金星圓潤

《地理人子須知》論五星體性：「金之體圓而不尖，金之性靜而不動」。金星：高山之金，如鐘如釜，頭圓不欹，光彩肥潤，金之吉者。平岡之金，如笠如馬，倒木圓拱，如珠走盤，金之吉者也。平地之金，圓如堂餅，肥滿光潔，有弦有棱，金之吉者。」

山勢定靜光圓則吉；流動不正則凶。
山面圓肥平正則吉，欹斜朧腫則凶。
山頂平圓肥滿則吉，破碎巉岩則凶。
山腳圓齊肥潤則吉，尖斜走竄則凶。

圖 7、平岡龍無水

郭璞，《葬經》：「夫重岡疊阜，群壠眾支，當擇其特，大則特小，小則特大。參形雜勢，主客同情，所不葬也」，指山勢逶迤而下，結穴者，眾大取小；眾小取大；緩來急受，急來緩受。在龍脈枝結轉折處，如花木結果必在枝節般，均有結穴。若主客同情，主客山形相對皆為雷同形勢，且平坦而無開口，神仙難下手。《地理人子須知》：「茫茫四畔無龍虎，君若尋龍向何處；地師指把水為龍，交流便是龍歸路」。坦蕩迴野，散漫依稀，亦無峰巒佐證，再無水局，即無結作。

圖 8、九曲朝水

水之吉者，聚而不散；見其來，而不見其去。《地理人子須知》論
水發源：「夫發源水者，明堂中溯觀來源之水也，水之發源，欲其
深長，深長則龍氣旺，發福必悠久；若水源短，則龍必短，發福
不遠大。」宜天門開，地戶閉，下手砂關攔，明朝不如暗拱。
《地理人子須知》論水出口：「出口者，水既到堂，必有去處，謂
之出口。水之出口，欲其彎環，屈曲迂迴深聚，《葬書》云：其去
無流，又云顧我欲留為妙。若直而急，淺而峻則凶。大抵宜有羅
星、遊魚、北辰、華表、捍門，關欄重疊之砂，則其出自美也。
若水直去蕩然者，絕無真氣內聚也」。

圖 9、水曲土富

土星：高山之土，如倉如屏，重厚雄偉，端正方平，土之吉者也。平岡之土，如几如圭，重厚獨肥，不傾不欹，土之吉者。平地之土，塹傍如削，方厚平齊，有高有低，土之吉者也。大抵去水地發福必遲；但若穴前緊夾，不見去水，亦能速發。

圖 10、倉板水

倉板水《地理人子須知》：「九曲者，屈曲之玄也，亦名御街水。
經云：直號天心曲御街，此水極吉，主大富貴。卜氏云：九曲入
明堂，當朝宰相；一歲九遷，定是水流九曲。」
「倉板者，田源之水特朝也。亦同御街水，以其田坵平坦，分級
如御街耳。主貴有貲財，富冠鄉邦，此水最吉。董德彰曰：不冲
不割，無穿射，惟有田朝勝海潮，甚言田朝之至美也。」

圖 11、輔弼水

輔弼水，輔弼二星連為一位，為卦之本體。楊公稱左輔右弼，廖公
稱太陽太陰。凡得輔弼者，主官貴，得祿位，慈祥孝友，男為駙馬，
女為宮妃，或為命婦。此星又名伏位，蓋三爻不動也，其星頗吉。

圖 12、玉帶環腰

天一生水，水實萬物之祖。未看山，先看水，有山無水休尋地。《地理人子須知》:「地理家謂:山管人丁水管財，誠然不爽;然水有大小，有遠近，有深淺，觀其形勢，察其情性，而吉凶取捨有定見矣。然其大旨不過來者欲其屈曲，橫者欲其遶抱，去者欲其盤桓，而匯聚者，欲其悠揚。囊江融瀦澄凝;登穴見之，不直衝，不斜撤，不峻急，不湍激，不反跳翻弓，不傾瀉陡跌，不射不牽，不割不穿，而有情顧穴，環繞纏抱，戀戀不捨。《葬書》所謂:洋洋悠悠，顧我欲留，其來無源，其去無流。」

圖 13、反背退縮

横水局，位於反弓處，明堂短狹，虔誠就好。虎邊有陸橋兜收，
也算下手臂。八運收旺氣，九運平安快樂。

圖 14、堂前聚水

《地理人子須知》論聚水：「聚水最吉；師云：水朝不若水聚。吳公云：一潭深水注穴前，不見來源與去源；巨萬資財無足資，貴人朝堂代有傳。故凡穴前水最宜深聚。蓋水本動，妙在靜中，聚則靜矣。……池塘水，池塘之水乃地勢淤下，會集諸水者也。若是生成原有者，亦儲祿之類，穴前得之最吉。不可填塞，如誤填塞，禍災立應；若鑿池開塘，亦須詳審，不可妄開傷殘龍脈。發洩地氣，立招凶禍」。《葬經》：「風水之法，得水為上，藏風次之。」

圖 15、低一寸即水

《地理人子須知》論支龍:「夫支龍者,平地之龍也;平地之龍,其祖宗父母剝變過峽、與夫枝腳橈棹、纏托護從,大段與壟無異。吳公口訣有云:臥倒星辰豎起看,故亦有開帳、穿心、亦有華蓋、三台、御屏、玉枕等格。但龍行地中皆平面,倒地多闊大,難于檢點,惟以相牽相連,步其龍脈,高一寸為山,低一寸為水,察其隱隱隆隆之脊,或直或曲,動輒轉十里或數里,始有水分八字之峽或有石骨微露蹤跡。……平地之脈,如草中之蛇,灰中之線,只看水分水聚之中,便是真氣融結去處。」平洋龍,兩山夾一水,高一寸即山。

圖 16、高壓護頂

平洋龍立穴，若有生成之龍，必有生成之穴，龍虎明堂，水城對
案，羅城水口，自然件件合法。都會陽宅寸土難求，高樓林立，
得水為上，交通便利；藏風次之，生氣盎然；淺深得乘，風水自
乘。泰山壓頂，水口須隱蔽；出入高亢，迎接天光。

圖 17、屋正樑歪

　　住家為休息之處所，凡造成視覺、聽覺、嗅覺、觸覺、體感等不順遂之情況，即為忤逆生活環境之正常情況；無須因一時快感而設計悖逆人性的居住環境。

圖 18、堂局端正

融聚明堂,《地理人子須知》:「融聚者,明堂之水融瀦囊聚也;至
貴。卜氏云:水聚天心,孰不知其富貴。楊公云:明堂如掌心,
家富斗量金。又云:明堂如鍋底,富貴人難比,大抵皆融聚之水。」
戲台論下手砂,涼亭論華表。

圖 19、天門閉地戶開

人行斑馬線、紅綠燈就算關欄，正對門即屬路箭。見電線桿豎立
在上游，屬於天門不開，需有下手砂。

圖 20、龍虎不同

虎現爪，遮擋制去，移形換步，眼不見即可。

圖 21、散漫無收

曠野無收邊，貴人難尋；長槍擊如矢，人事難安；一遮二閃三迴
避，無遮無護不如去。

圖 22、明堂傾斜逼窄

《地理人子須知》論明堂凶格九式：劫殺明堂、反背明堂、窒塞明堂、傾倒明堂、逼窄明堂、偏側明堂、破碎明堂、陡瀉明堂、曠野明堂等。面對傾倒、窒塞、逼窄、割腳水貼近，以混凝土圍欄遮擋，製造出緩衝空間，也算對策。

圖 23、形煞莫當

　　《陽宅集成》記載:「屋脊獸頭冲,必主生災出黃腫」。「神祠凶物,只宜遠御;若在近邊,反主災晦,再值凶方,禍不旋踵」。「開門向廟宇,年年官病起;寺館宮殿角,官非家退落」。「開門向廟多囚禁,門前有法壇,女被鬼神姦」。「壇廟宜居水口,羅星(尖角、火星)切忌當門」。

圖 24、橫看成面側成鋒

〈天元歌〉：「矗矗高高名嶠星，樓臺殿宇一同評，或在身邊或搖應，能回八氣到家庭，嶠壓旺方能受蔭，嶠壓凶方鬼氣侵」。〈歸厚錄〉：「鄰居高峻處，如艮方有高屋，則氣被障斷，反從艮方迴向我宅，黃白氣說，所謂迴風反氣，自高及下者也。高屋多，則氣厚；高屋少則氣淺，若遠方高屋迢遞而來，漸近漸低，歸結到宅，氣由百倍矣」。利弊自取，焉知禍福。

27

圖 25、物盡其用

〈搖鞭賦〉:「切忌長石對門安,小口入黃泉,左男右女便知情,切莫亂其形,門前若有堆垛石,氣疾無休息,堂內若堆石,墮胎與眼疾」。大石不宜佈置在陽宅內局。

《陽宅集成》:「局中石塊臥其方,橫豎都來起禍殃;白石山中年歲久,心疼齒落眼無光」。指大石在陽宅內局中的弊病,如果在外局,或有擋去煞氣的作用。

圖 26、天清地方

天圓地方，整齊劃一，出門穩定，進門寧靜。

圖 27、天清地濁

天清地濁，不要讓視線混濁。步履蹣跚，眩人眼目。風水學只是
配合環境、生理與心理舒適的學問而已。

29

圖 28、不招貴人

尋龍之法，先求氣脈；點穴之法，先定明堂。立穴欲得明堂正，真氣聚處看明堂。若明堂不正不聚，而傾瀉倒側，則是真氣不融，縱有美穴，亦須棄置；有真穴必有真堂。

破碎明堂，《地理人子須知》：「破碎者，明堂中或突或窟，或尖或石而不淨者是也」；主百事無成，禍盜疊出，家道不寧，少亡孤寡之患，即招圖賴人命之非，飛來災禍，退敗產業，此等明堂最為不吉。

第壹章、玄空學基礎認識

　　堪輿學也稱風水學，風水學包含陽宅與陰宅，玄空飛星法理論適合於陰宅與陽宅，然而時代變遷，故本書以陽宅觀點陳述。玄空風水涉及的基礎知識很多，例如：陰陽五行、河圖洛書、八卦形象、三元九運、九宮飛行路徑、飛星生剋制化、外局形勢等。

　　「玄空」何義？楊雄《法言》：「玄者，一也」，道生一，有道斯有數。「空」，空非真空，並非一無所有，憑藉於五行而存在，空即竅，竅有九，故曰九竅。是玄空二字，自一至九之謂，然一至九非定數也，有錯綜參伍存乎其間，故以玄空二字代之。空，也是空間的涵義。換言之，玄空是形容洛書數帶入中宮後的各種數字變化，對吾人生活空間如何影響變化之玄妙而已。隱喻三元九運錯綜複雜，其理一貫而妙，故以玄空為名詞。小玄空指陽宅風水，大玄空指陽宅之外牽涉時間等世間運程。[1]《談氏三元地理大玄空路透》：「玄空之義本《青囊經》；地

---

[1] 世運交替的閎大不經，陽宅風水屬於陰陽學，其鼻祖乃先秦陰陽家。《史記‧孟子荀卿列傳》：「齊有三騶子。其前騶忌，以鼓琴乾威王，因及國政，封為成侯而受相印，先孟子。其次騶衍，後孟子。騶衍睹有國者益淫侈，不能尚德，若大雅整之於身，施及黎庶矣。乃深觀陰陽訊息而作怪迂之變，終始、大聖之篇十餘萬言。其語閎大不經，必先驗小物，推而大之，至於無垠。」因此近代來由七運、八運、九運，自然有地理師附會時運五行特性討論世道吉凶。

七運之時，兌金當道，〈說卦傳〉：「兌為澤，為少女，為巫，為口舌，為毀折，為附決。其於地也，為剛鹵，為妾，為羊。」因此少女為歌影星、傳播事業、與口舌有關的行業，各種演唱會蓬勃發展，動輒千萬人，能登台者皆名利雙收。破軍也是凶星之一，在旺運並無凶象，到接近八運交替時，破軍金的現象顯露，例如：大者兵凶，例如美伊之戰，小者刀光劍影，唇槍舌劍等。

八運之時，〈說卦傳〉：「艮為山，為徑路，為小石，為門闕，為果蓏，為閽寺，為指，為狗，為鼠，為黔喙之屬。其於木也，為堅多節。」八運屬

1

形家之推時運用之。」　　玄空飛星依照元運的不同，將陽宅內局分為洛書般的九宮格，區分為生氣、旺氣、退氣、煞氣、死氣等。其次觀察當運之氣與巒頭山水分布的狀態，山要在旺方，水要在衰方，如此即可財丁吉祥。實際運用要從外部局勢，周圍環境，水路狀態分判出城門位置。城門乃「一闔一闢謂之變，往來不窮謂之通」的關鍵；看似道理深，操作不難的。

　　「天心」何義？日月為易，易學總括在「一陰一陽之謂道」，「中」字即「心」字，《沈氏玄空學》:「老子號此心為玄牝之門，是謂天地根。」指洛書大運流年入中飛行之地。每運必有相對的運星進入地盤中心，地盤的中心稱「月窟」，相對運動進入的星稱「天根」，合稱「天心」。

　　本書第壹章玄空飛星基礎認識，僅談及相關基礎認識，至於學習數術易學更往前的基礎例如：天干、地支、六十甲子五行生剋、天干五合、地支六合、地支三合、地支六冲、地支相刑、地支相害、五虎遁、五鼠遁、空亡、二十四節氣、各種物質五行性、巒頭形煞、青龍白虎朱雀玄武、山水形局認識等，請參閱拙作《陽宅奧秘三十天快譯通》，不贅述。又「玄空」學不免有數術界之常態，因派系之區別互相嗤之以鼻或攻訐，本書勉勵讀者各取所長，無須混亂於此常態。

土，房地產業扶搖直上，「為徑路」，從事運輸業、自由業也能蓬勃發展。「為指」，手藝類，專業技能均為選項。左輔艮十是財星，富者聚集財富甚速，有土斯有財。八白，也使貧者越發不能翻身，一窮二白。

九運之時，〈說卦傳〉:「離為火，為日，為電，為中女，為甲冑，為戈兵。其於人也，為大腹，為乾卦。為鱉，為蟹，為羸，為蚌，為龜。其於木也，為科上槁。」九紫離火，「為電」，指電機、電子等行業發達。

一、玄空飛星概述

楊筠松，（834 年 4 月 20 日－900 年 3 月 12 日），俗名楊救貧，名益，字叔茂，號筠松，唐代竇州人（今廣東信宜市鎮隆鎮八坊村）人，風水宗師，常被地理、堪輿學家視為祖師祭拜，尊稱為楊公、楊府真人、楊救貧、楊太伯公、楊府真仙、救貧仙人等。著《疑龍經》、《撼龍經》、《立錐賦》、《黑囊經》、《三十六龍》、《青囊奧語》、《一粒粟》、《都天寶照經》、《天元烏兔經》、《葬法倒杖》、《天玉經・內傳》、《天玉經・外編》等書。

蔣大鴻，明末崇禎年間人士，曾從「無極子」學習三元堪輿學，明末清初在福建扶助唐王抗清，兵敗退隱亡命江湖，全心潛入堪輿學，著作有《地理辨正》、《水龍經》、《天元五歌》、《陽宅指南》、《陽宅三格辨》、《相地指迷》等。[2] 清末三元學說分成六大宗派：滇南派、無常派、蘇州派、上虞派、湘楚派、廣東派等。三元派也是「易經風水」的一環，總結以先天八卦辨識陰陽交媾，以後天八卦計算運勢旺衰優劣而已。古時讀書人善於使用玄奧莫解之專有名詞，包裝以天機之類神秘氛圍，故風水理氣套用《易經》，各家顛顛倒倒，均可

---

[2] 蔣大鴻（1616 年－1714 年），名珂，字平階，又名諸生、雯階，號宗陽子，門人稱其「杜陵夫子」。明末清初的著名風水師、堪輿學家，亦為有名詩人。世代居於江南松江府華亭張澤（今上海市松江區張澤鎮）。蔣大鴻幼年喪母，中年喪父。初隨父安溪公習形家風水。後經多番引證，發覺很多不妥當的地方，但卻不知如何改正。後機緣巧合，得無極子傳授玄空風水，恍如茅塞頓開。之後再集各家之法，加以融會貫通，先後習吳天柱水龍法、武夷道人陽宅法等。如此十年後，蔣氏開始四處遊歷，引證所學風水，再十年，才完全掌握玄空風水之真諦，成為中國風水一代宗師。晚年的蔣大鴻在紹興山耶溪定居。姜垚《從師隨筆》：康熙五十三（甲午 1714）年，為東關人沈孝子葬親。死後葬於若耶溪樵風涇。亦有一說，云蔣氏墓穴在紹興府會稽縣，東南距城約十餘里石帆山下的林家匯。以此資料計算，蔣氏享壽至少九十八歲。參閱維基百科全書。

自圓其說。各家大致記載蔣大鴻雖出神入化，卻藏私保密，搞個神秘兮兮。

沈竹礽（1849 年－1906 年），原名沈紹勳，字竹礽，清浙江錢塘人，生於道光廿九年六月，卒於光緒卅二年六月。清時著名的風水師、堪輿學家，為玄空風水學的重要人物。沈氏窮一生精力，將歷來視之若秘之玄空風水學苦心研究，更不吝傳授與後人，可說是對近代風水學研究者影響至大的人物之一。沈氏為北宋學者沈括後裔，自幼鑽研易經和各派風水，但總覺得靈驗度不夠，後從玄空大師章仲山後人處以重金借得《陰陽二宅錄驗》，加以剖析，將自己讀書心得公諸於世。沈竹礽生前並未完成《沈氏玄空學》，身後由其子沈祖綿併同友人整理完成。

楊筠松至蔣大鴻已然無法細考，蔣大鴻遮遮掩掩秘而不傳，後來出現滇南派、無常派、蘇州派、上虞派、湘楚派、廣東派等，其中又有張心言所注《地理辨證疏》中之八卦九運、八八六十四卦等傳播在外，也引起是否即蔣大鴻之真三元爭議。玄空學既然以沈竹礽《沈氏玄空學》最暢行，本書即以之作為依據並旁徵博引，以免有所混淆。[3]

二、風水定義與傳統文化

人造住宅，住宅造人，故《黃帝宅經‧序》說：「夫宅者，乃是陰陽之樞紐，人倫之軌模，非夫博物明賢，未能悟斯道也。」又說：「故宅者，人之本，人以宅為家居，若安即家代昌吉，若不安即門族衰微，墳墓川崗並同茲說。」其中「墳墓川崗並同茲說」，指風水除陽宅外還有陰宅。郭璞《葬經》：「氣乘

---

[3] 沈竹礽著，《沈氏玄空學》：「近世習玄空者，分六大派曰：滇南派、無常派、蘇州派、上虞派、湘楚派、廣東派。滇南宗范宜賓，無常宗章甫，蘇州宗朱小鶴，上虞宗徐迪惠，湘楚宗尹有本，廣東宗蔡岷山。六派中能從融會貫通者實無一人，其書均有流弊；由於嚴守秘密，以訛傳訛，即有誤處，不肯輕洩，無人糾正耳。」

4

風則散，界水則止。古人聚之使不散，行之使有止，故謂之風水。風水之法，得水為上，藏風次之。」無風看水，無水看風，「氣」在巒頭是氣溫、氣流、燥濕等，在理氣是卦氣、天運。風水是中國傳統文化中根深蒂固的觀念，帶有部分科學、玄學、神祕主義的成分，其中以心理學、物理學都能合理的解釋。以現代觀念而言，也屬於環境規劃之一環。

三、巒頭與理氣

《沈氏玄空學・增廣沈氏玄空學序》：「……巒頭徵實，古今無偽書；理氣課虛，古今多偽訣。……惟今之談地理者，以巒頭為形，理氣為法，其實否也；蓋巒頭以左青龍而右白虎，前朱雀而後玄武，斯固形也；而理氣以南午、北子、東卯、西酉，是亦有形之可據，安能謂理氣無形者乎？《易・繫傳》曰：『形而上者謂之道，形而下者謂之器』，以巒頭一山一水猶器也，是謂形而下也；可以理氣之一山一向是道也，即形而上之謂也。惟易以形括上下，器則徵實，道則課虛，此巒頭理氣實一而二，二而一也。」換言之，巒頭與理氣在玄空風水學中一體兩面，缺一不可。

（一）、巒頭派

巒頭派又稱為形法派、形象派、形勢派等。《葬經》：「千尺為勢，百尺為形……夫勢與形順者吉，勢與形逆者凶。勢凶形吉，百福希一；勢吉形凶，禍不旋日。」指上者形勢皆吉，其次勢凶形吉，再次勢吉形凶，下者形勢皆凶。《葬經》：「天光發新，朝海拱辰；龍虎抱衛，主客相迎；四勢端明，五害不親。」[4] 這些巒頭理論皆足以申論至陽宅而發揮。即以房屋內外

---

[4] 張淵量主講，《葬經圖解》：天光發新者，天門開闊也。地貴乎在天門開、地戶閉，天門開能收納進氣而生旺。地戶閉能藏氣蓄靈而生財旺裔。……朝海者，明堂廣大，如海之平潤，萬水之朝宗，眾星之拱辰，枝葉之護花果，善而廉美，廣大而有聚以納千祥也。拱辰者，山峯之名稱也。如七星拱月、

格局、形狀，搭配周邊龍、穴、砂、水等外圍環境綜合判斷。故端視藏風聚氣，龍虎交抱，去水之玄，環抱有情等外局判斷；唐代以後主要活動於江西，故又稱「江西派」，代表人物為管輅、郭璞、楊筠松、李虛中、賴布衣等人，這些代表性人物均是堪輿學泰斗，能引經據典熟諳風水操作原理；因此作品經得起推敲驗證而流為典範。《陽宅十書‧論宅外形》云，「凡宅左有流水謂之青龍，又有長道謂之白虎，前有汙池謂之朱雀，後有丘陵謂之玄武，為最貴地。」這種覓龍、察砂、觀水、點穴，有形必有靈，有靈必有驗，依據山巒流水與建築物外觀形貌、大小遠近、角度相對位置、有情無情的稽核過程，就是巒頭派的實踐，與河圖所代表的時間空間概念契合。形法派強調對人類視覺、嗅覺、聽覺等心理與生理的影響作用。玄空飛星簡便之法《沈氏玄空學》：「龍真穴的，宜取向上旺星。」《沈氏玄空學‧論城門》又說：「四山環抱，獨子方有缺口，水口亦在子，此地即可用城門訣。……城門一訣，四山缺口多者不能

七星墜地。天梯、天橋、天馬、誥軸、展誥、文筆、頓筆、執笏、龍樓鳳閣、旗、鼓、劍、印、龜、蛇等。眾星拱聚，群峯擁簇，穴在中央為拱辰也。……龍者，砂名也，在穴之左方，名為青龍也，青龍要抱顧有情方吉，反弓必凶也，長房應敗也。虎者，砂名也，在穴之右方，名為白虎也。白虎要環衛親切有情方吉，反之必凶，如仰頭攀拳者小房應敗也。主者，發祖來龍之山也。山龍之祖山，要有聳拔之勢，落脈要有降下之勢，出身要有屏障之勢，過峽要有頓跌之勢，行度要有起伏曲折之勢，轉身要有前趨後撐之勢，或踴躍奔騰，若馬之馳，若龍之蟠，若鳳之舞，若鸞之翔或層級平鋪，若海之浪，若水之波。……客者，朝案之山也。如一字案、眠弓案、福壽案、三合、舞架、天馬、文星、文筆、葫蘆、執笏、牙床等案，要方圓、光秀、整齊、環拱彎抱、朝我、向我、迎我、親我者為吉，是為客山之朝迎也。四勢者，穴場之左右前後之護山也。主山者，穴後之山也，來龍發祖之山要聳拔端嚴方吉。客山者，穴前之案也。前案之山要秀麗趨揖，朝拱有情。五害不侵者，凶惡邪藏之地也。1、崩破尖射，窮源僻塢為一害。2、裹頭沖割，曠盪風吹為二害。3、空缺斜飛，牽城傾瀉為三害。4、擁腫粗硬，峭壁孤露為四害。5、掀裙舞袖，探頭抱肩為五害。

用⋯⋯無非要將當元得令之星排到城門。」因此巒頭與向星必須配合得宜。

(二)、理氣派

理氣派則是將陰陽五行、八卦、河圖、洛書、星相、神煞、奇門、十二地支、紫白飛星、六十四卦等理論收入理氣派，綜合元運判斷宅運，以決定房屋坐向之吉凶。理氣派是從時間和空間上考察人體與地理氣候，地極磁波變化的關係。因為觀察陽宅風水先外後內，次第審查。故先巒頭後理氣，先從外部大環境考量，再審查屋內氣場吉凶，最後套用理氣判斷。「地」指地理，「時」指理氣。在理氣方面，例如流年文昌、流年財位、流年桃花、流年天醫等，必須依時布置。理氣派在龍、砂、穴、水沒有相當優異條件之下，給出堪輿師判斷吉凶的話語權。玄空飛星在羅經使用正針，而中針人盤消砂與縫針天盤納水不用。「騎線」，指卦與卦交界，「空縫」，山與山交界，尤其地元兼天元加重空亡形象。但玄空學以「兼向」起飛星盤解決空亡問題。

風水學之派別甚雜，就目前較流行之派別，當然粗分為三合派與三元派。早期先民渡海，在廣闊之原野上，適合勘查山龍水脈，故臺灣早期以三合派為大宗。近來由於數術文化上的交流，與都市化高樓建築普遍之情況，使三元派理氣逐漸普及。將陰陽五行、八卦、河圖、洛書、星相、神煞、奇門、六壬、六十四卦等收入風水理論，綜合元運判斷宅運、房屋坐向之吉凶；因為理論基礎不同，繼續引申出許多派別。巒頭與理氣兩者不可偏廢，各有對應吉凶，無法互相抵銷。故云：「言理氣無巒頭不靈，言巒頭無理氣不準。」蔣大鴻：「通其巒頭形勢者，理氣自有；明其理氣者，巒頭自得，學習風水，巒頭理氣都需要學習，正所謂，理無形無以顯威，形無理無以應事，形理結合，極互依存，極互轉化。」

總之，好風水必須形理兼備，由道路織結、屋宇型態、水路形勢、隔間動線、裝潢材質顏色、吉祥物佈置等，與理氣相輔相成，並非合乎理氣運算之坐向即絕對好風水。玄空學先以路形地勢、龍穴砂水、窩鉗乳突等勘查陽宅周邊巒頭，其次室內佈置、屋向門向定位、起飛星盤評估，缺一不可。「煞」不但指室內外形煞，在玄空學中飛星盤卦數也代表某些煞的意義。關於室內外巒頭基礎功夫，請參閱拙作《陽宅奧秘三十天快譯通》第二章「論外部局勢」，第三章「論內部局勢」等。

四、陽宅分類

(一)、依位置分井邑、曠野、山谷

　　陰宅重來龍，陽宅重堂局，因此陰宅尋找龍脈地氣，而陽宅則以平洋優先，裨益取得良好的生活機能與就業工作機會。陽宅以地勢可分為三種：1、井邑之宅：指城市中街道巷弄之宅，因道路計畫的限制與都市建設成形，故只能以道路為主，水局次之，特重鄰棟關係所形成之各種「形煞」。2、曠野之宅：指城郊之外的陽宅，道路、水局，因為興建自主性較高，所以重視來龍水脈，其次掌握前方朱雀堂局，後方玄武靠山，左青龍、右白虎規劃等。3、山谷之宅：既然是山谷之宅，表示陽宅位在山區。山谷之宅注重水流、風勢、陽光、土石流、崩塌等。

(二)、依功能分住家、營業、特定性

　　陽宅大致以住家為主要用途，山管人丁水管財，歸納項目大約在健康、事業、財運、科甲、婚姻、子息、生育、桃花、血光、官非、人際關係等，總之，調理青龍、朱雀、白虎、玄武四勢與理氣，使人宅趨吉避凶而已。營業用途則以和氣生財為要旨，生意隨社會潮流變動，除了經營管理之外，先從形家判斷，其次大運流年之理氣如何，收旺氣最必要。具有特定性的陽宅，例如公部門機關、交通場站、宮廟道場、軍事要塞、古蹟園林等。

五、河圖與洛書

《周易‧繫辭傳》：「河出圖，洛出書，聖人則之」。《論語‧子罕》：「子曰：鳳鳥不至，河不出圖，吾已矣夫」，顯然〈河圖〉就是個有文化的學問。唐孔安國，孔子十二世孫，其注《論語》及《尚書‧洪範》云：「河圖者，伏羲氏王天下，龍馬出河，遂則其文，以畫八卦。洛書者，禹治水時，神龜負文而列於背，有數至九，禹遂因而第之，以成九類」。上古神話了河圖的神秘，但河圖中確實隱喻了易學陰陽、五行與八卦等思想。

河圖

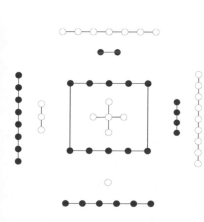

一六北方水（壬癸，亥子丑）
二七南方火（丙丁，巳午未）
三八東方木（甲乙，寅卯辰）
四九西方金（庚辛，申酉戌）
五十中央土（戊己，辰戌丑未）
奇數白點代表陽
偶數黑點代表陰
左青龍。右白虎。
前朱雀。後玄武。

一（白點）六（黑點）為水居北；二七為火居南；三八為木居東；四九為金居西；五十為土居中。每一個方位都由一陰一陽構成，且相差數為五。中央五十土生西方四九金，西方四九金生北方一六水，北方一六水生東方三八木，東方三八木生南方二七火，南方二七火生中央五十土，此五行相生之順序。

河圖中數字的關係在《周易‧繫辭傳》解釋：「天一、地二、天三、地四、天五、地六、天七、地八、天九、地十，天數五，地數五，五位相得而各有合，天數二十有五，地數三十，凡天地之數五十有五，此所以成變化而行鬼神也」。即圖中的東、西、南、北、中，黑點與白點相差數目為五，奇數偶數各一對，

上下左右對稱。以奇數代陽，偶數代陰，則有陰陽之別。而四方及中央，每方所配之數，皆為一陽一陰，因為陰陽配合，一陰一陽成道，於是事物乃產生無窮之變化。《中州派玄空學》：「河圖之數，用來算層數或間數；一層六層或一間六間為水；二層七層為火；三層八層為木；四層九層為金；五層十層為土。若為十一層，作一層；十二層，作二層算，餘此類推。」層指立體樓層。間則指平面有幾排，以大門為主，視為中央。每組河圖數均有生旺剋煞四組方位，例如一六水生震木，剋離火，所以第一層與第六層的陽宅，於震向得到生機，於離向被剋，各有其特殊意義。

　　河圖五子運以六十甲子分成五部分，甲子年至乙亥年共十二年，屬水運。丙子年至丁亥年共十二年，屬火運。戊子年至己亥年共十二年，屬木運。庚子年至辛亥年共十二年，屬金運。壬子年至癸亥年共十二年，屬土運。六十年為一個循環。例如甲辰年是庚子旬屬金；列表如下。

層間	流年	性質
四樓 九樓	庚子、辛丑、壬寅、癸卯、甲辰、乙巳、丙午、丁未、戊申、己酉、庚戌、辛亥。屬金運，同我為旺氣。	金樓得金運，旺氣，發財，突然致富。
十四樓 十九樓	壬子、癸丑、甲寅、乙卯、丙辰、丁巳、戊午、己未、庚申、辛酉、壬戌、癸亥。屬土運，生我為生氣。	金樓得土運，生氣，發丁，局面轉好。
	甲子、乙丑、丙寅、丁卯、戊辰、己巳、庚午、辛未、壬申、癸酉、甲戌、乙亥。屬水運，我生為退氣。	金樓得水運，退氣，損丁，局面漸壞。
二十四樓 二十九樓	丙子、丁丑、戊寅、己卯、庚辰、辛巳、壬午、癸未、甲申、乙酉、丙戌、丁亥。屬火運，剋我為煞氣。	金樓得火運，煞氣，損丁財，遭官訟。
	戊子、己丑、庚寅、辛卯、壬辰、癸巳、甲午、乙未、丙申、丁酉、戊戌、己亥。屬木運，我剋為死氣。	金樓得木運，死氣，損丁，我剋仍有財。

（一）、河圖與先天八卦

「河圖五行」的起始概念，可以想像為春木、夏火、秋金、冬水，土在中央分佈於四方。所以搭配地支是東方甲乙寅卯木，南方丙丁巳午火，西方庚辛申酉金，北方壬癸亥子水，中央戊己辰戌丑未土。東方木屬仁。南方火主禮。西方金屬義。北方水主智。孟子說仁義禮智信，人無信不立，立於四方辰戌丑未月，各旺十八天。

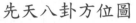

先天八卦方位圖

先天八卦出自於河圖啟示。《易傳・繫辭》云：「天尊地卑，乾坤定矣」。《易傳・說卦傳》：「天地定位，山澤通氣，雷風相薄，水火不相射，八卦相錯，數往者順，知來者逆，是故易逆數也。」邵子曰：「乾南、坤北、離東、坎西，兌居東南、震居東北、巽居西南、艮居西北，所謂先天之學也。」先天八卦與洛書相合，九一相對於南北，九為乾天，一為坤地，故乾坤天地，相對於南北上下。四六相對於東南、西北，六為艮山，四為兌澤，故艮兌山澤，相對於東南、西北。八二相對於東北、西南。八為震雷，二為巽風，故震巽雷風，相對於東北、西南。三為離火，七為坎水，故離火坎水，相對於東西左右。總之，河圖之數起於一，終於十，將五行與數字包括其中，以代表宇宙時空縮影盡在其中。

11

河圖以奇數為陽，偶數為陰，陰陽相配，相生相成。先天為體，因此基本上以不會變動的卦數、筆畫數、樓層數、五行生剋制化以先天八卦來適用。河圖數在《中州派玄空學》一書中，記載完整，本書直接引用：

1、河圖一六水，居震向、巽向為生；居坎向為旺；居離向為剋；居午向為煞。當其生旺，發文章秀士，為榜首、發魁、發甲，主功名—在現代固主考試得利，亦主競爭方面佔優勢。當其居剋煞位，則為淫佚（水星主淫），發寡婦，亦主有溺水之憂，或主人流離飄蕩。故離向、艮向、坤向，不宜見一六水星。

2、河圖二七火，居艮向、坤向為生，居離向為旺，居乾向、兌向為剋，居乾向為煞。當其生旺，主發財而不主揚名（水主貴，火主富，水為文章，火為財帛）。發富商、巨賈，多生女。（即旺女丁而不旺男丁）。當其剋煞，主墮胎、難產等產厄。於病則為吐血、肺癆。於災厄為夭折、官非橫禍。

3、河圖三八木，居離向為生，居震向、巽向為旺，居艮向、坤向為剋，居坤向為煞。當其生旺，主旺男丁，為文才，但不如一六水之主聰明材藝。—在現代，若員工屬下眾多的機構，可用離、震、巽三向的三八木。當其剋煞，主少年夭折，主自縊，主絕嗣，主受雷震電擊。

4、河圖四九金，居坎向為生，居乾向、兌向為旺，居震、巽向為剋，卯向為煞。當其生旺主富，主好義，主多男。當其剋煞，主刀兵，主孤獨，主自縊。

5、河圖五十土，居中宮及坤、艮為旺，居乾兌為生，坎為剋，遇震巽為煞。當其生旺主暴發，且多子孫。當其剋煞為傳染病，為孤寡，為喪亡官非。

河圖之數有生成關係，一生一成，例如：
天一生水，地六成之；一陽六陰同宮，居北方。
地二生火，天七成之；二陰七陽同道，居南方。
天三生木，地八成之；三陽八陰為朋，居東方。
地四生金，天九成之；四陰九陽為友，居西方。
天五生土，地十成之；五陽十陰同途，居中央。

河圖數用到洛書運盤中，有同聲相應的作用，例如一入中，則飛進坎宮之六亦旺。或三八為木，三入中八在坎宮，三八之木的坎水相生更旺。讀者僅需按照數字順序多練幾次即可熟練，不可省略此練習階段。元旦盤的數字是固定的，標明飛星移動路線。

（二）、洛書與後天八卦

洛書是「紫白飛星」的理論依據。經說：「洛書者，禹治水時，神龜負文而列於背，有數至九，禹遂因而第之，以成九類。」坎一，坤二，震三，巽四，中五，乾六，兌七，艮八，離九。戴九履一，左三右七，二四為肩，六八為足，五在其中。一、三、五、七、九這五個奇數，都在四正與中央。二、四、六、八的四個偶數，都在四隅位。上下、左右、斜交加總均為數目一十五。數是方位，數就是卦，以先天八卦的卦數而言與洛書相符。逆剋，以坤艮一六水剋巽坎二七火，以巽坎二七火剋兌乾四九金，以兌乾四九金剋離震三八木。

《說卦傳》記載：「帝出乎震，齊乎巽，相見乎離，致役乎坤，說言乎兌，戰乎乾，勞乎坎，成言乎艮。」洛書「戴九」在南方，南方離卦。「履一」在北，北方坎卦。「左三右七」左在東方為震卦，右在西方為兌卦。「二四為肩」坤卦在西南，巽卦在東南。「六八為足」，西北方為坤卦，東北方為艮卦。後天八卦以水火為流體，以專精為用，所以各取南北坎、離二卦為用。而木、金、土則是有形質存在，所以分為二。木居東與東

南，金居西與西北，與河圖意義相符。艮土居東北，以北方水若無土承載，則不生東方木。坤土居西南，以西南土化南方火生西方金。

八宮卦中，乾宮屬金洛書 6，坎宮屬水洛書 1，艮宮屬土洛書 8，震宮屬木洛書 3，巽宮屬木洛書 4，離宮屬火洛書 9，坤宮屬土洛書 2，兌宮屬金洛書 7。

關於八卦六親典故，《說卦傳》：「乾，天也，故稱乎父。坤，地也，故稱乎母。震，一索而得男，故謂之長男。巽，一索而得女，故謂之長女。坎，再索而得男，故謂之中男。離，再索而得女，故謂之中女。艮，三索而得男，故謂之少男。兌，三索而得女，故謂之少女。」

後天八卦六親次序圖

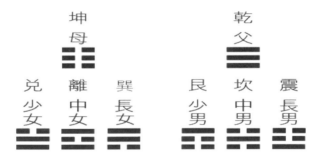

後天八卦方位圖與洛書數

巽四	離九	坤二
震三	五	兌七
艮八	坎一	乾六

14

後天八卦由先天八卦演變而來。演變如下：先天圖中將先天乾的中爻與坤的中爻對調，形成後天坎、離二卦分據南北。將先天離卦三爻與坎卦初爻對調，形成後天東震、西兌。先天巽卦二、三卦與艮卦初、二爻對調，形成後天乾、坤二卦。先天的兌卦初爻與震卦三爻對調，同時兌卦三爻與震卦初爻也對調，形成後天的巽、艮二卦。

《山水發微》解釋先後天之區別：後天八卦乃成卦以後，視其爻畫如何？而定陰陽也。後天凡三畫純陰（坤）或一陰（巽、離、兌）者，皆為陰卦。三畫純陽（乾），或一陽（震、坎、艮）者，皆為陽卦。例如：離之為火，火必附於木而明，而離一陰附於兩陽之中所以柴薪盡而火滅，故屬陰。坎之為水，因一陽在中，陽即是熱，熱即是火，熱氣受上下冷氣之包圍，所以鬱而成雨，用之以滋潤萬物，故屬陽。且陰陽之性，陰遇陽則必附之於陽，陽遇陰則陽必入而散之。然則先天離、兌，何以屬陽？蓋兌為澤，澤為積濕之所，為陽氣所驅使，故屬陽。離為火，而火炎熱光明，其象故屬陽。坎之為陰，其象幽暗寒肅，所以為陰。此皆先天陰陽之體象，實與後天互為因果。

至於方位之變，亦屬陰陽互根。如先天之乾，乃天體之正象，變為後天，火歸於南方，是南方火盛之所，蓋天亦是火也。先天之坤，為後天之坎，乃水土同根之理，土本由水受高熱而凝成者，所以先後天之方位仍互為根源。因是先天為宇宙萬物之體象，後天為宇宙萬物之作用。後天以東方震卦為始，以歲時配之，為春之初，故《易》謂：「帝出乎震，齊乎巽，相見乎離，致役乎坤，說言乎兌，戰乎乾，勞乎坎，成言乎艮。」於是東方震巽之木，以生南方之火。南方之離火，以生西南之坤土。西南之坤土，以生西方兌乾之金。西方兌乾之金，以生北方之坎水。而水之生木，必賴濕土以生之，所以藉東北之艮土，以生震巽之木，而木又可剋土，土可剋水，相生所以為剋，相剋所以為生，於是生生不已，而成造化之妙矣。

洛書五行：一、六水剋二、七火，二、七火剋四、九金，四、九金剋三八木，三、八木剋五中土，五中土剋一、六水。此五行相剋之順序。其中東南、西南、東北、西北，因為並非立於四正（東西南北）方位，所以稱為四維卦或四隅卦。洛書記憶之法：「戴九履一，左三右七，二四為肩，六八為足，五居中央」。洛書數由北向南觀察；正南方九個白點，陽數用白點表示，在圖上頂端以「戴」帽子形容。「履」一，指圖示下部數字為一，中間左邊為三，右邊為七，俱為陽數以白點表示。東南方為四，西南方為二，像是肩膀的位置，俱為陰數以黑點表示。六、八為足者，西北方為六，東北方為八，分列左右下方，如人足部開立。在「玄空飛星」中的元旦盤就是後天八卦圖，洛書數與卦位單純固定，所以並不標明出來。

六、順飛與逆飛

所謂順飛，就是順著洛書數飛行；逆飛則是反方向飛行。這是學者要默記在心的圖像，一般不會表示在各種飛星盤。「飛星運行軌跡」如下圖：

洛書數飛行路線

說明：

1、順飛

九星的飛行由中心開始，中心的數是「五」，即由五開始飛行。五飛入六位（乾宮），六飛入七位（兌宮），七飛入八位（艮

16

宮），八飛入九位（離宮），九飛入一位（坎宮），一飛入二位（坤宮），二飛入三位（震宮），三飛入四位（巽宮），四飛入五位（中宮），如此完成一個過程。其軌跡為五黃土→六乾金→七兌金→八艮土→九離火→一坎水→二坤土→三震木→四巽木，最後又回到中宮，這個飛行路線稱為順飛。口訣：「中宮飛出乾，卻與兌相連，艮離尋坎位，坤震巽居遷，巽復入中宮。」

方位運星，指的是運盤中一至九的數字與九宮的方位對應關係，即運盤上的數字寄居在九宮位置。如九運時一白坎水在乾宮。二黑坤土在兌宮。三碧震木在艮宮。四綠巽木在離宮。五黃土在坎宮。六白乾金在坤宮。餘仿飛星路線論，不贅述。

2、逆飛

順飛外就是逆飛。逆飛和順飛相反，逆飛是以五飛入四位，是倒退數。如五飛入四位（巽宮），四飛入三位（震宮），三飛入二位（坤宮），二飛入一位（坎宮），一飛入九位（離宮），九飛入八位（艮宮），八飛入七位（兌宮），七飛入六位（乾宮），六飛入五位（中宮），如此又回到中宮。其軌跡為五黃土→四巽木→三震木→二坤土→一坎水→九離火→八艮土→七兌金→六乾金→五黃土，又回到中宮，就是逆飛路線。習慣上逆飛較難記憶，可以用順飛路線倒著唸數字較方便。

洛書數飛行路線

順飛和逆飛關係排盤是否正確，請讀者務必自行演練。

洛書

4	9	2
3	5	7
8	1	6

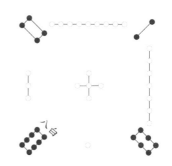

七、小運紫白飛星與中宮對比

《沈氏玄空學》:「或問紫白圖入用之初見於何書?答曰:老子知其白,守其黑,是老子引內經語也。此白黑二字已含坎一、坤二矣。太白經云:行黃道歸乾戶,煞氣一臨,生氣自布。」以洛書為理論基礎的紫白飛星是陽宅理氣的最大作用;依據洛書的飛星路線,八個宮位都有自己的生、旺、死、退、殺方。例如 2024 年立春後九運入中宮,坐北向南的離宅,以一白坎水飛入乾宮,二黑坤土飛到兌宮,其餘依照飛行路線排列,以中宮為「我」,與各宮作出五行性比較:

1、飛到乾宮的一白坎水,剋中宮九紫離火,剋我為煞(同殺)方。
2、飛到兌宮的二黑坤土,受中宮九紫離火所生,我生為退(洩)氣。
3、飛到艮宮的三碧震木,生中宮九紫離火,生我是生氣方。
4、飛到離宮的四綠巽木,生中宮九紫離火,生我是生氣方。
5、飛到坎宮的五黃廉貞,洩中宮的九紫離火,我生為退(洩)氣。
6、飛到坤宮的六白乾金,被中宮離火所剋,我剋為死方。
7、飛到震宮的七赤兌金,被中宮離火所剋,我剋為死方。
8、飛到巽宮的八白艮土,受中宮離火所生,我生為退(洩)氣。

八 退氣	四 生氣	六 死氣
七 死氣	九	二 退氣
三 生氣	五 退氣	一 殺氣

　　以上飛臨各宮位飛星與中宮飛星比較生入、生出、剋入、剋出、比合等關係，僅是類似飛星之配套基礎，亦足以申論某局部吉凶。《沈氏玄空學・論向水》：「凡卜地，先觀山洋堂局完美，次將令星與蔣氏元旦盤（即五運五黃入中之盤）互相對照，求其生剋若何！」換言之，2024 年立春後，九運離火入中宮，元旦盤是五黃土，則在房屋中央有火生土之基本盤優勢。

八、認識地盤（元旦盤）

　　元旦盤（與洛書數、後天八卦相同），一白坎水貪狼星，二黑坤土巨門星，三碧震木祿存星，四綠巽木文曲星，五黃中土廉貞星，六白乾金武曲星，七赤兌金破軍星，八白艮土左輔星，九紫離火右弼星。

四綠巽木 文曲星	九紫離火 右弼星	二黑坤土 巨門星
三碧震木 祿存星	五黃中土 廉貞星	七赤兌金 破軍星
八白艮土 左輔星	一白坎水 貪狼星	六白乾金 武曲星

九、認識各運盤（一至九運）

　　《樓宇寶鑑》:「上中下三元,總計一百八十年,而成紫白一週。若分論之,上元大運,一白總管六十年;小運一白、二黑、三碧,各管二十年。中元大運,四綠總管六十年,小運四綠、五黃、六白,各管二十年。下元七赤,總管六十年,小運七赤、八白、九紫,各管二十年。即符合紫白週之數。」而旺或衰如何劃分?《大玄空路透》:「三元九運,每運之九星,各有分衰旺生死。經云:當元者為旺,將來者為生,已過者為衰,過久者為死。如上元一白運,則以一白為旺,二黑為生,九紫為衰,七赤、六白、五黃為死;八白屬輔星尚吉,三碧四綠亦為衰氣。」餘類此。

值　　　年　　　九　　　星									
上元	一白	九紫	八白	七赤	六白	五黃	四綠	三碧	二黑
中元	四綠	三碧	二黑	一白	九紫	八白	七赤	六白	五黃
下元	七赤	六白	五黃	四綠	三碧	二黑	一白	九紫	八白
歲次	甲子	乙丑	丙寅	丁卯	戊辰	己巳	庚午	辛未	壬申
	癸酉	甲戌	乙亥	丙子	丁丑	戊寅	己卯	庚辰	辛巳
	壬午	癸未	甲申	乙酉	丙戌	丁亥	戊子	己丑	庚寅
	辛卯	壬辰	癸巳	甲午	乙未	丙申	丁酉	戊戌	己亥
	庚子	辛丑	壬寅	癸卯	甲辰	乙巳	丙午	丁未	戊申
	己酉	庚戌	辛亥	壬子	癸丑	甲寅	乙卯	丙辰	丁巳
	戊午	己未	庚申	辛酉	壬戌	癸亥			

運盤是指運星入中排出的飛星盤，有大運盤（60 年）、小運盤（20 年）、年運盤（1 年）、月運盤（1 個月）、日運盤（每 1 日）。三元九運中有九個運，每運都有一個運星入中，所以九運就有九個星分別入中，稱為運盤，也稱天盤；相對的就是地盤，也稱元旦盤，及後天八卦與洛書數。天圓地方，天動地靜，所以地盤（元旦盤）不動，也不必寫進來，天盤（元運盤）則必須標明在中央。天盤與地盤也有五行生剋的涵義，例如：生入、生出、我剋、剋我、比和等。

地盤是固定的後天八卦方位，代表原始的卦氣，在固定的場所與環境，其影響力恆常存在。其次，元旦盤與運盤之間以元旦盤為主，運盤為從；例如一白坎水入中，二黑坤土飛到乾宮，乾宮土生金論吉。必須強調的是元旦盤是固定不變，而運星是二十年一輪，因此在星盤變化解讀中，二黑五黃等凶性影響力極其微小；同理，六白八白等吉星，賜福亦不大。但學者必須熟悉各種飛星盤的運行，作為玄空學基礎。簡單說，元旦盤初步僅是辨別立山立向的作用，且運星與山星、向星合十，並無太大意義，重點在旺、生、退、殺等情況。

十、九星旺衰與八卦五行歌

飛星圖組合首先看元運得令或失令與否？然後結合五行生剋制化原理，綜合分析組合後生剋制化的旺衰狀態。凡進入中宮的就是當令之星。反之，退出中宮的就是失令之星。

吳師青《樓宇寶鑑》：「何謂紫白？洛書九星也。飛宮者，飛佈八方也。八宅俱以本宅之星入中宮，照排山掌飛去，如是坎宅，即以一白入中宮，二黑飛乾之類。……生財退煞者，以飛到各方之星來生中宮之星者曰『生』；剋中宮之星者曰『煞』；與中宮比和者曰『旺』；中宮之星生各方之星者曰『退』；剋各方之星者曰『死』。」

《樓宇寶鑑》:「水遇金為生,遇水為旺,然未交三元金水運,則為失令而仍替。水遇木為退,遇土為煞;然方交三元金水運,則為得令而尚榮,權衡一定,無論生旺退煞,總以三元為主,得運者吉,失運者凶。」上元水運,中元木運,下元金運。

玄空學注重元運的旺與衰,有運則財丁有望,沒運則丁財兩敗。除了講究元運的旺衰外,還特別注重宅主命局與住宅的配合,即是根據 1 至 9 九個數字五行的生剋制化與宅主命局中五行喜忌配合。三元九運有各自的生、旺、衰、死。當運者為旺,將來者為生,已過者為衰,過久者為死。例如 2024 甲辰年下元九紫為旺,用則吉昌興旺;一白運次吉,側重將來性。八白艮土方才過運,雖無大凶,亦無未來性。其餘二黑、三碧、四綠、五黃、六白、七赤均為死氣,避之為吉。

九星八卦五行歌訣:「一白貪狼號水神,二黑坤土起巨門,三碧震木祿存是,四綠文昌巽木親,五黃廉貞中宮土,六白武曲屬乾金,七赤破軍金管兌,八白艮土左輔星,九紫右弼離屬火,九宮八卦此中分。」由北斗七星繞北極星所確定的方位,反映在洛書九數和八卦九宮上,就展出八個不同的方位:

洛書之一和八卦之坎宮,為正北方。
洛書之二和八卦之坤宮,為西南方。
洛書之三和八卦之震宮,為正東方。
洛書之四和八卦之巽宮,為東南方。
洛書之五和八卦之中宮,為天心。
洛書之六和八卦之乾宮,為西北方。
洛書之七和八卦之兌宮,為正西方。
洛書之八和八卦之艮宮,為東北方。
洛書之九和八卦之離宮,為正南方。

把上面所列出的洛書九數與八卦九宮各種要素結合起來,就形成紫白九星方陣圖。一至九的九個數,每個數都代表一個

飛星。通常九個星隱藏於九宮之中，畫圖時一般都沒有特別標明出來。紫白九星如圖所示

紫白九星圖

(東南) 巽	(南) 離	(西南) 坤
四	九	二
三	五	七
八	一	六

(東)震 — (西)兌

(東北)艮 　(北)坎 　(西北)乾

此紫白九星的數，代表的含義是：

- 一代表坎卦：坎宮，正北方，貪狼星，五行為水，中男。通常稱一白坎水。
- 二代表坤卦：坤宮，西南方，巨門星，五行為土，老母，通常稱二黑坤土。
- 三代表震卦：震宮，正東方，祿存星，五行為木，長男。通常稱三碧震木。
- 四代表巽卦：巽宮，東南方，文曲星，五行為木，長女。通常稱四綠巽木。
- 五代表五黃：無卦無宮位，中央，廉貞星，五行為土，無六親，通常稱五黃廉貞。
- 六代表乾卦：乾宮，西北方，武曲星，五行為金，老父。通常稱六白乾金。

- 七代表兌卦：兌宮，西方，破軍星，五行為金，少女。通常稱七赤兌金。
- 八代表艮卦：艮宮，東北方，左輔星，五行為土，少男。通常稱八白艮土。
- 九代表離卦：離宮，南方，右弼星，五行為火，中女。通常稱九紫離火。

十一、九運各宮生剋制化表

順飛圖

圖：一白貪狼水星入中順飛圖（上元一白坎水運）

九 死氣	五 煞氣	七 生氣
八 煞氣	一	三 退氣
四 退氣	六 生氣	二 煞氣

圖：二黑巨門土星入中順飛圖（上元二黑坤土運）

一 死氣	六 退氣	八 旺氣
九 生氣	二	四 煞氣
五 旺氣	七 退氣	三 煞氣

圖：三碧祿存木星入中順飛圖（上元三碧震木運）

二 死氣	七 煞氣	九 退氣
一 生氣	三	五 死氣
六 煞氣	八 死氣	四 旺氣

圖：四綠文曲木星入中順飛圖（中元四綠巽木運）

三 旺氣	八 死氣	一 生氣
二 死氣	四	六 煞氣
七 煞氣	九 退氣	五 死氣

圖：五黃廉貞土星入中順飛圖（中元五黃土運）

四 煞氣	九 生氣	二 旺氣
三 煞氣	五	七 退氣
八 旺氣	一 死氣	六 退氣

圖：六白金星入中順飛圖（中元六白乾金運）

五 生氣	一 退氣	三 死氣
四 死氣	六	八 生氣
九 煞氣	二 生氣	七 旺氣

圖：七赤金星入中順飛圖（下元七赤兌金運）

六 旺氣	二 生氣	四 死氣
五 生氣	七	九 煞氣
一 退氣	三 死氣	八 生氣

圖：八白土星入中順飛圖（下元八白土運）

七 退氣	三 煞氣	五 旺氣
六 退氣	八	一 死氣
二 旺氣	四 煞氣	九 生氣

圖：九紫火星入中順飛圖（下元九紫火運）

八 退氣	四 生氣	六 死氣
七 死氣	九	二 退氣
三 生氣	五 退氣	一 煞氣

　　以上是九宮五行生剋制化的基本認識，但實際的飛星盤牽涉大運、小運、年運等，絕非如此單純，只能按部就班，循序練習。室外巒頭的改變有成本造價問題，但室內巒頭可以局部搭配理氣改變，運用生剋制化，化凶為吉。

逆飛圖

圖：一白貪狼水星入中逆飛圖

二	六	四
三	一	八
七	五	九

圖：二黑巨門土星入中逆飛圖

三	七	五
四	二	九
八	六	一

圖：三碧祿存木星入中逆飛圖

四	八	六
五	三	一
九	七	二

圖：四綠文曲木星入中逆飛圖

五	九	七
六	四	二
一	八	三

圖：五黃廉貞土星入中逆飛圖

六	一	八
七	五	三
二	九	四

圖：六白武曲金星入中逆飛圖

七	二	九
八	六	四
三	一	五

圖：七赤破軍金星入中逆飛圖

八	三	一
九	七	五
四	二	六

圖：八白左輔土星入中逆飛圖

九	四	二
一	八	六
五	三	七

圖：九紫右弼火星入中逆飛圖

一	五	三
二	九	七
六	四	八

九星入中後逆飛，由中宮進入東南巽宮，由東南巽宮進入東方震宮，依序西南坤宮→北方坎宮→南方離宮→東北艮宮→西方兌宮→西北乾宮→回歸中宮。

　　以上的飛星除了有時運之外，也有坐山立向不同的飛星狀態。至少有山向、大運、流年等組合。

　　紫白九星依照前述飛行路線進行，當令之星進入中宮，天心一轉，即生吉凶悔吝。退出中宮者，失令之星。即將要進入中宮之星為生氣之星。例如 2044 年立春後，進入上元一白坎水，當令的一白坎水在山星、向星落入何宮都要檢討，而九紫離火則是失令之始，八白艮土失令更甚，依此類推。而二黑坤土則是下一個將進入的二十年小運，屬於生氣之星，同樣可用，尤其遠程規劃之事。

　　《樓宇寶鑑》：「師青以為用洛書九宮，當以九山主星入中，輪佈八方，辨飛星所到宮卦，看其生死比和剋洩，有無救化受制，就此審定其吉凶。係如論坎宅，坤（土）方見七赤（金），土生金，金生水（坎宅飛星一白水入中），則為化生。艮方（土）見飛星四綠（木），木剋土，則為制煞（艮土剋中宮水即煞）。二黑（土）到乾（金），土生金，則為洩煞減凶（二黑土原本剋中宮一白水，在金宮被洩）。八白到震，土受木剋，則煞受剋制，可以減凶（八白艮土剋中宮坎水為煞，三碧制煞星）。」又《樓宇寶鑑》：「凡生氣剋碧綠赤，皆以吉論。五黃非他星可比，不論生剋皆凶。紫白遇死氣為魁星，退氣為善曜，均作財論，不可不知。」

十二、羅盤與八卦二十四山

玄空學與其它堪輿學相同，凡建築物或大門所面對之方向，謂之「向」，或稱之為「水」；而建築物所背之方向，稱之為「山」，或稱之為「龍」。陽宅基址稱為「穴」，左右地形地物稱為「砂」。合稱「龍穴砂水」。所謂「水」，在現代都市陽宅，天橋、道路、交通出入口之人流車流，流動之性質即是「水」。反之，所謂「山」，非僅指秀麗山巒，在大樓、牌坊、停車塔、瞭望台等高大量體建築群皆是。

古時建築物，大門都在正面，所以門向就是屋向，也是整體建築物之向首。現代建築在人稠地狹，建築科技進步與設計創意爭穎之中，標新立異，故在常態中多有異態，而異態久見變常態，人由側門出，車由後面進，向與「氣口」莫衷一是。在玄空陽宅中只重納氣，凡出入最頻繁之路線就是「氣口」，因此以「氣口」為向可以另立一盤，未必跟「向星」相同。[5]且門向的星未必就是大門所坐的宮位，例如離向坤門、卯向巽門。玄空學既然以向為主，「向」已經確定，反向 180 度就是「山」，不論後靠之山是否平整環抱。

---

[5] 《沈氏玄空學‧陽宅三十則‧屋向、門向》：「凡新造之宅，屋向與門向並重，先從屋向斷外六事之得失，倘不驗再從門向（氣口）斷之。若屋向既驗，不必復參門向，反之，驗在門向，亦可不問屋向也。

巽　　　　離　　　　坤

震　　　　　　　　兌

艮　　　　坎　　　　乾

1、房屋整體坐離向坎。
2、進門處為巽宮。
3、客廳在艮宮。
4、主臥室在乾宮，坐兌向震，主臥房門在巽方。
5、客廳邊小孩房坐震向兌，門開坤方。
6、廚房位於離宮，灶位坐離方，灶門向坎方。
7、衛浴間在巽宮，門開乾方。

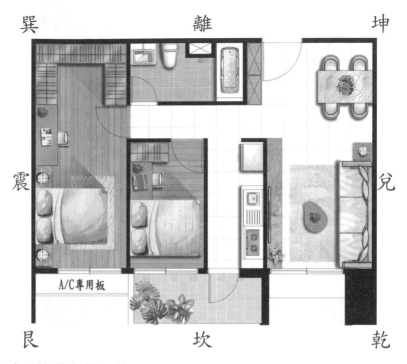

巽　　　　離　　　　坤

震　　　　　　　　　兌

　　　　A/C專用板

艮　　　　坎　　　　乾

1、房屋整體坐離向坎。

2、進門處為坤宮。

3、客廳在兌宮。

4、主臥室在巽宮與震宮，坐震向兌，門在坤方。

5、後陽台小孩房坐震向兌，門開坤方。

6、廚房位於中宮，灶位坐兌方，灶門向震方。

7、衛浴間在離宮，門開艮方。

巽　　　　　　離　　　　　　坤

震　　　　　　　　　　　　　兌

艮　　　　　　坎　　　　　　乾

1、房屋整體坐兌向震。
2、進門處為坤宮。
3、客廳在巽宮。
4、主臥室在艮宮，坐坎向離，主臥房門在離方。
5、客廳邊小孩房坐離向坎，門開乾方。
6、廚房位於兌宮，灶位坐離兌方，灶門向震方。
7、衛浴間在乾宮，門開巽方。

風水學將圓周 360 度，平均畫分為 24 等分，即平均每等分 15 度，稱為二十四山（見上圖）。二十四山來源是十天干中，扣掉戊、己中央土，尚有甲乙（東方木）、丙丁（南方火）、庚辛（西方金）、壬癸（北方水）等八個單位。十二個地支子、丑、寅、卯、辰、巳、午、未、申、酉、戌、亥共計一十二個單位。後天八卦中坎、離、震、兌與地支子、午、卯、酉重疊，因此羅盤僅將子、午、卯、酉四正位列出。而後天八卦的四維卦乾（戌亥之間）、坤（未申之間）、艮（丑寅之間）、巽（辰巳之間）則穿插在其中，有四個單位。以上合計共計二十四單位，每個單位 15 度，稱二十四山，這是風水學上必須理解的，不論八宅、三合、三元、九星等流派，均共同使用此二十四山。這二十四山分別由八天干、後天八卦的四維卦與十二地支構成。使用羅盤較謹慎的風水師，有規定的儀式。手持羅盤必須置於腹部以上，不受皮帶、手錶等材質影響磁針準確性。羅盤在平常置放時，必須避免受到電流、磁場、震動、高低溫、潮濕等干擾。現代為了避免手持穩定性與牆壁鋼筋之干擾，已經有羅盤三腳架供使用，大大提高測量坐向之精確度。

　　凡四正卦皆為兩干夾一地支；所夾干支五行，即是此卦之五行。例如震卦屬木，甲乙兩天干夾一「卯」字，卯亦屬木。其餘子、午、酉也如此。凡四隅卦，皆為二地支夾一卦，例如艮卦在丑與寅之間。

　　羅經是地理師出門的行頭，故應考量下列品質：1、羅經的外型應美觀大方，質感細緻。2、磁針與紅線應重疊一致，呈現水平穩定度，轉動靈活等。3、羅盤材質有木材板、合成木材板、壓克力板、電木板、塑膠板等。4、顏色潤麗、字體清晰。天心十道與子午卯酉平衡對應。

　　假設一座建築物子山午向，在八運午向，向首離宮是三碧祿存星飛入，向星為三；山星為四。換成九運，向首離宮是四綠文曲星飛入，向星為四；山星為五黃。（如下圖）

七	三	五
六	八	一
二	四	九

八	四	六
七	九	二
三	五	一

因為建築物的型態不同，所以進行風水勘查時，如何以羅盤確定房屋坐向，是重要的操作流程。首先確認住宅的中心點，就是找出中宮，然後依據羅盤八卦線度分割房屋的九宮方位。其次，依據使用成員五行喜忌，進行各空間之分配。

在古代因為土地空曠，房屋立向為收山水之妙，可以在房屋前簷中心下羅盤。但現在的公寓大樓，有整個社區的大門，有專屬整棟樓梯間的大門，有專屬自己房屋的大門，究竟哪個大門才是本宅之大門坐向，此因建築物設計不同而有各種判別方式。各宮位羅盤度數如下述：

坎宅（壬子癸），坐北向南。337.5 度到 22.5 度

坤宅（未坤申），坐西南向東北。202.5 度到 247.5 度。

震宅（甲卯乙），坐東向西。67.5 度到 112.5 度。

巽宅（辰巽巳），坐東南向西北。112.5 度到 157.5 度。

乾宅（戌乾亥），坐西北向東南。292.5 度到 337.5 度。

兌宅（庚酉辛），坐西向東。247.5 度到 292.5 度。

艮宅（丑艮寅），坐東北向西南。22.5 度到 67.5 度。

離宅（丙午丁），坐南向北。157.5 度到 202.5 度。

玄空學僅使用地盤，且在每山 15 度，偏最左與偏最右的 3 度稱「兼向」；因此飛星盤有正向與兼向之區分，故分金差一線，富貴不相見；差之毫釐，失之千里。

十三、九星陰陽順逆與地、天、人

（一）九星八卦五行歌

> 一白貪狼號水神，二黑坤土起巨門，三碧震木祿存是，四綠文昌巽木親，五黃廉貞中宮土，六白武曲屬乾金，七赤破軍金管兌，八白艮土左輔星，九紫右弼離屬火，九宮八卦此中分。

上述「九星八卦五行歌」將運數、顏色、卦名、五行、星名等，由一運排列到九運，便於讀者背誦。

（二）九星的五行、序數、方位、特性

　　玄空九星指：一白坎水貪狼，二黑坤土巨門，三碧震木祿存，四綠巽木文曲，五黃中土廉貞，六白乾金武曲，七赤兌金破軍，八白艮土左輔，九紫離火右弼。

　　北斗有七星，在斗柄的破軍與武曲旁邊還各有兩顆隱約不明的左輔星與右弼星。因此玄空九星是指：一白坎水貪狼，二黑坤土巨門，三碧震木祿存，四綠巽木文曲，五黃中央土為廉貞，六白乾金武曲，七赤兌金破軍，八白艮土左輔，九紫離火右弼。玄空學以元運旺衰，宅主命局與住宅的配合，生剋制化，判斷財丁如何。

　　九星中除五黃星位居中宮外，其餘八個星與八卦一一對應。古人把萬事萬物劃分成八類，用每個卦來代表一類事物，這就是八卦類象，八卦類象加上五黃類象就是九星物象。這是玄空風水推斷九星吉凶的重要基礎。現把九星物象介紹如下：

1、一白坎水

（1）五行：水。
（2）人物：中男、江湖之人、舟中之人、盜賊、匪類之人。
（3）人事：險詐卑下，外示以柔，漂泊不定，隨波逐流。
（4）身體：耳、血、腎、精。

（5）疾病：耳痛、心疾、胃冷、水瀉、涸冷之病、血病。
（6）物品：門窗、檯燈、珍珠、藍寶石、冰箱、魚缸、水龍頭
　　　以及海景、瀑布和河流的照片或圖片，以及雕刻鴨、鵝、
　　　豬、弓箭造型品。
（7）外型特徵：山峰連綿而成水波狀，且沒有突出的主峰。
（8）色彩：黑色、銀色，可轉換氣氛、振作精神；海藍色、橄
　　　欖綠，可恢復平和悠閒的心情。
（9）作用：開發潛力，增進思考，發明創作的才能，加強意志
　　　，並且對久婚不孕者有增加懷孕的機會。

2、二黑坤土

（1）五行：土。
（2）人物：老母、後母、農夫、鄉人、眾人、老婦人、大腹人。
（3）人事：吝嗇、柔順、懦弱、眾多小人。
（4）身體：腹、脾、肉、胃。
（5）疾病：腹疾、脾胃之病、飲食停滯、鼓食不化及各種皮膚病。
（6）物品：方形桌椅、寢具、靜物、容器、地毯、墊布、拖鞋
　　　、手提袋、陶瓷器以及牛的造型物品。
（7）外型特徵：平坦、方形、方高者，如屏風、牙刷、木櫥。
（8）色彩：土黃色、棕色、褐色、咖啡色、紫色，可加強工作
　　　幹勁。
（9）作用：使浪費者變為節儉，並且增加愛心、涵養、收斂、
　　　改善消化功能。

3、三碧震木

（1）五行：木。
（2）人物：長男。
（3）人事：起動、怒、盛驚、鼓譟、多動少靜。
（4）身體：足、肝、頭髮、聲音。
（5）疾病：足疾、肝病、驚恐不安。

（6）物品：木製家具、竹木雕刻品或者龍、鹿的造型物，還代表竹木植物與花樹盆栽。

（7）色彩：綠色、黃綠、草綠、翠綠、青綠。

（8）作用：激發積極進取，培養信心，使人擁有青春活力，早日出人頭地。

4、四綠巽木

（1）五行：木。

（2）人物：長女、秀士、寡婦、山林仙道、僧道。

（3）人事：柔和、不定、利市三倍、進退不果。

（4）身體：臉、股、風疾。

（5）疾病：股肱之疾、腸病、中風、塞邪氣疾。

（6）物品：盆栽植物，如小的梅花、觀音竹、茶花、含羞草及毛筆、書紙。書的造型物品。

（7）色彩：綠色、草綠、翠綠。

（8）作用：增強名譽，培養理財能力，同時有利外遷、創作的靈感，可提高悟性和思維能力。

5、五黃土

（1）五行：土。

（2）疾病：五臟疾病、中毒和腫瘤、痛症等。

（3）凶煞：橫死、精神分裂。

（4）物品：骨董，如傳家之寶、羅盤以及一些怪異的物品，這些物品必須來自古屋、古墓、古寺等，因為這些物品怪異，選用時務必謹慎考慮。

（5）色彩：黃色、土黃色、茶色、棕色。

（6）作用：增加個人的權威、領導能力，並且有逢凶化吉的妙用。

6、六白乾金

（1）五行：金。

（2）人物：君、父、大人、老人、長者、官吏、名人、公務員。

（3）人事：剛健武勇、果決、多動少靜。
（4）身體：首、骨、肺。
（5）疾病：頭疾、肺疾、筋骨疾、上焦（三焦之一）疾。
（6）物品：六白金星的物品相對來說較豪華尊貴，與一般用品不同，如寶石、黃金、鐘錶、水晶等，以及圓鏡、水晶製品玻璃杯、車輛膜墊、神像及天文儀器。馬的造型物品。
（7）色彩：金黃色、銀色、白色。
（8）作用：培養尊貴的氣質，發揮潛在的能力，招來貴人相助。

7、七赤兌金

（1）五行：金。
（2）人物：少女、妾、歌伎、伶人、譯人（翻譯）、巫師、奴婢。
（3）人事：喜悅、口舌、誹謗、飲食。
（4）身體：舌、口、喉、肺、痰、涎。
（5）疾病：口舌、咽喉之疾、氣逆喘疾、飲食不佳。
（6）物品：玩偶、明星照片、香水瓶、象棋、葫蘆、藝術刀、少女圖片，以及五金製品。羊的造型物品。
（7）色彩：白色、金色、銀色。
（8）作用：有利發揮口才，增強決斷力，同時未婚者能增強戀愛的機會。

8、八白艮土

（1）五行：土。
（2）人物：少男、閒人、山中、童子。
（3）人事：阻隔、寧靜、進退不決、止住、不見。
（4）身體：手指、骨、鼻、背。
（5）疾病：手指之病、胃脾之疾。
（6）物品：雅石、桌椅、沙發、珠寶盒、印石、硯、陶器、水壺、花瓶。狗的雕塑物品。
（7）色彩：茶色、褐色、咖啡色、土黃色、磚紅色。
（8）作用：穩定的意義。

9、九紫離火

（1）五行：火。
（2）人物：中女、文人、目疾人、軍人。
（3）人事：文化之所、聰明才學、美麗。
（4）身體：眼睛、心、上焦（三焦之一）。
（5）疾病：目疾、心疾、上焦病、流行病。
（6）物品：鏡子、水晶燈、太陽鏡、彩畫玻璃、人造花、微波
　　　　　爐、電燈、電熨斗、手電筒、羅盤、化妝品，以及飛機、
　　　　　槍砲、火車。雉（野雞）的造型物品。
（7）色彩：色紅、朱紅、紫紅、酪紅、桃紅。
（8）作用：培養敏銳的觀察力，光明磊落的心性，女性可養容
　　　　　蘊智，培養成熟的魅力。

　　玄空談理氣，理氣靠飛星盤中的山星、向星、運星等卦數
代表，而後天八卦各有五行，歸納在形狀、色澤、材質、數目
等，例如：

1、曲形屬水，黑色，故天橋、道路、巷弄、溝渠、水道、河
　　港、儲水器，屬水；形狀宜環抱之玄，忌諱直射反弓反跳。
2、尖形屬火，紅色，煙囪，電線桿、發射台、廣告塔之類皆屬
　　火；火宜背，不宜向，忌火形之尖煞，除非火星得地。
3、方形屬土，黃色。方正建築物視為方形，如橫梁、橫柱屬方
　　形，故若不用土星時，需避開梁柱。黃色方形地毯即土星。
4、圓形屬金，白色。圓形建築物，圓形水塔仍屬水；圓的花
　　台，圓頂造型，金屬器物，如銅蟾蜍、金屬鐘擺、不鏽鋼球。
5、直形屬木，青綠色。門前植樹、木欄杆、木牌坊、成排之灌
　　木叢、碧綠色草花地毯等。但有電的電線桿屬火。

（三）三元地天人歌訣

二十四山向如何決定順飛或逆飛？

> 子午卯酉天元宮，乾坤艮巽一路同；
> 甲庚丙壬地元卦，辰戌丑未亦相從；
> 乙辛丁癸何卦是，寅申巳亥人元中；
> 上中下元皆一律，只怕天盤問跡踪。

上述歌訣是說明地元龍、天元龍、人元龍的順序。即每一卦所管三山，依照順時針方向第一山「地元龍」，第二山「天元龍」，第三山「人元龍」。因此壬、丑、甲、辰、丙、未、庚、戌等山為「地元龍」。子、艮、卯、巽、午、坤、酉、乾等山為「天元龍」。癸、寅、乙、巳、丁、申、辛、亥等山為「人元龍」。其中，天元龍居三山（地天人）之正中位置，為「父母卦」，為綱領，左邊人元卦與右邊地元卦，俱稱「子息卦」。（見圖）所有人元龍的性質都與天元龍相同，如同子息服從父母。但地元龍與天元龍則相反，陰陽不同，故稱逆子。

43

十四、地元龍、天元龍、人元龍陰陽順逆關係

卦	元龍	二十四山	卦	元龍	二十四山
坎	地元龍	壬	離	地元龍	丙
	天元龍	子		天元龍	午
	人元龍	癸		人元龍	丁
艮	地元龍	丑	坤	地元龍	未
	天元龍	艮		天元龍	坤
	人元龍	寅		人元龍	申
震	地元龍	甲	兌	地元龍	庚
	天元龍	卯		天元龍	酉
	人元龍	乙		人元龍	辛
巽	地元龍	辰	乾	地元龍	戌
	天元龍	巽		天元龍	乾
	人元龍	巳		人元龍	亥

元龍	陽	陰
地元龍	甲庚丙壬	辰戌丑未
天元龍	乾坤艮巽	子午卯酉
人元龍	寅申巳亥	乙丁辛癸

　　立天元龍之坐向，山頭氣脈也應該是天元龍，立地元龍也是如此。若因環境地物特殊，需要立兼卦兼向，就要用起星之法立替卦星盤。何謂「替卦」？如下圖，子山有 15 度，分五等分，每等分 3 度，落入甲子與壬子的範圍就是兼向，必須用替卦（起星）。第貳章「替卦」再詳述。

		子 山		
壬 子	庚 子	戊 子	丙 子	甲 子

如果陽宅坐向恰巧在卦與卦之間的交界線上，則左右兩卦何者為正確，將造成套用理氣計算的確定性不足，稱為「大空亡」。如果是一卦之間的二十四山空亡，稱為「小空亡」，也會造成地元龍、天元龍、人元龍的辨識困難度。至於陽宅坐向空亡，《沈氏玄空學‧論父母子息》〈寶照經〉：「子字出脈子字尋，莫教差錯丑與壬」；此言坎宮壬子癸三山，壬為地（地元龍）。子為天（天元龍），癸為人（人元龍），子癸同屬陰，故子字出脈轉癸字可用，轉壬字即陰陽差錯矣；丑則出卦（大空亡），同在一卦差錯尚不可，況出卦乎？」

（一）玄空大卦挨星秘訣（順飛與逆飛）

玄空大卦妙無窮，應用九星挨九宮；
分為順逆各不同，每一卦僅一卦通；
纏入何位落何宮，夫與婦各個相從；
隨循元運判吉凶，山管山來水管水；
兩條路斷不相容，艮寅甲與巽巳丙；
坤申庚運乾亥壬，此十二山陽順行；
午丁未和酉辛戌，子癸丑加卯乙辰；
此十二向陰逆輪，子癸卯乙連午丁；
酉辛相比是雙陰，乾亥艮寅又巽巳；
坤申兩明雙陽親，庚申丙壬單陽名；
辰戌丑未號單陰，顛顛倒倒運中尋；
天心一換九宮更，能通變化任橫行。

上述歌訣是整理二十四山陰陽，說明玄空飛星的山星與向星入中後，順飛或逆飛。二十四山陰陽各自占有一半，因此每卦三山所分配的陰陽不可能平均，訣語中的雙陰、單陰、雙陽、單陽，只是在說明一山中陰陽數目而已。陰陽列表如下：

元龍	陽	陰
地元龍	甲庚丙壬	辰戌丑未
天元龍	乾坤艮巽	子午卯酉
人元龍	寅申巳亥	乙丁辛癸

　　三元九運各有生旺衰死；當運者為旺，將來者為生，已過者為衰，過久者為死。例如下元九運，以九紫為旺，用之大吉昌。上元一白坎水為次吉，可重用以策將來。下元二黑坤土又次吉，只可小用。八艮方衰無大凶，但為將來計畫可免則免。六乾方不可用，其餘均為五中、四綠、三碧、二黑等均為死氣，用之大凶。

（二）二十四山陰陽與元龍綜合圖

一白運

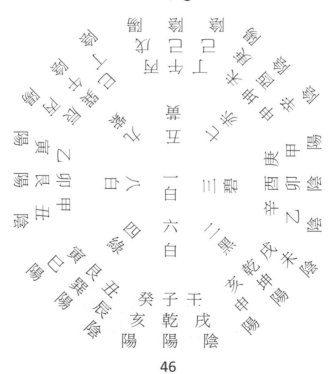

三碧運

三碧

48

四綠運

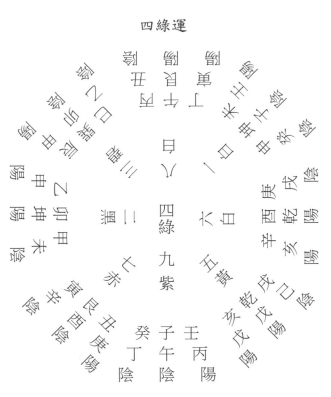

五黃運

50

六白運

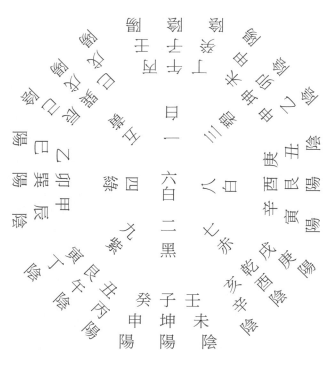

七赤運

八白運

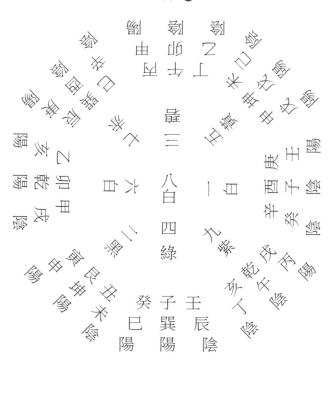

九紫運

十五、九星當令召吉應驗事徵

　　後天八卦加中宮五黃，就是九星。卦即是星，星即是卦，九星與八卦各自有本質意義，因此在飛星盤中可以交替演繹歸納，斷出各宮位吉凶特性，玄空學不能跨越這個階段的學習。

（一）各運列表說明

運星性質	吉凶內容	人事與物性
一白坎水吉凶	吉象：有官星之應，主宰文章，雙一到北方見奇峰秀水，出神童、才子、文豪、秀士等。如有山水興丁旺財，且利養豬業，二房膚黑者特發。	酒徒、憂慮、盜、淫、孕、鬼、險、腎、豕、池塘、河海、車，其性浮而蕩。
	凶象：若有死氣山與水，必受其剋制，先天聾啞後天耳，無生殖器或畸形，腎臟疾病膀胱，尿道、睪丸，子宮癌赤白帶病，血病失血花柳病，遺精洩血水災厄，失竊作賊刑殺死，淫蕩因酒色而死，不孕流產或產厄，刑妻自殺自縊死，橫禍損丁敗財亡。	
二黑坤土吉凶	吉象：如有明山秀水，主興旺田園又發丁財，出武貴多陰謀，有一貴當權諸凶懾服之威，且利養牛，多痣者特發。	老母、寡婦、女人、小人、吝嗇、脾、肉、羊、猴、塚、墓、輪，其性柔而靜。
	凶象：如有死氣山與水，主患腹脾胃疾病，宅母多疾或涉訟，會五黃輕則重病，重則刑獄	

三碧震木吉凶	吉象：如有明山秀水，主出文臣武將，興家創業貢監成名，財祿豐盈富貴雙全，長房特旺。	秀士、官、決躁、狐、兔、園、棟樑（雷天大壯）、陵、刑具，其性勁而直。
	凶象：如有死氣山與水，主先後天腿足病，凶殺作賊又作亂，刑殺雷擊或震災，車禍蛇咬損妻財。山水反背無仁義。	
四綠巽木吉凶	吉象：如有明山秀水，主出文昌仕紳職司祿位成功名，得賢妻生美女，旺丁財好文藝，且利養雞業。長女寡髮、廣額、多白眼者特別發達。	文人、婢妾、蛇、繩索、廟，其性和而緩。
	凶象：山水凶惡逢剋煞，主股病膽病乳癌，中風氣病流產厄，淫亂瘋哮成自縊，最賊刑獄或勒死，損丁破財傷人。	
五黃中土吉凶	吉象：有明山旺丁，有秀水發財，有奇峰秀水富貴雙全	
	凶象：山水凶惡逢關煞，主脾胃病黃腫連，毒瘡、煙毒或癌症，若遇五黃會力士，或會劫煞動造葬，非死人必有大禍，會太歲禍害頻臨。二五交加非死必病，戊己都天會九七火，必遭回祿大火災。	

六白乾金吉凶	吉象：有山水旺丁財生武士雙六會乾有明山秀水，主出武職勳貴或刑名威名震世巨富多丁，主六七八運生文武全才，且利養馬業，大鼻者特發。	老父、賊盜、軍吏、大、福、項、肺、骨、犬、豬、鐘鼎、玉石、金，其性剛而動。
	凶象：如有死氣山與水，主先後天之頭病，腦病、肺病、或骨癌，刑妻傷子，死老翁，如砂水形如懸頭，必遭斬首之徵兆。	
七赤兌金吉凶	吉象：有山水旺丁財雙七會於艮坤，有明山秀水，主出武途仕宦發刑名，且利養羊業，三女白面人特發。	武人、倡優、舌、毀折、跛眇、雞、烏、刀戟、斧鋤，其性決而利。
	凶象：有死氣山水逢煞，主先後天口喉病，口癌肺癌大腸病，啞巴兔唇損女童，失竊作賊為淫娼，刑殺凶死火燒死，風流韻事多是非，瘟羊損丁又敗財，山水反背無仁義。	
八白艮土吉凶	吉象：有山水旺田宅，發財丁；雙八到南方，有明山秀水，主出孝義忠良，富貴壽考；81 或 18 同宮，有明山秀水，八至一運文才不絕，利養狗業，最適修仙學佛。	僮僕、君子、指、鼻、狗、牛、園林、門闕、宅、丘、岩壑、其性安而止。
	凶象：有死氣山水逢煞，主患先後天手病，砍斷手指或手臂，頭病腸病脊椎癌，駝腰斜頭脾胃病，癲狂筋絡精神病，山崩受難損丁財。	

九紫離火吉凶	吉象：有山水旺丁財，雙九到南方，有明山秀水，主文章科第財丁兩旺，出忠孝壽考榮宗耀祖，中女者特發。	穎士、三焦、言、心、鹿、大腹、不孕、馬、爐灶、燈燭、焚，其性躁而烈。
	凶象：如有死氣山與水，主先後天之目疾，色盲血癌小腸病，飛機炸死刀槍亡，火症炎症小腸病，燒死熱死觸電死，自縊刑殺流產亡，淫亂絕嗣損丁財。	

當運旺星例如西元 2024 年甲辰年進入九運，九紫離火進入中宮，九紫離火就是當令之星。因此產生對下列宮位運星的對比現象。

1、飛到乾宮的坎水會損耗元氣。
2、飛到兌宮的二黑坤土能生助元氣。
3、飛到艮宮的三碧震木會耗損元氣。
4、飛到離宮的四綠巽木會耗損元氣。
5、飛到坎宮的五黃廉貞土能生助元氣。
6、飛到坤宮的六白乾金有剋制的作用。
7、飛到震宮的七赤兌金有剋制的作用。
8、飛到巽宮的八白艮土能生助元氣。

八	四	六
七	九	二
三	五	一

時運可分大運與小運，大運每六十年一個週期，小運則是每二十年一個卦運。還有年運、月運、日運、時運等；每階段都有當令之星。因此當旺之正神方就容易興旺；反之，零神方則容易衰弱。故九運離火的現象是南方的中女光鮮活躍，北方的中男鬱悶無力。生年屬火土或命卦屬火土則運勢得助。反之，生年或年命屬木退氣，屬金受剋。一棟大樓是否整棟居住的人，運勢統一皆旺或皆衰？當然是不可能的事。可以用整棟作一個單位，以當運飛星入中，與卦位地盤五行作生剋制化判斷。

　　一旦運星入中宮，即產生天心變換的作用，全局生剋制化另有一番氣象，僅以九運離火入中宮，分述各宮現象。

1、九紫離火入中宮，生中土，宮位得旺，以五行順生為宜。
2、一白坎水入乾宮，金洩生水，宮位洩氣，宜補土生金。
3、二黑坤土入兌宮，金得土生，有生機。
4、三碧震木入艮宮，土被木剋，被剋則死地，以火通關。
5、四綠巽木入離宮，火得木生，生則有氣。
6、五黃土在坎宮，水被土剋，被剋則死地，以金通關。
7、六白乾金入坤宮，土洩生金，宮位洩氣。
8、七赤兌金入震宮，木被金剋，宮位被囚，以水通關，以子護母。
9、八白艮土入巽宮，木去剋土，以火通關，以子護母。

八 （巽木）	四 （離火）	六 （坤土）
七 （震木）	九 （中土）	二 （兌金）
三 （艮土）	五 （坎水）	一 （乾金）

（二）三元九運

　　玄空飛星用三元九運，即上中下三元，每元都是六十年，三元共一百八十年。每個元運又分上中下，各二十年，共六十年。中間的五運二十年而兩元八運則是上下兩元，上元包括一二三四運，下元則是六七八九運。

　　玄空學在清末由沈竹礽著作《沈氏玄空學》一書，將「玄空飛星法」大白於世。基礎理論是：每運二十年，共計九運。分上元、中元、下元運各六十年。上元為一二三運，中元為四五六運，下元為七八九運，共一百八十年，再從頭循環。以先天八卦為體，表現在洛書數，相對合十就是雌雄交媾。喜旺山旺向，忌上山下水。每「運」二十年，每一「元」都是六十年，所以每一元都從甲子年開始，癸亥年結束。黃帝命大橈以干支紀年，因此有六十甲子，分上元、中元、下元等三個元運，即每個甲子年即是每個「元」的開始，每個運從「甲」年開始，但不一定每個「甲」年都是元與運的開始。

上元：
一運坎水，1864-1883
二運坤土，1884-1903
三運震木，1904-1923

中元：
四運巽木，1924-1943
五運中宮土，1944-1963
六運乾金，1964-1983

下元：
七運兌金，1984-2003
八運艮土，2004-2023
九運離火，2024-2043

（三）九運（小運）盤

　　各種元運流轉形成不同的飛星盤。九運盤，也稱運盤；即前所述三元，上元、中元、下元，每個元運六十年，即一個甲子。一個「花甲」就是一甲子，三個花甲就是三元，上元、中元、下元，合計一百八十年。每個「元」又分三個小運，每個小運二十年，共九個小運配九星，共計一百八十年。每一個元運六十年都是從甲子年開始到癸亥年結束。每年都有一個星進入中宮（天心）主事，入中順飛的飛星盤就是年運盤。每個月也有一個飛星入中順飛，一年可以飛出十二個月運盤，以十二節氣劃分。甚至可以再細分出日運盤與時運盤。常用的飛星盤是二十年小運盤與山星向星所結合，簡單點的也有以陽宅坐山數入中宮，搭配流年飛星組合出飛星盤。以下用九運離火與甲辰年（2024年）說明。運盤用國字，年飛星盤用阿拉伯數字。

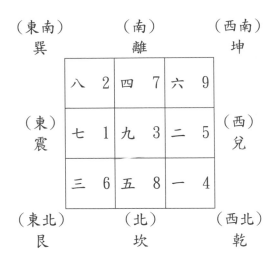

61

十六、玄空陽宅的定向立極

（一）定向方法

山與向，山是後方，向是前方；古時負陰抱陽，背山面水，因此堪輿學將建築物或門向前方稱為「向」或「水」；建築物後方稱為「山」或「龍」，山管人丁水管財。正常情況下有陽宅就有宅向屋向；有陽宅就有門向，有門就有路，室內活動路線就是「水路」。門好路不好，宅難興旺；路好門不好，宅氣難旺。

立向是建築房屋之前的作業，房屋並未完成。定向是確認房屋朝向，幾乎是觀察巒頭之後最重要的操作程序。在古代陽宅材料大體是石塊、磚塊、泥土、木料，而影響羅盤準確度的鐵件甚少；而現代陽宅大量使用鋼筋混凝土，因此羅盤操作如何避開鐵件影響是一大學問。在獨門獨院，連棟的別墅、公寓、大樓，前方有道路、永久性空地，正前方設有大門，大門具有採光納氣的功能，則房屋的朝向能很清楚辨識。至於現代建築受限於土地形狀、建築法規、使用人需求等原因，以致採光納氣的作用不明顯，就必須勘查現地實物再作判斷。換言之，判斷周圍地形、地物、遠近、高矮、進出動線，套用理氣判斷吉凶，是極為複雜的事。

玄空學的基礎知識與學習其他陽宅門派所需的基礎大約都是相同的，只是在操作與計算飛星的方式或有不同而已。因為現代建築的複雜性，房屋坐山與屋向、門向的決定已非往昔之單純。例如數層樓之透天屋，每一層都要下羅經，每間房都是「物物一太極」；床鋪則在床的中心點。因為現代建築大量使用鋼筋，所以在室內每個位置都多少不同，因此必須在室外使用尼龍線垂直或平行引伸，可以確保羅經所量出方位的正確性，然後依據手上掌握的建築圖判斷。

趙九峰《陽宅三要》：「看主（建築）不論一院、兩院、五院，及十院、八院，亦不論正房、偏房，亦不論是前院、後

院、左院、右院；總以最高大者為主；房高大，以屋脊論，非專以正房論高大也，即在高大房之正院中下一羅經，看高大房之房門，在八卦雙山某宮某字上，即為某主。至於大門，是言出街之大門，非論門之大小也，欲主吉凶者，分看此門不能。若夫看灶，則又有別矣；是以灶之房門定灶，而非以灶門定灶也。但廚房多有小院，露天者，即下羅經，若廚房前後有兩門，即下兩羅盤，以定吉凶。……此各具一太極看法……故有於大門上下羅盤者，有於正房內下羅盤者，有於滴水之簷下下羅盤者。」

現代建築隨著建築技術的進步，高樓大廈中有套房、單元住宅、各類事務所、專櫃、餐飲櫃、遊樂區、影視劇場等，整棟大樓的主要進出口是整棟在使用，不能視為宅主個人的門向，因此如何決定坐向是一件很大的問題，如果坐山不能確定或定向錯誤，理氣的套用就南轅北轍，可能出現吉凶相反的判斷。因此定向是在室內外尋找判斷一個房屋的朝向，以確定飛星的佈置情況。

（二）以門向為屋向

玄空飛星是依據房屋方向、採光、門窗、進出口、室外門路水路等種種環境條件決定坐山，套用飛星理氣；這在獨立住宅，三合院、四合院、連棟透天住宅等很容易認定，只要在正屋所設大門之前下羅盤就清楚坐向了。如果是單獨的房屋，站在大門外用羅盤平行垂直對準大門，至少距離一米半以上，調整角度，指針與天池底部紅線重疊就是坐向了。以門向為屋向，即以最明顯的門口為坐向。獨立的住宅，廠房、倉庫、辦公室，應該依照整棟建築的格局確認坐向。

（三）以採光納氣、陰陽、動線、堂局為屋向

一般建築以大門為向，若經過大廳後以樓梯或電梯銜接上樓，則所謂之卦氣、旺衰之氣，根本無法引入各住宅單位內，況且以全棟建築之坐向遷就社區大門，則無異是全體理氣「共用一門」，莫說削足適履，吉凶全體分配也就沒吉凶可言了。

但是在一棟多功能的住商大樓、廠辦大樓、政府機構等就有大門、側門、貨物進出口、緊急逃生道、停車場出入口等一堆「氣口」，決定原則就是該層、該宅、該房間的最大採光納氣之處所。因此，大樓內的單位住宅可以用自己的進出大門，或最大採光面為屋向，不必考慮大樓的坐向，或大樓整體使用的門戶；但如果兩者相符最宜確認。大廈裡面很多住宅單位，可以用住宅本身的大門作為坐向，與大廈坐向無必然關係。

早期建築獨立住宅佔很高比例，只要土地條件許可，多數房屋坐北向南；大門開在正前方，窗戶則因為材料無法大跨距，所以窗戶跨距不大。並沒有窗戶可與大門競爭採光面大小的問題，所以這類陽宅取大門為向並無爭議性。

現代建築的樓上層因為無法接收來龍「地氣」，而且經過樓梯與電梯，通道拐彎抹角，而陽宅又重堂局，就以接收「天氣」為主，因此以最大採光面為主，一般都是客廳落地窗為最大採光面，就是向，向確定山就足以確定。

高樓大廈中的的單元住宅，不能以大廈坐向為主，必須對大廈周邊環境與宅主的住居行為慣性為考量因素，一般以「負陰抱陽」為原則。其次以形局為坐向，觀察周遭地形地物，山水道路等條件，以致陽宅有坐滿朝空，坐空朝滿等現象。都會地區高樓層建築就是山；低樓層、道路、公園、永久性空地就是水。

中宮就是太極點，而太極點可以整間陽宅為計算基準，也可以各個房間或各相同使用性質為一個太極點。前者稱大太極，後者稱小太極。立向是興建陽宅之前的立山規劃作業，定向是對既有陽宅確定坐向。立向結束就是一個步驟的結束，定向可能在進出道路，遷改大門，大型修繕，戶外地形地物的改變之後，必須重新定向。

現代都市大樓寸土寸金，經常將單元大門設計在無法採光納氣的位置，反而是經由窗戶與陽台負責納氣採光，「負陰抱陽」清楚後，坐向也就決定了。一般人性喜歡面向動態方向，在前述通道、採光、納氣都無法確認之下，以動態的車潮、人潮、水流都可以坐為立向看法。大廈高樓以向光處為水，對面為山；如兩面通光，即依據大門收氣定向。

建築物與周邊的形勢關係很密切，山水都是房屋坐向的影響因子，「坐實朝空」即是負陰抱陽的實踐，而「坐空朝滿」則是巒頭大忌，雖有理氣的護持，運過一發即滅。都市內有高大的建築物作為後靠，以較低之建築物為朝向亦可。屋向與門向是不同的概念，因此不一定相符合。

（四）房屋與單元房間關係

每間房屋都有太極點，每間房間「物物一太極」，故也都有太極點。太極點就是中宮，因此整間房屋的中心點（太極點）與房屋內各個房間的中心點（太極點）是不同的，各自依據理氣計算，劃分房屋的九宮方位，故吉凶也有所不同。

大太極點是根據整間房屋所求出的，在此判斷房屋坐向，分割九宮方位，依據玄空飛星理氣劃分各宮位特性。小太極點是指各個房間的中心點，主要作用在分析房門納氣與內部佈局方案。大太極與小太極就像整體與個體的關聯性，同中有異，異中有同，有互補作用。

《樓宇寶鑑》談床位宜忌:「案陽宅重床位,宜合命,合坐山之吉,房門係臥房最緊要處,故房與門,東四命人,宜東四方;西四命人,宜西四方。如方位不合,當於房門取之,所謂移床以就吉也。惟床頭宜枕生避煞,將本書定向圖(同一般羅盤用法),放床邊中間,看房門上是在何字,用正五行,要與臥枕相生比和,若枕頭方位去生房門方位,雖然洩氣,亦主得子,是千金要訣也。至於年白到山,主懷胎,年白到門,主生子,時有應驗。」

《樓宇寶鑑》談灶座宜忌要壓煞迎生:「灶座火門為立宅要務,勿視為小事。如灶壓本命生方,則多小產、不孕、或懷怪胎;即有子而不聰明,不得財,田畜敗。若壓天醫方,則主疾病,甚者久病,服藥無效。壓延年方,則無壽,婚姻難成,夫婦不合,傷人口,損六畜,多病窮困。壓伏位,無財無壽,終身貧苦。若壓本命之絕命方,則無病有壽,多子發財,又無火災。如壓六煞方,則發丁發財,無病無訟,無火厄。如壓禍害方,不退財,不傷人,無病無訟。壓五鬼方,無火災,無盜賊,無病,發財,田畜大利,僕役得力。火門者,納柴燒火之口,須以壓煞迎生之道,向得本命之生氣,天醫,延年,伏位等吉方,發福極速。若向本命之絕命,六煞,禍害,五鬼等凶方,其禍立覿。倘能將註中反復互證,自得其祥矣。」

《樓宇寶鑑》談讀書房:「宅中尚論讀書房,記取三元綠白方;認得中宮真位置,晉銜考試仕名揚。註:白為官星主仕宦,四綠是文昌,主科名,案書房培育子弟文化,擇確定坐向之方宅,取宅之一白四綠方。若流年得一白四綠到方相會,或一遇四,或四遇一,則為四一同宮,定主會考優良,名場顯達。山水樓台亭塔殿閣,合此方尤妙。例如住艮宅,本年壬寅(1962年二黑入中宮),四綠在兌,艮宅之一白亦在兌,是本年在宅正西位之房為四一同宮也。餘倣此推。不必取用事某元入中順逆挨算。」故以宅方與年運計算文昌位。

66

學習玄空陽宅的基礎知識，應將下列熟記。

大運	顏色	卦名	五行	星名	方位	六親	所管三山	卦義
一	白	坎	水	貪狼	北	中男	壬子癸	水
二	黑	坤	土	巨門	西南	老母	未坤申	地
三	碧	震	木	祿存	東	長男	甲卯乙	雷
四	綠	巽	木	文曲	東南	長女	辰巽巳	風
五	黃		土	廉貞	中			
六	白	乾	金	武曲	西北	老父	戌乾亥	天
七	赤	兌	金	破軍	西	少女	庚酉辛	澤
八	白	艮	土	左輔	東北	少男	丑艮寅	山
九	紫	離	火	右弼	南	中女	丙午丁	火

十七、居家風水與九星八卦在巒頭與理氣關係

　　過去命理師與地理師往往各司其職，兩者涇渭分明，但學術總是進步不停的，地理與命理在交流之中仍然起著互補的作用。宅主八字是大太極，其房間是小太極；雖非陽宅主人也有私人房間，即個人太極，在個人使用分區中亦有小太極，例如讀書之書桌，睡覺之床位等，即是個人小太極中的太極。而每個人八字不同，喜忌用神也不同，將材質、顏色、形狀、數字與命理地理結合，在屋向、門向、整體布置需求等確定後，再分析陽宅主家的五行喜忌，也是合乎陰陽五行學理的。可以依據「子平學」分析宅主喜忌，也可以用「命卦」計算，確認宅主五行喜忌。顯然易見的以「命卦」作為宅主五行喜忌的判斷非常膚淺，因為造成每年出生的人五行喜忌都相同；而以四柱分析宅主五行喜忌，則是另一番學問，天下沒有白吃的午餐。

（一）命卦計算

由於「八宅法」理氣的風行，命卦的計算方法成為學習陽宅理氣的基礎知識。上元、中元、下元各六十年，合計一百八十年。所謂的年以交立春為起算點與國曆或農曆無關。計算命卦最簡單莫過於查表如下：

男命卦	離	艮	兌	乾	坤	巽	震	坤	坎
女命卦	乾	兌	艮	離	坎	坤	震	巽	艮
西元出生年	1901	1902	1903	1904	1905	1906	1907	1908	1909
	1910	1911	1912	1913	1914	1915	1916	1917	1918
	1919	1920	1921	1922	1923	1924	1925	1926	1927
	1928	1929	1930	1931	1932	1933	1934	1935	1936
	1937	1938	1939	1940	1941	1942	1943	1944	1945
	1946	1947	1948	1949	1950	1951	1952	1953	1954
	1955	1956	1957	1958	1959	1960	1961	1962	1963
	1964	1965	1966	1967	1968	1969	1970	1971	1972
	1973	1974	1975	1976	1977	1978	1979	1980	1981
	1982	1983	1984	1985	1986	1987	1988	1989	1990
	1991	1992	1993	1994	1995	1996	1997	1998	1999
	2000	2001	2002	2003	2004	2005	2006	2007	2008
	2009	2010	2011	2012	2013	2014	2015	2016	2017
	2018	2019	2020	2021	2022	2023	2024	2025	2026
	2027	2028	2029	2030	2031	2032	2033	2034	2035

另有一套速算法，即若依據排山掌，男子與女子的命卦順序是相反的。男命從兌開始逆順，即兌、乾、中、巽、震、坤、坎、離、艮。女命則是從艮開始順算，即艮、離、坎、坤、震、

巽、中、乾、兌。又如果男命中宮寄坤，女命中宮寄艮，會出現兩次的機率，所以西四命的比例會比東四命高。例如：男命75年生，7加5等於12，12超過10，所以再用1加2等於3，取3從兌逆順，即兌、乾、中，因為入中五黃，所以是算坤，故是西四命。再以男命68年生為例，6加等於14，14大於10，所以再用1加等於5，取從兌逆順，即兌、乾、中、巽、震，震是東四命。男命103年出生，10加3等於13，13大於10，再取1加3等於4，從兌逆順，即兌、乾、中、巽，巽是東四命。最不濟可翻閱萬年曆，男命就是該年紫白，但女命可不是。命宮生剋可以配合飛星盤論吉凶。例如九運兌命人，七赤在震宮，對面酉宮飛入二黑坤土，坤土生兌金為生氣，故兌命九運坐震卦向兌卦論吉。或一白坎命九運坐乾向巽，八白艮土飛入剋年命坎水，論凶。

八	四	六
七	九	二
三	五	一

又例如六運的二黑坤土年命，飛到離卦丙午丁向是一白坎水，故二黑坤土剋一白坎水，我剋為財，求財宜開此門。

五	一	三
四	六	八
九	二	七

（二）排山掌

從一坎二坤以至九離為順	四巽	五中	六乾	從九離八艮數至一坎為逆
	三震		七兌	
	二坤		八艮	
	一坎		九離	

排山掌的運用，可以計算年命，例如：丁酉 46 年生人，4+6=10，1+0=1，由七兌逆數 1，表示丁酉人是兌命；又例如：乙丑 74 年生人，7+4=11，1+1=2，那就由七兌數到六乾為 2，所以乙丑年是乾命。

男由七兌逆算。女由八艮順算。若是數到五，五是中宮，只有數字沒有卦位，必須借宮；年命寄坤宮，女命寄艮宮。

為何男命中宮寄「坤」（西四宅），女命中宮寄「艮」（西四宅）？因為五是中宮土數，水土共長生於申（不同於八字是火土共長生），土就借坤位，以男為陽，陰陽相應，故男命寄「坤」。戊土長生在寅（八字是火土共長生），寅為艮卦，以女為陰，陰陽相應，故女命寄「艮」。又依據先天八卦方位，四正屬陽，乾南、坤北、離東、坎西，居四正之位，為淨陽卦，故男命寄在坤之陽卦。先天四維屬陰，兌巽為肩，震艮為足，居四維之位，為淨陰卦，故女命寄在艮之陰卦。簡單說，「五中」就是中央五、十屬土，而坤、艮兩卦屬土，陰陽和合，男配坤，女寄艮。

（三）玄空九星性質

玄空學就是應用三元九運的運勢特性，截長補短，利用適當的數量使星性、五行、山水等，在恰當的陽宅方位上結合出趨吉避凶的佈局。因此陽宅風水可以分別列出九種類別，以供選擇。

1、一白坎水貪狼星

貪狼星五行屬水，顏色黑、藍；人事主生氣、智慧、聲譽、桃花等。在陽宅單元中是廚房、衛浴、水龍頭、魚缸、水池、流水等。與老鼠（子）、豬（亥）生肖相關，大凡屬水之性質都有不等牽涉。

2、二黑坤土巨門星

病符星，五行屬土；代表孤寡、病號、暮氣沉沉；人事主疾病、孤寡、卑柔、低位等。物質性是陶器、瓷器、土製品。土中藏木、火、金、水，已經廣納雜物，在二黑坤卦飛行位置不可再有雜物；例如：鞋櫃、垃圾桶、廚餘桶、堆肥等。黑色表示昏暗，接近霉氣、晦氣與臭氣，不利於生活環境，應採用明亮、通風、寬敞的佈置，火生金洩。

3、三碧震木祿存星

三碧祿存，號「蚩尤」，喜爭鬥是非，五行屬木。人事主是非、鬥爭、官非、破財、災咎等。木製品包含一切花草樹木，木櫃、木門、木簾、木几等，因此忌諱枯樹、裂木、朽木、腐木、廢棄之木製品。水生火洩。震為雷，不忌音響之地。

4、四綠巽木文曲星

文曲星也是文昌星，五行屬木。人事主文昌、學術；失運主瘋狂、風病、爛桃花等。古時以竹木為書籍，一四同宮，準發科名。其次，綠色比喻欣欣向榮，煥然一新。四綠飛星位置宜有茂盛草木，巽為風，宜空氣流通，佈置排風機、風扇、吸塵器等。

5、五黃中土廉貞星

代表瘟疫，五行屬土，廉貞帶火，火土燥熱易生病。五黃沒有卦位，因為隱性，所以物質性很難掌握。人事主瘟病、凶

禍、孤寡、破財、死亡等。與二黑都屬瘟病；二五交加，死亡疾病。五黃可用五帝錢化解，或風鈴。

6、六白乾金武曲星

武曲是偏財星，五行屬金。人事主官顯，職權、名位、驛馬（失運則奔波）、變動等。物質性是金屬製品，銅器、銀器、鍋鑊、武器等。五黃方位必須用金洩土氣，金氣太旺容易開口、破損、裂縫、重則血光；可用水的五行性化解，水生植物，飄逸物質等。金代表氣，肺臟、大腸、鼻喉等。

7、七赤兌金破軍星

破軍星，五行屬金，顧名思義搞破壞；兌為澤，兌又為喜悅、言語口說。人事當運主財利、交際，口主言語，演說、歌唱等；失運主破耗、逢奸盜。命中缺金，宜佈置水牛、土龍、金雞等。金氣太旺宜用豬、鼠之類佈置。八字土氣厚重，講課、唱歌、練氣均可。

8、八白艮土左輔星

左輔星，五行屬土，屬財星。人事主專業、謙恭君子、房地產、升遷等。艮土五行性是白色陶瓷器，與五黃中土的五行性有區別，白色是精緻細膩純潔，也是財星，故偏重高貴的物品。與五黃合併要用金氣洩化，財位宜用不銹鋼精品，忌土厚埋金。

9、九紫離火右弼星

九紫右弼是桃花星，五行屬火，人事主吉慶、艷麗、文明、桃花等。物質性是電器、爐灶、照明器具等，火弱則用木生火；火太旺雖用土洩，不宜用五黃中土，宜用二黑坤土。桃花不宜太多，也不可缺少，吉祥物不可太鮮豔奪目。

（四）玄空學是山水、五行與理氣並重

　　玄空飛星風水學也必須遵循外部局勢得法的原則，其大要為接近標的物時，先觀察外在佈局，即龍、穴、砂、水、向。堂局需端正明亮，周邊有圍抱，不可傾斜狹隘，總以寬平方正圓滿為宜。水局要朝源合聚，彎曲有情，玉帶環繞；不可割腳反跳，傾瀉嗚咽。形局不宜有粗惡、衝撞、臃腫、瘦削、尖銳、帶刺、濕軟、破面、巉巖等。地勢不宜高而孤寒，低而流洩，左傾右斜等。在山區應選擇彎曲平坦，有兜收處；擴大開陽，氣勢宏敞之處。以建築環境規劃而言，採光、氣溫、濕度、風速、流水、排水、道路、生活機能、鄰近建築物等，均為考慮要件。相關外局可參酌《陽宅奧秘三十天快譯通》第二章〈論外部局勢〉，與第三章〈論內部局勢〉，不贅述。

　　陽宅風水學中高者為山，低者為水；山管人丁，水管財。在室外形勢，建築物為山，以街衢為水路，牆壁、樹叢、圍牆、低矮房屋為砂手，公園、永久性空地水路為明堂。在室內佈置，「山」指：衣櫃、儲物櫃、書櫃、廚灶、香火神明、床鋪、書桌、辦公桌、沙發組、茶几、靜物等。「水」指：通道、排水路、窗戶、魚缸、儲水器具、水塔、飲水機、電梯、車道、動物等。總之，不外以高低、用途、形象、動靜歸納之。

　　陽宅鑑定必須全般無遺，看外六事，例如：山峰、高塔、高樓等旺衰吉凶，逼壓、空缺、五行與形象歸屬，關於「外六事」，指外部局勢的統稱，以五行形狀分：木長、火尖、土方、金圓、水曲。均不宜太肥、太瘦、太露；金喜圓靜，正而不偏。木喜聳秀，直而不欹。水喜活潑，動而不傾。火喜雄健，明而不燥。土喜方正，厚而不薄。山圓為金，山直為木，山曲為水，山尖為火，山方為土。

　　木有青色、黃綠色、草綠色、葉綠色、青綠色、長形、直而高聳、長直而上尖帶圓。山勢直硬清秀長形屋，庵，廟宇，

嶠星，公家機關，書堂學堂，竹樹，木橋，旗桿。樹木、竹子、木橋、旗竿、茅草屋、木柵欄、木門等。

火形象指紅色、紫色尖形、三角形火、尖塔、墳堆、加油站、打鐵舖、電器行等，山勢峭峻、焰動尖塔、嶠星、銀樓、加油站、瓦斯儲存場、發電廠、變電所、窯灶、金屬煉製場等。

土形指黃色、棕色、褐色方形、長方形、正方形、正方體、長方體街道、牆垣、堤壩土：山勢渾厚高雄，山面平正聳立大路、方牆、方屋、方山、方墩。

金形象指金黃色圓形、半圓形、橢圓形水田、溪流、河流、池塘、江、湖、澤、井環形橋、汽機車修理店、五金行、打鐵店等。圓環、圓池、圓墩、圓山、圓造型、金屬加工場。

水形象指深色、深藍色曲形、波浪形水：山勢橫波層疊，山面水泡磊磊，山頭圓曲欲動，山腳平鋪流瀉論聰慧文昌之吉。忌諱牽拽盪散，懶坦散漫，欹斜猙獰，蕩然不收，則論淫欲、奸反之徒。溪流、水塘、水井、澤地、湖泊、紗幔、噴泉均屬之。

第貳章、飛星盤組合

一、陰陽與順飛逆飛

　　玄空學雖然也注重巒頭，但其飛星盤理氣計算方式仍然是自樹一格。飛星盤基礎知識應先熟悉洛書順飛與逆飛，其次將坐山的運星與向首的運星以阿拉伯數字填入中宮上方左右，左邊為山星，右邊為向星。

　　一卦管三山，二十四山又平分為地元龍、天元龍、人元龍。歌訣：「子午卯酉天元宮，乾坤艮巽一路同。甲庚丙壬地元卦，辰戌丑未亦相從。乙辛丁癸何卦是？寅申巳亥人元中。」將歌訣轉換為下表。「一卦管三山」，三山依據地、天、人的順序排列，列表如下。

　　歌訣：「子午卯酉天元宮，乾坤艮巽一路同。甲庚丙壬地元卦，辰戌丑未亦相從。乙辛丁癸何卦是？寅申巳亥人元中。」

「一卦管三山」，三山依據地、天、人的順序排列，列表如下。

乾	地元龍—戌山 天元龍—乾山 人元龍—亥山	巽	地元龍—辰山 天元龍—巽山 人元龍—巳山
坎	地元龍—壬山 天元龍—子山 人元龍—癸山	離	地元龍—丙山 天元龍—午山 人元龍—丁山
艮	地元龍—丑山 天元龍—艮山 人元龍—寅山	坤	地元龍—未山 天元龍—坤山 人元龍—申山
兌	地元龍—庚山 天元龍—酉山 人元龍—辛山	震	地元龍—甲山 天元龍—卯山 人元龍—乙山

如果某卦管某山的關係很熟，就可以依據三山排列確認地、天、人的屬性。下表是二十四山的三元龍陰陽屬性，方便大家查看。此外，在排飛星盤時，如果是五黃入中（五黃代表中央戊己，在羅盤二十四山中，沒有戊己），因此查定天、人、地三元龍均無陰陽，在這種情況下，我們按房屋坐向定其陰陽。

三元龍陰陽屬性表

元龍	陽	陰
地元龍	甲庚壬丙	辰戌丑未
天元龍	乾坤艮巽	子午卯酉
人元龍	寅申巳亥	癸丁乙辛

知道陰陽才能分判順飛或逆飛。

運星入中宮，一律順飛。至於山星與向星如何判斷順飛或逆飛，依據如下：

屬「陽」者順飛：甲庚丙壬、乾坤艮巽、寅申巳亥十二山向。

屬「陰」者逆飛：癸丁乙辛、子午卯酉、辰戌丑未十二山向。

二、玄空飛星盤操作步驟

玄空飛星法根據的構成要件是，自然環境與建陽宅後，整個區域的精、氣、神會以陽宅太極點為基準而變化，即各宮位與太極點依據生、剋、制、化的五行性，進而產生互補性、對立性等。包含陽宅的方向，每個方向都有各自的氣場變化與陽宅的時運變化等。

其法先將運星入中宮，挨星順飛九宮，再將所用之山與向挨得之星入中稱「立極」。入中之運星稱「天心」，故八卦只有一卦通，旺氣才是王道。再依據二十四山陰陽決定順飛逆飛，明辨順逆，即「識得陰陽兩路行，富貴達京城」。如果五黃入中立極，其順飛逆飛即以其山向陰陽為準。山星以阿拉伯數字寫

在中宮左上角；向星同樣是阿拉伯數字，但寫在右上角。天盤為運星，地盤即是元旦盤。

1、卦運九紫二十年入中（即小運）

排飛星盤，首先是依據房屋的建造完工時間或大裝修時間為準。首先把運星入中順飛，排出星盤的運盤；其次排出山盤與向盤。運盤、山盤、向盤合在一起就是玄空飛星依據的推算資料。而元旦盤即為洛書數配後天八卦，是固定不變的，因此在排飛星盤常把地盤隱略去。排運星盤以國字表示，不論陰陽，一律順飛。其次在挨排山星與向星時，應該先了解順飛逆飛的規矩。先談運星，例如以九運子山午向，離火入中宮為例，圖如下。

子山午向九運離火入中宮挨星圖

八	四	六
七	九	二
三	五	一

2、決定中宮的山星與向星

在運星是以當運之星進入中宮一律順飛，山星卻是以房屋所坐方位的運星進入中宮，向星是以房屋的向首運星進入中宮，因此子山是坎卦，飛入 5；午向是巽卦，飛入 4。因此產生下圖中宮兩個阿拉伯數字，5 是山星，4 是向星。如下圖。

八	四	六
七	5　4 九	二
三	五	一

3、分判山星與向星順飛或逆飛

　　依據坐山和山星以及立向與向星的三元龍陰陽關係，決定是順飛還是逆飛，逢坐山立向為陽，順飛；逢坐山立向為陰，逆飛。因此中宮山星的 5，因為不在八卦之中，所以就用坐山「子」的屬性陰逆飛。而午向是天元龍，所以向星的 4 是依據向首的巽卦天元龍，即「巽」屬陽來決定，故順飛。

子山午向九運離火入中宮全盤挨星圖

6　3	1　8	8　1
八	四	六
7　2	5　4	3　6
七	九	二
2　7	9　9	4　5
三	五	一

就以上操作方法，再舉八運丑山未向為例。

1、卦運二十年入中（即小運）

運星是以當運之星進入中宮一律順飛，因此將八飛入中宮，順飛如下圖。

七	三	五
六	八	一
二	四	九

2、決定中宮的山星與向星

運星「八」入中，順飛完成後，丑山是艮卦，將艮宮飛入的「二」化為阿拉伯數字，填入中宮左邊的山星位置；再將向首坤卦中飛入的「五」，填入中宮右邊的向星位置；

七	三	五
六	2 5 八	一
二	四	九

3、分判山星與向星順飛或逆飛

依據坐山和山星，以及立向與向星的三元龍陰陽關係，決定是順飛還是逆飛，逢坐山立向為陽，順飛；逢坐山立向為陰，逆飛。因此丑山在元旦盤艮宮中是「地元龍」，而進入中宮的山星盤坤2的地元龍是「未」，而未是陰，逆飛。又向星為5，直接以「向」的陰陽決定逆飛，辰戌丑未為陰，故逆飛。

3　6 七	7　1 三	5　8 五
4　7 六	2　5 八	9　3 一
8　2 二	6　9 四	1　4 九

為更加熟練操作方法，又舉一運甲山庚向為例。

1、以卦運一白坎水入中（即小運）

一運入中順飛，甲山庚向挨星圖如下。

九	五	七
八	一	三
四	六	二

80

2、決定中宮的山星與向星

因為甲山在震宮，飛入震宮的運星是八，所以中宮山星是8，向星3則是向首庚向飛入的「三」，山星向星均以阿拉伯數字填入。

九	五	七
八	8　3 一	三
四	六	二

3、分判山星與向星順飛或逆飛

山星是8，甲山是地元龍，坐山飛入艮八的地元龍是丑，丑是陰，所以山星逆飛。而飛到向首的震卦，地元龍是甲，甲是陽，所以向星順飛。

9　2 九	4　7 五	2　9 七
1　1 八	8　3 一	6　5 三
5　6 四	3　8 六	7　4 二

熟能生巧，再舉五運辰山戌向為例。

1、卦運五黃入中（即小運）

運星是以當運之星進入中宮一律順飛，因此將五飛入中宮，順飛如下圖。

子山午向九運離火入中宮挨星圖

四	九	二
三	五	七
八	一	六

2、決定中宮的山星與向星

因為辰山飛入四綠巽，所以中宮山星用阿拉伯數字 4；向星則用飛入向首的六，所以中宮向星用阿拉伯數字 6。

四	九	二
三	4　6 五	七
八	一	六

3、分判山星與向星順飛或逆飛

中宮山星是 4，辰山在巽卦是地元龍，飛入坐山巽卦的地元龍是辰，辰是陰，所以逆飛。向首乾卦地元龍是戌，戌是陰，所以逆飛。

5 7 四	9 2 九	7 9 二
6 8 三	4 6 五	2 4 七
1 3 八	8 1 一	3 5 六

再練習七運亥山巳向飛星盤，如下圖。

1、卦運七赤入中（即小運）

以七入中宮順行

六	二	四
五	七	九
一	三	八

83

2、決定中宮的山星與向星

因為亥山飛入艮八，所以中宮山星是 8；向星則用飛入向首的乾六，所以中宮向星是 6。

六	二	四
五	8　6 七	九
一	三	八

3、分判山星與向星順飛或逆飛

亥山是人元龍，飛入乾卦的是艮八，其艮卦的人元龍是寅，寅是陽，所以順飛。向首巳向人元龍是陽，所以順飛。

7　5 六	3　1 二	5　3 四
6　4 五	8　6 七	1　8 九
2　9 一	4　2 三	9　7 八

84

三、山星與向星的剋出剋入

　　玄空飛星的計算重點之一，在山星與向星的生剋制化關係。

（一）《沈氏玄空學‧生剋吉凶篇》

〈生剋吉凶篇〉：主剋客為剋出，客剋主為剋入，主生客為生出，客生主為生入。生入者旺，剋出者亦旺，生出者休，剋入者囚，比肩者和。生入者發福遲而久，剋出者發福速而暫。

按：論人丁、健康、社交等以山星為主，山星即是「主」，向星即是「客」。因此有剋出、剋入、生出、生入、比和。生入發福雖緩慢但持久；反之，剋出發福驟至但時效短。

向上宜剋出旺財，忌剋入並忌生出，向之吉凶應驗速也。山上宜生入旺丁，忌剋入，不忌生出，山之吉凶應驗遲也。先至者為主，後來者為客。分地與運而觀，則地盤為主，運盤為客。分運與山向而觀，則運盤為主，山向盤為客。

按：向星宜剋出山星旺財；忌剋入也忌生出，向星水局的吉凶快速。山星宜生入可旺興人丁，忌剋入，不忌生出，山星沉重不如水星活躍，故應驗遲。外局形煞何者為主？何者為客？有先來後到之義。地盤與運盤兩者，地盤為主，運盤為客。運盤與山星向星共同觀察，運盤為主，山星與向星為客。

分山與向而觀，則山上飛星以山盤為主，向盤為客；向上飛星以向盤為主，山盤為客。辨其生剋之出入，以山、向、運遞生地盤為最佳。若旁六宮無須辨主客，即不重運盤，專取山向盤挨到之星，並看吉凶生剋。

按：分別觀察山星與向星，則後靠以山星為主，向星僅是賓客。反之，向上飛星以向盤為主，山盤為賓客。分辨生出生入，剋出剋入，以山星、向星、運星、地盤，逐次相生最佳。

扣去山向兩個宮位，其餘六個卦位，即無須分辨主客；換言之，不重視運盤，僅專取山星與向星之生剋如何。

> 九星各有吉凶，又各有因時之吉凶，山向上尤為緊要。蓋生入者，星之吉凶可不問，吉星生我固加吉，凶星生我亦不害其為吉；剋出者亦然吉，則我能用其吉凶，亦無所蒙其凶也。

按：九星指一白、二黑、三碧、四綠、五黃、六白、七赤、八白、九紫，各有吉凶特性，亦須考量旺衰，最重要在坐山與門向屋向。飛星生入，吉星加吉；凶星生入也有其特性可取。剋出者可以擇吉去凶，則凶星本質無所加害。

> 若生出、剋入、比和，則全在星之吉凶上看，我生及比和之星果吉，則克家有子，同道為朋；我生及比和之星果凶，則比匪致傷，養虎貽患。至論剋入，剋我之星，吉則縱被欺凌而君子不為已甚，凶則我原屈服而小人叵測中藏，故生入、剋出、比和咸當辨星之吉凶，且須辨時之吉凶耳。若非生入、剋出之得以置而不問也。

按：生出、剋入、比和判斷吉凶，關係重在星性吉凶；我生與比和之星性若吉祥，則家運昌盛，有子克紹箕裘，德不孤必有鄰。我生出或比和之星性凶暴衰時，則匪人相遇，禍在蕭牆。至於剋入，剋我之星性若吉利，也是合理的管束範圍；若星性凶殘雖然我屈曲之下求全，猶無法掌握自身凶晦；因此生入、剋出、比和，都應該分辨星性與運勢旺衰；若不是生入、剋出，可以等閒視之。

（二）《沈氏玄空學‧山向山水篇》

> 山向山水篇：山管山，水管水；山主人丁，水主財祿。山盤
> 飛星論山不論水，吉星要放在在山之特起處；而向盤飛星論
> 水不論山，吉星要放在水之聚會處。經曰：「山上龍神不下
> 水，水裡龍神不上山是也。」

按：前後高低佈置大約以當旺山星有山，衰死山星宜低平。反
之，當旺向星低平，衰死向星落在高山。

> 山盤看峰巒、橋樑、邱阜；向盤看來源、汪洋、水口。飛星吉
> 處遇之則吉，凶處遇之則凶。向盤吉星有水，須山盤來生則加
> 吉，來剋則吉亦減；然來剋而有水無山，其剋尚較輕。山盤吉
> 星有山，亦宜向盤來生；若來剋而有山兼有水，其剋較重。

按：山盤看峰巒、橋樑、邱阜、牆垣、塔樓、亭臺、文筆、管
制台、羅星、櫃台等。向盤看來源、汪洋、水口、池塘、通
道、水道、表演場等。山星旺運之處宜高，衰死運之處宜低。
反之，向星旺運之處宜低，衰死運之處宜高。一般原則，向盤
旺運之處有水，得到山盤生入加分，剋入減分；如果山盤剋入
是有水無山，無山代表剋入之山星微弱，剋力較輕。反之，看
人丁，山盤有山，也宜向盤來生；若向盤剋入有山兼有水，有
水代表剋入之向星有力，其剋較重。

> 山向盤論山水要父母配父母，順子配順子，逆子配逆子，兼
> 山向用兼山水；單山向用單山水。如作午丁向，以巽巳、坤
> 申、乾亥、艮寅、酉辛、卯乙山水為純清，而以辰戌、丑
> 未、甲庚山水為錯雜；丙上水口為敗財，丙上峰巒為劫殺。
> 若作丙向，即以辰戌、丑未、甲庚山水為純清，而以乾坤、
> 艮巽、卯酉、寅申、乙辛、巳亥山水為錯雜；午上見獨水孤
> 峰為敗財劫殺最凶。凡遇橫過之水本無收拾，立向迎來而避
> 去，向去水主退財大忌。

按：父母配父母等語，指地元、人元、天元要一致。例如午是天元，丁是人元，因此巽是天元，巳是人元，所以純清；而辰、戌是地元，所以錯雜。因此，九宮是大局，然一卦三山，尚可細分。地元與天元不相交；立向要收水，忌去水。

> 則先謹按：立午向、丁向，忌丙上水口；立丙向，忌午上獨水；此即空位忌流神之義。向司招攝之化機，水乃財祿之主宰。向水一卦三爻，名為三陽，當無不諧；若本爻無水，而獨見他爻，則駁雜已極，縱有令星到向，而吸收之水，非應聲氣求之所同，宜乎旺財之適，以敗財耳。八國山水之求端於同元，從可推矣。

按：玄空講求同元一氣，因此午丁的天人，忌諱丙的地元。三爻，指地天人三元。反之，立丙向地元，僅午向獨水是天元，忌天地之間缺人元貫通。

（三）《沈氏玄空學・主佐屈伸篇》

1、一運以貪狼為令星，令者，旺也，貪狼旺，則巨門、祿存相。
2、二運以巨門為令星，巨門旺，則祿存相。
3、三運以祿存為令星，文曲為進氣。
4、四運以文曲為旺，廉貞、武曲為相。
5、五運以廉貞為旺，武曲為相。
6、六運以武曲為令星，破軍為進氣。
7、七運破軍旺，輔弼相。
8、八運輔星旺，右弼相。
9、九運右弼為令星，貪狼為進氣，周而復始，循環不窮。

　　凡旺、相皆本運之吉星。一、二運以五、七為殺氣，三、四運以七、九為殺氣；五運以二、九為殺氣；六運以二、三為殺氣；七運以二、三四為殺氣；八運以三、四、五為殺氣；九運以四、五為殺氣。凡殺氣皆本運之凶星。所謂往者，屈也；

88

來者,伸也。至若一運中之九紫、三運中之二黑、五運中之三碧、四綠等類,不過功成者退,不得謂之殺也。

四、一至九運(下卦圖)飛星盤

(一)、排飛星盤

排飛星盤,首先是依據房屋的建造完工時間或大裝修時間為準。例如一陽宅於六運營造完成進住,至 2025 年,其間只是粉飾裝修,那麼這陽宅還是仍然作六運陽宅計算理氣,雖然進入九運,這間陽宅仍然用六運計算。

首先把運星入中順飛,排出星盤的運盤;其次排出山盤與向盤。運盤、山盤、向盤合在一起就是玄空飛星依據的推算資料。而元旦盤即為洛書數配後天八卦,是固定不變的,因此在排飛星盤常把元旦盤隱蓋略去。排運星盤以國字表示,不論陰陽,一律順飛。其次在排山星與向星時,應該先了解順飛逆飛的規矩。

玄空飛星必須用現在所行的大運,即三元九運的哪一個運。勘查時,首先排出房屋建造時的運盤,然後測出房屋的坐向,再加入流年飛星,排出流年飛星盤斷吉凶。例如甲辰年(2024)立春後,以九紫離火入中宮順飛,子山午向陽宅下卦圖如下:

八	四	六
七	九	二
三	五	一

運盤排完後，測出陽宅坐向，找出陽宅內八卦相應方位，即坎卦管壬子癸三山，乾卦管戌乾亥三山，兌卦管庚酉辛三山，坤卦管未坤申三山，離卦管丙午丁三山，巽卦管辰巽巳三山，震卦管甲卯乙三山，艮卦管丑艮寅三山。一個大運二十年期間太長，所以流年飛星對房屋吉凶影響很大；可以將流年星寫在運星右下方。玄空飛星細緻的歸納二十四山，與八宅法僅用八個卦判斷吉凶有精密度的區別。因為在玄空飛星陽宅理氣，一卦三山分別是地元龍、天元龍、人元龍，順飛逆飛不同，下卦圖就有所不同。

（二）、九星當運與失運

用玄空飛星法論斷陽宅風水吉凶，必先將房屋建造時的運盤排出，因此要知道當時的三元九運。例如勘查的陽宅是八運寅山申向壬寅年完工進住，或重大修繕時遷出，修繕完畢後遷回。宅運盤如下：

東南	南	西南
1　4 七	6　9 三	8　2 五
9　3 六	2　5 八	4　7 一
5　8 二	7　1 四	3　6 九
東北	北	西北

九星與九運在宇宙中不停的運轉，各自對不同的陽宅發生作用。七運從下元 1984 年起，滿 20 年後進入 2004 年八運，再從 2004 年起滿 20 年，2024 年進入九運離火。在八運時艮土八白星是當令星，九紫離火是未來旺星，九是吉祥數字，紫色是吉祥顏色，飄忽閃爍的火焰形象是吉祥的。其次進入一白坎水運，也算旺星之後的吉星；而七運則是退氣的失令星，應避免作為吉祥物與陽宅佈置的提示形象。

　　九星的性質在本書第壹章〈玄空陽宅基礎〉，與拙作《陽宅奧秘三十天快譯通》已經大約陳述各星性的性質形象；在得令進氣時，星性的優點可以盡興發揮。反之，失令時退氣、死氣、煞氣等缺點則暴露無遺。凶星在當運之中凶險的形象被遮蓋掩蔽，吉星的吉利在退氣失令時也無從發揮，只能靠佈置風水作為應付手法。

一運壬山丙向

1、挨星六到山，五到向，飛星山逆，向順，犯上山。山比和吉，向生出凶。雙星到山，運星六生水，金生水，宜有明山秀水，財丁兩旺，最利文才。坤方有水，發在二運。巽方有水，發在四運。

2、震宮木剋土不和睦；兌宮金剋木金木之傷。向星與元旦盤重疊，滿盤伏吟不可用；如坐山低陷或有空缺，主墮胎。向首有水或面山巉岩，主目疾。如高塞耳病。〈玄機賦〉:「坎宮低陷而墮胎，離位巉岩而損目。」

壬山丙向一運　　　　子山午向(癸山丁向)一運

向					
7 4	2 9	9 2	5 6	1 1	3 8
九	五	七	九	五	七
8 3	6 5	4 7	4 7	6 5	8 3
八	一	三	八	一	三
3 8	1 1	5 6	9 2	2 9	7 4
四	六	二	四	六	二
山					

一運子山午向

1、挨星六到山，五到向，飛星山順，向逆，犯下水，向比和吉，山生入吉。
雙星到離，即令星山與向會合在向首；宜山明水秀即財丁兩旺。離、震、乾宮，一運一四七，合離宮打劫，九運入囚。

2、震卦金剋木，兌卦木剋土。巽卦有水發在六運。向星五黃飛入中宮，雖然打劫局還嫌多事。乾方有水發在四運。巽坤兩方可用城門訣。

一運丑山未向

1、挨星四到山，七到向，飛星山逆，向順，犯上山。山比和
　　吉，向剋入吉。當旺向星飛到艮宮，財星犯上山，但一四利
　　科名，仍需水局加持。離方山星九是生氣方。雙星到山，運
　　星四綠，水生木；山水秀麗則財丁兩旺，生文才；艮方尤應
　　三房少男。

2、向首有水衰死之氣，淫亂多病，山星坐退氣更淫亂。震卦有
　　水，發在五運。失令時五黃不宜在氣口。

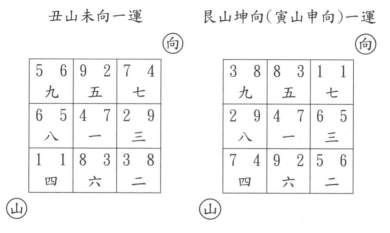

丑山未向一運　　　　　　　艮山坤向(寅山申向)一運

一運艮山坤向

1、挨星四到山，七到向，飛星山順，向逆，犯下水。山剋出凶
　　（兌七剋巽四），向比和吉。雙星到向，向首宜有山水秀
　　麗，可獲財丁兩旺；坐山有水主女性淫亂病態；有山而山星
　　退氣，女性有淫亂、肝病之疾。

2、酉方可用城門訣，午方雖有利城門，仍不宜犯五黃。乾方犯伏
　　吟，坎方山星九未來生氣，坎方向星為二，有水二運續發。

一運甲山庚向

1、挨星八到山,三到向,飛星山逆,向順,犯上山。山比和吉,向生出凶。雙星會合到山,並有運盤八白會聚,吉星羅列,有明山秀水,財丁兩旺科名顯;震卦特應長房。向首水星數五管病符,主腫瘤、煙毒、爛頭癩痢。

2、向首有山主頭痛、呼吸、官刑。離卦有水金木交戰,坤卦有水惡戰火土,水火之病,或出瞽目癡愚。坤宮陰神滿地。

甲山庚向一運　　　　卯山酉向(乙山辛向)一運

⑪山	9 2 九	4 7 五	2 9 七	7 4 九	3 8 五	5 6 七
	1 1 八	8 3 一	6 5 三	6 5 八	8 3 一	1 1 三
	5 6 四	3 8 六	7 4 二	2 9 四	4 7 六	9 2 二

甲山庚向一運 — 山(左)／向(右);卯山酉向(乙山辛向)一運 — 山(左)／向(右)

一運卯山酉向(乙山辛向)

1、挨星八到山,三到向,飛星山順,向逆,犯下水。向比和、山生入,吉。雙星會合到向,有明山秀水,當運旺財丁;坐山卯卦向星是五黃,主癌症,瘡毒,煙酒賭。巽宮陰神滿地。向首水木相生。

2、山星六衰死,山水同宮,病患、耗財。巽方有山,坎方有水,山水俱衰死,四運主兵劫刀傷,金木兩兩交戰。一運坎宮七星打劫。

94

一運辰山戌向

1、挨星九到山，二到向，飛星山順，向逆，犯上山。山剋入吉，向比和吉。向上有水當元發財，一入中宮，向星為 2，次運即入囚；壬方可用城門訣。

2、令星會合向首，有山有水，當元財丁興旺。坐山有山二至五運，神經病，肢病，損男童，自縊……。坤水發五運，有水值五黃不吉。震水發四運。酉水雷風金伐定被刀傷，閨幃不睦，顛疾瘋狂。壬方可用城門訣。中宮與震宮佈置土局。

<table>
<tr><td colspan="3" align="center">辰山戌向一運</td><td colspan="3" align="center">巽山乾向(巳山亥向)一運</td></tr>
<tr><td colspan="3">⑤</td><td colspan="3">⑤</td></tr>
<tr><td>8 3
九</td><td>4 7
五</td><td>6 5
七</td><td>1 1
九</td><td>5 6
五</td><td>3 8
七</td></tr>
<tr><td>7 4
八</td><td>9 2
一</td><td>2 9
三</td><td>2 9
八</td><td>9 2
一</td><td>7 4
三</td></tr>
<tr><td>3 8
四</td><td>5 6
六</td><td>1 1
二</td><td>6 5
四</td><td>4 7
六</td><td>8 3
二</td></tr>
<tr><td colspan="3" align="center">⑥</td><td colspan="3" align="center">⑥</td></tr>
</table>

一運巽山乾向（巳山亥向）

1、挨星九到山，二到向，飛星山逆，向順，犯上山。山比和，向剋出凶。双星到山，坐山宜山水秀麗。艮宮少男受剋，宜有火局佈置，酉方可用城門訣。

2、令星會合坐山，有山有水當元興丁旺財。向首有山，山星 8 退氣，主二至五運，神經病，筋絡病，損男童，自縊等。有水三運發財。坎有水閨幃不睦。艮方見水，五黃飛到三叉，尚嫌多事。震水為殺水，又火見土而出愚鈍頑夫。目入而出瞽目。震宮有山為是。

一運丙山壬向

1、挨星五到山，六到向，飛星山順，向逆，犯下水。山生出凶，向比和吉。合坎宮打劫，丑戌兩方可用城門訣。令星會合向首，並有運盤六白會聚，且合打劫，有山有水當運旺丁財，並生文武全才。

2、坐山離火被坤土洩；火見土而出愚鈍頑夫。巽方有水辰酉兮閨幃不睦。乾方值五黃不吉。兌方47同宮，雷風金伐定被刀傷，顛疾瘋狂。艮宮木盛欺土。坤宮全陰，旺火生土，陰事延綿。

丙山壬向一運　　　　午山子向(丁山癸向)一運

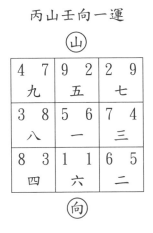
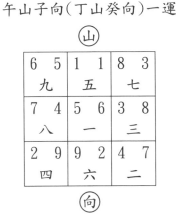

一運午山子向(丁山癸向)

1、挨星五到山，六到向，飛星山逆，向順，犯上山。向生入吉，山比和吉。

2、令星會合坐山，有明山秀水合局者當元興丁旺財。向首水為生氣，有水二運旺財。但開口筆插離方，必落孫山之外。艮水為殺水，犯之出瞽目，愚鈍頑夫。震方有水，刀傷，顛疾瘋狂。乾宮陰卦當權，老父懦弱。

一運未山丑向

1、挨星七到山，四到向，飛星山順，向逆，犯下水。山剋入吉，向比和吉。合双星到向，且貪入巽宮，壬甲兩方可用城門訣。離宮火土帶五黃，瘟病愚滯。

2、令星會合於向首，並有運盤四綠會聚，一四同宮。如有明山秀水，當元興丁旺財並生文士，三房特應。坐山有山，主女性淫亂、膽病、自縊…。有水女性更淫。壬甲二方可用城門訣。

未山丑向一運　　　坤山艮向(申山寅向)一運

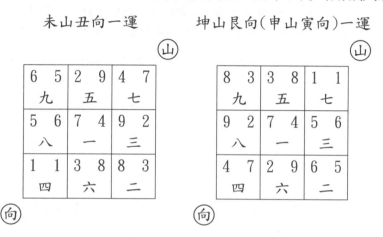

一運坤山艮向(申山寅向)

1、挨星七到山，四到向，飛星山逆，向順，犯上山。山比和，向剋出凶，乾方犯伏吟。震方有水二運發。

2、令星會合坐山，有山有水合局者，當元興丁旺財。向首有山主女性淫亂，膽病，自縊……。有水剋四宮命，並主女更淫，肺病，損女童，刑殺……。坎水為殺水，有水出愚鈍頑夫，瞽目，乾犯伏吟，宜空不宜實。

一運庚山甲向

1、挨星三到山，八到向，飛星山順，向逆，犯下水。山生出凶，向比和吉。合離宮打劫，丑方可用城門訣。坤方有水二運發。

2、令星會合向首，並有運盤八白會聚，土剋水，吉星能相助。如有明山秀水合形局者，當元興丁旺財，並出文士。長房特應。坐山有山主癌症，瘡毒，煙毒……。有水頭病，肺病，刑殺……。離水發四運，惟失運雷風金伐，定被刀傷，顛疾瘋狂。合離宮打劫。乾、兌、巽三宮群陰，不利老母、長女。

庚山甲向一運　　　酉山卯向（辛山乙向）一運

2 9	7 4	9 2		4 7	8 3	6 5
九	五	七		九	五	七
1 1	3 8	5 6		5 6	3 8	1 1
八	一	三		八	一	三
6 5	8 3	4 7		9 2	7 4	2 9
四	六	二		四	六	二

（左圖：向 在左，山 在右）（右圖：向 在左，山 在右）

一運酉山卯向（辛山乙向）

1、挨星三到山，八到向，飛星山逆，向順，犯上山。山比和吉，向生入吉。艮方有水二運發。

2、令星會合坐山，有山有水形勢合局者，當元財丁兩旺。向首有山，主癌症，煙毒……。有水主頭病，肺病，刑殺。如山水同宮，頭生癌症，肺、骨癌，煙毒……。乾方有水，主瞽目，土剋水，出愚鈍頑夫。

98

一運戌山辰向

1、挨星二到山，九到向，飛星山逆，向順，犯上山。山比和吉，向剋入吉。令星會合坐山，甲方可用城門訣。

2、令星會合坐山，有山有水形勢合局者，當元旺丁財，向首有水，三運旺丁，惟剋八宮命。有水主二至五運，神經病，損男童，自縊……。離方有水，刀傷，閨幃不睦，顛疾瘋狂。甲方可用城門訣。

戌山辰向一運　　　　乾山巽向(亥山巳向)一運

向

3 8 九	7 4 五	5 6 七
4 7 八	2 9 一	9 2 三
8 3 四	6 5 六	1 1 二

向

1 1 九	6 5 五	8 3 七
9 2 八	2 9 一	4 7 三
5 6 四	7 4 六	3 8 二

山　　　　　　　　　　　　山

一運乾山巽向(亥山巳向)

1、挨星二到山，九到向，飛星山順，向逆，犯下水。向比和吉，山剋出凶。合打劫運，又全盤合十。

2、令星會合向首，有山有水形勢合局者，當元財丁興旺。坐山有山，三運旺丁，惟剋八宮命。有水主二至五運，神經病，損男童，自縊……。坎水發四運，失令時刀傷，閨幃不睦，顛疾瘋狂。

99

二運壬山丙向

1、挨星七到山，六到向，飛星山順，向逆，犯下水。山生入吉，向比和吉。如兌方有水，失元主因姦破財，艮方如有水，為進神水，次運續發。

2、令星會合向首，合七星打劫運。形氣合局勢者，當元大發。兌方有水，主因姦破財，因陰神滿地紅粉場中空快樂也。巽方有水，主破財，官訟，口舌。坤水為衰水；因巽風就離，風散則火易熄。

壬山丙向二運		
向		
6 7 一	2 2 六	4 9 八
5 8 九	7 6 二	9 4 四
1 3 五	3 1 七	8 5 三
	山	

子山午向（癸山丁向）二運		
向		
8 5 一	3 1 六	1 3 八
9 4 九	7 6 二	5 8 四
4 9 五	2 2 七	6 7 三
	山	

二運子山午向（癸山丁向）

1、挨星七到山，六到向，飛星山逆，向順，犯上山。向生出凶，山比和吉。双星到坐，巽方可用城門訣，向上有水為殺水，向星1過氣。

2、令星會合坐山，有山有水形勢合局者，當元興丁旺財。向山有水為殺水。震水發四運。失令時巽風就離，風散則火易熄。開口筆形勢破敗插離方，必落孫山之外。巽方可用城門訣。

100

二運丑山未向

1、挨星五到山，八到向，飛星山、向均逆，當旺。山、向均比
　和吉。合旺山旺向，向首有水放光者，主田連阡陌，山星 5
　入中，雖犯反吟伏不忌。

2、〈玄機賦〉云：巨入艮坤，田連阡陌，坎離兩方均有水，可
　大發六十年。向上有秀峯，離方城門又有水，一四同宮，主
　發科甲。

丑山未向二運　　　　　艮山坤向(寅山申向)二運

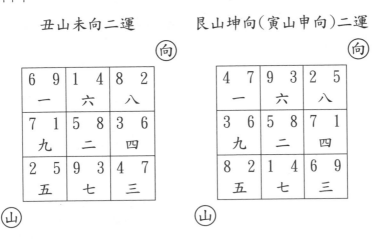

二運艮山坤向(寅山申向)

1、挨星五到山，八到向，飛星山、向均順，犯上山下水。山、
　向均比和吉。山星 5 入中滿盤犯伏吟，又犯上山下水，如向
　首及兌方有水，不獨主損丁，且主因貪花戀酒破家。〈玄空
　秘旨〉:「金水多情，貪花戀酒。」

2、令星犯上山下水，背水朝山，形勢合局者，當元興丁旺財。
　如向首及兌方有水，不獨主損丁，且應金水多情，貪花戀酒
　又破家也。乾水為衰水，得令時丁丙朝乾，貴客有耆耋之
　壽。全局伏吟。

101

二運甲山庚向

1、挨星九到山，四到向，飛星山順，向逆，犯下水。山、向均
　　比和吉，向方佈置火局，坐山佈置土局。合打劫，未方地元
　　龍可用城門訣，離方49財旺。

2、雙星會合向首，合七星打劫運，有明山秀水合局勢，當元旺
　　丁興財，坐山有山主女性淫亂，肺疾，損女童，刑殺等。有
　　水頭疾，肺疾，刑殺等。

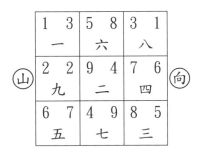

甲山庚向二運　　　　　卯山酉向(乙山辛向)二運

二運卯山酉向(乙山辛向)

1、挨星九到山，四到向，飛星山逆，向順，犯上山。山、向均
　　比和吉。乾方天元龍可用城門訣。向方用火局。

2、令星會合坐山。有山有水形勢合局，當元財丁兩旺。向首有
　　水，6是衰死之氣，主頭病，項病，肺病，刑殺等。有山，7
　　是衰死之氣，主女性淫亂，口、喉病。損女童，刑殺等。

二運辰山戌向

1、挨星一到山，三到向，飛星山、向均順，犯上山下水。山生出凶，向剋出凶。令星到坐，庚方可用城門訣。地運20年。

2、令星犯上山下水，背水朝山形勢合局者，當元旺丁財。坐山有山主三至六運火災。目疾，凶死。向首有水，四運發財。坤宮97合轍。

辰山戌向二運　　　　　巽山乾向(巳山亥向)二運

二運巽山乾向(巳山亥向)

1、挨星一到山，三到向，飛星山、向均逆，當旺。山剋入吉，向生出吉。次運入囚，震巽兩方犯伏吟，宜空不宜實，子方可用城門訣。巽宮利文昌，艮宮97合轍。

2、令星合旺山旺向，坐山向水形勢合局者，興丁旺財，坐山有水，四運發財。向上有山主三至六運火災，目疾，凶死等。艮水為衰水，紫黃毒藥，鄰宮兌口休嘗，青樓染疾，只因七弼同黃，離水發八運，失令時鰥夫豈有發生奇兆。

103

二運丙山壬向

1、挨星六到山，七到向，飛星山逆，向順，犯上山。山比和吉，向生入吉。双星到坐，形氣合者可用。

2、令星會合坐山，有山有水形勢合局者，當元丁財兩旺。向首為生氣，有水者次運發財。坎卦 13，震與坎作交，水為木氣之元。坤水發四運。失令時主流蕩。兌為衰水，木火同宮，當令時出聰明奇士。

丙山壬向二運		
山		
7 6 一	2 2 六	9 4 八
8 5 九	6 7 二	4 9 四
3 1 五	1 3 七	5 8 三
向		

午山子向(丁山癸向)二運		
山		
5 8 一	1 3 六	3 1 八
4 9 九	6 7 二	8 5 四
9 4 五	2 2 七	7 6 三
向		

二運午山子向(丁山癸向)

1、挨星六到山，七到向，飛星山順，向逆，犯下水。向比和吉，山生出凶。乾艮兩宮有水俱合城門訣，艮宮有水並可出貴，因合四九為友也。

2、令星會合向首。合坎宮打劫。向首有水發財，更主出醫師。乾方犯伏吟，宜通不宜實，宜有水。否則交劍煞長房有官非，或被盜賊劫掠。

二運未山丑向

1、挨星八到山，五到向，飛星山、向均逆，當旺。山、向均比
　和吉。合旺山旺向，形氣合者，財丁兩旺，如乾方金剋木或
　坎方有水，長房因姦傷足，中房發財，失元多出寡婦，疾病
　叢生。

2、如兌乾方有水，雖合生氣三四，主長房因姦傷足，賦曰：
　「狀途躓足」中孚主淫亂。向首有水合零神水。

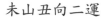

未山丑向二運　　　坤山艮向(申山寅向)二運

山				山		
9 6	4 1	2 8		7 4	3 9	5 2
一	六	八		一	六	八
1 7	8 5	6 3		6 3	8 5	1 7
九	二	四		九	二	四
5 2	3 9	7 4		2 8	4 1	9 6
五	七	三		五	七	三
向				向		

二運坤山艮向(申山寅向)

1、挨星到山，到向，飛星山向均順，犯上山下水。山、向均比
　和吉。滿盤犯伏吟，子卯兩方，均可用城門訣。

2、令星犯上山下水，背水朝山者，當元財丁興旺，坐山有山主
　癌症，瘡毒，胃病。向首有水主手病，神經病。損男童，自
　縊等。坎宮、兌宮、巽宮利科名。

二運庚山甲向

1、挨星四到山，九到向，飛星山逆，向順，犯上山。山、向均比和吉；双星到坐。

2、令星會合坐山，有山有水形勢合局者，當元丁財兩旺。向首有山，主頭病，項病，肺病，刑殺等。兌宮用火局，震宮用土局。向首有水，女性淫亂，口喉病，肺病，損女童等。

庚山甲向二運　　　　酉山卯向(辛山乙向)二運

5 8	9 4	7 6		3 1	8 5	1 3
一	六	八		一	六	八
6 7	4 9	2 2		2 2	4 9	6 7
九	二	四		九	二	四
1 3	8 5	3 1		7 6	9 4	5 8
五	七	三		五	七	三

（向）……（山）　　　（向）……（山）

二運酉山卯向(辛山乙向)

1、挨星四到山，九到向，飛星山順，向逆，犯下水。山、向均比和吉。合打劫運，如震巽二方俱有水，大發財丁兼出秀，且出秀必双（因双二到向），失運時出寡婦瞽目。巽坎兩方向星與地盤俱合四一同宮，如有水，逢五入中之流年，主發秀，且每中必双。

2、令星會合向首，合七星打劫運。如震巽二方俱有水，大發丁財兼出雙秀。失運時出寡婦，瞽目。坐山兌宮有山主頭病，項病，肺病，刑殺等；雙金剋木用水局。

106

二運戌山辰向

1、挨星三到山，一到向，飛星山、向均順，犯上山下水。山剋
　出凶，向生出凶。犯上山下水，艮方四六同宮，主損丁破財
　外，復有差徭勞碌之應。〈飛星賦〉云：「小畜差徭勞碌」。

2、艮方46同宮，主損丁破財外，復有差徭勞碌之應。兌宮有水
　局，三運發財。

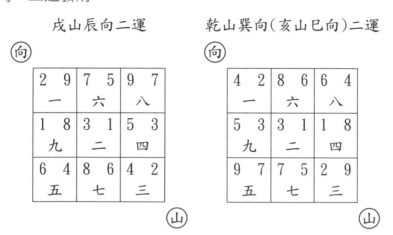

戌山辰向二運　　　　乾山巽向(亥山巳向)二運

二運乾山巽向(亥山巳向)

1、挨星三到山，一到向，飛星山、向均逆，當旺。向剋入吉，
　山生入吉。合旺山旺向，震方犯伏吟，若震方來水繞巽離而
　出坤，則可大發六十年。

2、坐山向水形勢合局者，當元財丁兩旺。坐山有水主三至六運
　火災，目疾，凶死等。巽宮一四同宮，兌宮左輔貪狼吉星。

107

三運壬山丙向

1、挨星八到山，七到向，飛星山逆，向順，犯上山。山比和吉，向剋入吉。坐山雙木剋土，宜有火局。

2、令星會合坐山，辰方可用城門訣。有山有水形勢合局者，當元興旺丁財。向首有水為殺水大敗。風行地上決定傷脾，又媳欺姑。巽水失運96同宮，家生罵父之兒，火照天門必當吐血。兌水發九運，丁丙朝乾有耆耊之壽。

壬山丙向三運		
向		
9 6 二	4 2 七	2 4 九
1 5 一	8 7 三	6 9 五
5 1 六	3 3 八	7 8 四
	山	

子山午向（癸山丁向）三運		
向		
7 8 二	3 3 七	5 1 九
6 9 一	8 7 三	1 5 五
2 4 六	4 2 八	9 6 四
	山	

三運子山午向（癸山丁向）

1、挨星八到山，七到向，飛星山順，向逆，犯下水。向比和吉，山剋出凶。合離宮打劫，向首有水當元進財，若形巒顛倒者，坐山42同宮，風行地上主室有欺姑之婦，更主破敗。

2、令星會合向首，坎方宜有山水佈局。乾水失令，家生罵父之兒，火燒天，必當吐血。乾方有水為繩索，主四運婦女懸樑之苦。

三運丑山未向

1、挨星六到山，九到向，飛星山逆，向順，犯上山。山比和吉，向剋入吉。令星會合坐山，離方向星為生氣。坎宮乾宮瘟病剋水，離宮有水四運發達。

2、令星會合坐山。有山有水合形局者，當元旺丁財。向首有山主火災，目疾，炎症，吐血，刑殺，家生罵父之兒。兌方煞水，風行地上必傷脾。並有欺姑之婦。

<table>
<tr><td colspan="3" align="center">丑山未向三運</td></tr>
<tr><td colspan="3" align="center">向</td></tr>
<tr><td>7 8
二</td><td>2 4
七</td><td>9 6
九</td></tr>
<tr><td>8 7
一</td><td>6 9
三</td><td>4 2
五</td></tr>
<tr><td>3 3
六</td><td>1 5
八</td><td>5 1
四</td></tr>
<tr><td colspan="3" align="center">山</td></tr>
</table>

<table>
<tr><td colspan="3" align="center">艮山坤向（寅山申向）三運</td></tr>
<tr><td colspan="3" align="center">向</td></tr>
<tr><td>5 1
二</td><td>1 5
七</td><td>3 3
九</td></tr>
<tr><td>4 2
一</td><td>6 9
三</td><td>8 7
五</td></tr>
<tr><td>9 6
六</td><td>2 4
八</td><td>7 8
四</td></tr>
<tr><td colspan="3" align="center">山</td></tr>
</table>

三運艮山坤向（寅山申向）

1、挨星六到山，九到向，飛星山順，向逆，犯山星下水。山剋出凶，向比和吉。令星會合向上，有山有水合形局者，當元丁財興旺。

2、坎方有水為生氣，午方可用城門訣。坐山有山退氣，主火災，目疾，心臟病，熱症，血病凶死。有水衰死，頭病，肺病，刑殺，並家生罵父之兒。中宮艮宮6會9，長男少男不利。

三運甲山庚向

1、挨星一到山，五到向，飛星山、向均順，犯上山下水。山剋入吉，向剋出凶。又兌位明堂，破震主吐血之災。離水主服毒，或吸毒，或出人吹菸（吸鴉片），再逢七赤加臨必應〈飛星賦〉云：「紫黃毒藥，鄰宮休嘗。」又青樓染疾。

2、坎宮一六合水催官，乾宮老母生乾金，欲振乏力。巽宮 94 木火通明，青雲得路。離宮 97 合轍，坤宮 27 同道，火局降溫。

甲山庚向三運　　　　　卯山酉向（乙山辛向）三運

	甲山庚向三運			卯山酉向	
9 4	5 9	7 2	2 6	6 1	4 8
二	七	九	二	七	九
8 3	1 5	3 7	3 7	1 5	8 3
一	三	五	一	三	五
4 8	6 1	2 6	7 2	5 9	9 4
六	八	四	六	八	四

（山）左 （向）右／（山）左 （向）右

三運卯山酉向（乙山辛向）

1、挨星一到山，五到向，飛星山、向均逆，當旺。山剋入吉，向剋出凶。旺山旺向，主財丁兩旺，乾方為生氣四，惟向首飛星逢三八，要損小口木剋艮土，《紫白訣》曰：「四綠固號文昌，然八會四，而小口殞生，三八之逢更惡。」

2、離宮 16 遇旺水秀峰，官路順遂；震宮三七盜賊相侵，訟凶病厄；艮宮 27 火乘殺氣，艮土喜水。

三運辰山戌向

1、挨星二到山，四到向，飛星山、向均逆，當旺。山剋出凶，向生入吉。合旺山旺向，有山有水形勢合局者，當元大發財丁，向首水外有秀峰，流年逢一四加臨乾方，更主發貴。

2、震宮46肝病或痼疾。坎宮68，利武職、財庫或異路功名。兌宮259，群陰亂舞。

<table>
<tr><td colspan="3" align="center">辰山戌向三運</td></tr>
</table>

辰山戌向三運　　　　巽山乾向(巳山亥向)三運

（山）　　　　　　　　（山）

3 5 二	7 9 七	5 7 九
4 6 一	2 4 三	9 2 五
8 1 六	6 8 八	1 3 四

1 3 二	6 8 七	8 1 九
9 2 一	2 4 三	4 6 五
5 7 六	7 9 八	3 5 四

（向）　　　　　　　　（向）

三運巽山乾向（巳山亥向）

1、挨星二到山，四到向，飛星山、向均順，犯上山下水。山生出凶，向剋入吉。犯上山下水，形氣不合者不能用。上山下水。背水朝山形勢合局者，當元丁財兩旺。坐山有水主四至七運耳病，腎病，水災，自縊。

2、坎宮97合轍，宜水木飛入。離宮68左輔武曲，利財勢。兌宮46金剋木，洩金生木。酉方可用城門水法。

三運丙山壬向

1、挨星七到山，八到向，飛星山順，向逆，犯下水。山剋入吉，向比和吉。合打劫運，次運即入囚。6會9肺疾、血症、火災，二五添病災。

2、令星會合向首。有山有水形勢合局，當元旺丁財。但次運入囚。如甲庚丙壬四方俱有水，可出神童。〈寶照經〉云：「甲庚丙壬最為榮，下後子孫出神童。兌水失令火燒天，家生罵父之兒又吐血。」

<table>
<tr><td colspan="3" align="center">丙山壬向三運</td><td colspan="3" align="center">午山子向(丁山癸向)三運</td></tr>
<tr><td colspan="3" align="center">山</td><td colspan="3" align="center">山</td></tr>
<tr><td>6 9
二</td><td>2 4
七</td><td>4 2
九</td><td>8 7
二</td><td>3 3
七</td><td>1 5
九</td></tr>
<tr><td>5 1
一</td><td>7 8
三</td><td>9 6
五</td><td>9 6
一</td><td>7 8
三</td><td>5 1
五</td></tr>
<tr><td>1 5
六</td><td>3 3
八</td><td>8 7
四</td><td>4 2
六</td><td>2 4
八</td><td>6 9
四</td></tr>
<tr><td colspan="3" align="center">向</td><td colspan="3" align="center">向</td></tr>
</table>

三運午山子向(丁山癸向)

1、挨星七到山，八到向，飛星山逆，向順，犯上山。向剋出凶，山比和吉。双星到坐，主敗財旺丁，向首有水，山星退，水星逢生，主室有欺姑之婦。

2、令星會合坐山，有山有水形勢合局者，當元旺丁財。但形局凶惡不合者，主敗財旺丁。向首有水主室有欺姑之婦。震方失令火燒天，吐血，家生罵父之兒。兌失令，五黃疊至凶事連綿。

112

三運未山丑向

1、挨星九到山，六到向，飛星山順，向逆，犯下水。山剋入吉，向比和吉。雙星到向，有山有水形勢合局者，當元丁財兩旺。壬方可用城門訣。24、51、96俱為相剋。

2、坐山有山，山星6衰死，主頭病，肺病，刑殺等；有水9為衰死，並主火災，目疾，心臟病，凶死，家生罵父之兒。

未山丑向三運　　　坤山艮向（申山寅向）三運

三運坤山艮向（申山寅向）

1、挨星九到山，六到向，飛星山逆，向順，犯上山。山比和，向剋出凶。令星會合坐山。旺丁敗財。向首有水，主出忤逆之兒。震方有水，出欺姑之婦。

2、乾水發七運，胃入斗牛積千箱之玉帛。離鄉砂見艮位，定遭路亡，自縊，胃癌。震宮一四發科甲，巽宮二五交錯，不利家長。艮宮96衰退方，山不宜高，水不宜闊，用土通關。

三運庚山甲向

1、挨星五到山，一到向，飛星山、向均順，犯上山下水。山剋出凶，向剋入吉。犯上山下水，主損少丁破財；如離方有水，主服毒，或出人吹菸，再逢客星七赤加臨必有所應。

2、〈飛星賦〉云：「紫黃毒藥，鄰宮兌口休嘗。」坤方犯伏吟且陰星成群，主因女子破敗，滿盤犯伏吟。16 逢土；27 逢火；38 逢水，49 逢土；各有所宜。

庚山甲向三運　　　　酉山卯向（辛山乙向）三運

三運酉山卯向（辛山乙向）

1、挨星五到山，一到向，飛星山、向均逆，當旺。山剋出凶，向剋入吉。合旺山旺向，形氣相合者，不獨主財丁兩旺，更出武貴，〈玄空秘旨〉云：「長庚啟明，交戰四國。」「震庚令局，文臣而兼武將之權。」若形氣相背，而巽方有水，又逢客星五黃加臨宮內主神鬼為祟，疾病纏綿。

2、離宮 16，有利官名；16 逢金；27 逢金；38 逢土，49 逢木；各有所宜。巽宮老父老母見坤巽，多相礙。

114

三運戌山辰向

1、挨星四到山，二到向，飛星山、向均逆，當旺。山生入吉，向剋出凶，合旺山旺向，坐山向水合形局者，當元旺丁財。離水失令赤紫兮致招火災。午酉逢而江湖花酒。巽水為生氣。失令有懸樑，被犬傷蛇咬之患。

2、一四、一六吉方，利功名。離宮九七雙重火上添油，震宮14、16用水通關好機緣，艮方犯伏吟。

戌山辰向三運

<向>

5　3	9　7	7　5
二	七	九
6　4	4　2	2　9
一	三	五
1　8	8　6	3　1
六	八	四

<山>

乾山巽向（亥山巳向）三運

<向>

3　1	8　6	1　8
二	七	九
2　9	4　2	6　4
一	三	五
7　5	9　7	5　3
六	八	四

<山>

三運乾山巽向（亥山巳向）

1、挨星四到山，二到向，飛星山、向均順，犯上山下水。向生出凶，山剋入吉。令星到坐，丁星起向，犯上山下水，背水面山形勢合局者，當運旺丁財。

2、坎水失令，午酉逢而江湖花酒。赤紫兮致招火災。震水失令，火見土出愚鈍頑夫。坎宮97火，流年不宜飛入火星。

115

四運壬山丙向

1、挨星九到山順行，犯下水；八到向逆行。向比和，山剋入吉。令星交會向首，有山有水合形局者，當元財丁興旺，並出文士。城門無用。

2、巽方有水出愚鈍頑夫；乾水多情貪花戀酒；艮方為生氣，如有水可大發 40 年。艮方為生氣，俱宜有水。如有，可大發四十年。合離宮打劫，坤方犯伏吟。失元主小口殞生。

壬山丙向四運				子山午向（癸山丁向）四運		

向

8 9 三	4 4 八	6 2 一
7 1 二	9 8 四	2 6 六
3 5 七	5 3 九	1 7 五

山

向

1 7 三	5 3 八	3 5 一
2 6 二	9 8 四	7 1 六
6 2 七	4 4 九	8 9 五

山

四運子山午向（癸山丁向）

1、挨星九到山，八到向，飛星山逆，向順，犯上山。向剋出凶，山比和吉。令星會合坐山，宜空不宜實。坤方有水局，發五運。

2、癸山丁向，巳申兩方可用城門訣。如形氣相背，向首有水者，流年客星再逢四綠到離，主遭瘟疫急症，飛星賦云：「寒戶遭瘟，緣自三廉夾綠。」

四運丑山未向

1、挨星七到山，一到向，飛星山、向均順，犯上山下水。山生出凶，向剋出凶。上山下水，非背水面山者切不可用，巽方九六同宮，如有山而形勢險惡者，主生逆子，〈玄空秘旨〉云：「火燒天而張牙相鬥，家生罵父之兒。」

2、三般卦；離宮 25 帶火，老母病災。乾宮老父鬱悶不興，震宮長子斷志。

<table>
<tr><td colspan="3" align="center">丑山未向四運</td></tr>
<tr><td>6 9
三</td><td>2 5
八</td><td>4 7
一</td></tr>
<tr><td>5 8
二</td><td>7 1
四</td><td>9 3
六</td></tr>
<tr><td>1 4
七</td><td>3 6
九</td><td>8 2
五</td></tr>
</table>

向 / 山

<table>
<tr><td colspan="3" align="center">艮山坤向(寅山申向)四運</td></tr>
<tr><td>8 2
三</td><td>3 6
八</td><td>1 4
一</td></tr>
<tr><td>9 3
二</td><td>7 1
四</td><td>5 8
六</td></tr>
<tr><td>4 7
七</td><td>2 5
九</td><td>6 9
五</td></tr>
</table>

向 / 山

四運艮山坤向(寅山申向)

1、挨星七到山，一到向，飛星山、向均逆，當旺。山剋入吉，向生入吉。合旺山旺向，向首得渙卦，不獨主進財，且主官貴。（但向首要有秀水放光）乾震兩方犯伏吟，不可有山。

2、坎方為生氣，如有水次運可續發二十年。乾方有山形勢又險惡者，主子孫忤逆，犯伏吟。〈玄空秘旨〉：「火燒而張牙相鬥，家生罵父之兒。」坤宮、中宮，一四發科甲。

117

四運甲山庚向

1、挨星二到山，六到向，飛星山、向均逆，當旺。山剋出凶，向生出凶。合旺山旺向，坐山向水合形勢者，當元丁財兩旺。向首四九同宮，〈玄空秘旨〉：「木見火兒，生聰明奇士」，乾方為生氣，同時主婦女專權，陰神成群。

2、坎宮 16，水火之財；艮宮 38，兩宮水木相生。兌宮 49 金氣相疊，宜有制化。離宮 27，火勢太旺。

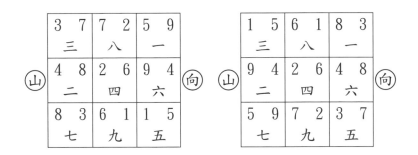

甲山庚向四運　　　卯山酉向（乙山辛向）四運

四運卯山酉向（乙山辛向）

1、挨星二到山，六到向，飛星山、向均順，山生入吉，向剋入吉。犯上山下水，如向首有水，又箭射者，生瘋疾且損丁，〈玄空秘旨〉：「山地被風，還生瘋疾。」如乾方有水，或有山而高壓者，客星再逢九紫加臨，主火災。〈飛星賦〉：「須識七剛三毅，剛毅者制則生殃。」

2、離宮 16 水火既濟，坤宮 38 木剋土，震宮 49 金剋木，坎宮 27 火，求財不難。

118

四運辰山戌向

1、挨星三到山，五到向，飛星山順，向逆，犯下水。山生出凶，向比和吉。合双星到向，有山有水形勢合局者當元即發，並生文士。若向上之水彎曲如繩索，失元主婦女懸樑，因巽宮水路繞乾也；五運入囚。

2、震宮與離宮 17，〈玄空秘旨〉：「金水多情，貪花戀酒。」須有制化。

辰山戌向四運　　　　　巽山乾向（巳山亥向）四運

（山）

2 6 三	7 1 八	9 8 一
1 7 二	3 5 四	5 3 六
6 2 七	8 9 九	4 4 五

（山）

4 4 三	8 9 八	6 2 一
5 3 二	3 5 四	1 7 六
9 8 七	7 1 九	2 6 五

（向）　　　　　　　　　　　　（向）

四運巽山乾向（巳山亥向）

1、三挨星到山，五到向，飛星山逆，向順，犯上山。山比和吉，向生入吉。滿盤犯伏吟，非水纏玄武者切不可用。如兌方有水，或陽宅兌方有門，主是非官訟多生，兄弟不和，妯娌不睦，同室操戈，向首得26，更生呇心不足，〈飛星賦〉云：「交至乾坤，呇心不足」又云：「乾坤神鬼，與他相剋非祥」。

2、兌宮 17，金多水寒，水主財富淫亂。坎宮 17，猶有九離暖身。巽宮木氣太甚，尚須水火持身。

119

四運丙山壬向

1、挨星八到山，九到向，飛星山逆，向順，犯上山。山比和吉，向剋入吉。双星會合坐山，如形氣不合，兌方有水者，〈飛星賦〉：「乾坤神鬼，與他相剋非祥。」客星又遇五黃加臨宮內，主鬼神為祟，疾病叢生。

2、坎宮有水發五運，坤宮 26 傷老父，兌宮 26 傷老母。戌方可藉城門水。

<table>
<tr><td colspan="3" align="center">丙山壬向四運</td></tr>
<tr><td colspan="3" align="center">山</td></tr>
<tr><td>9 8
三</td><td>4 4
八</td><td>2 6
一</td></tr>
<tr><td>1 7
二</td><td>8 9
四</td><td>6 2
六</td></tr>
<tr><td>5 3
七</td><td>3 5
九</td><td>7 1
五</td></tr>
<tr><td colspan="3" align="center">向</td></tr>
</table>

<table>
<tr><td colspan="3" align="center">午山子向（丁山癸向）四運</td></tr>
<tr><td colspan="3" align="center">山</td></tr>
<tr><td>7 1
三</td><td>3 5
八</td><td>5 3
一</td></tr>
<tr><td>6 2
二</td><td>8 9
四</td><td>1 7
六</td></tr>
<tr><td>2 6
七</td><td>4 4
九</td><td>9 8
五</td></tr>
<tr><td colspan="3" align="center">向</td></tr>
</table>

四運午山子向（丁山癸向）

1、挨星八到山，九到向，飛星山順，向逆，犯下水。向比和吉，山剋出凶。双星到向，合坎宮打劫，惟失元主家門不潔，如兌方有水，主多官訟。震方有水，客星又遇五黃加臨震位主神鬼為祟，疾病叢生。

2、兌宮 17，〈玄空秘旨〉：「金水多情，貪花戀酒。」巽宮 71 水木昇華。乾宮 98 輔弼相耀，子孫繁衍。

120

四運未山丑向

1、挨星一到山，七到向，飛星山、向均順，犯上山下水。山剋出凶，向生出吉。犯上山下水，背山面水之局，立主損丁破財，兼主男女風流淫蕩。三般卦。可藉甲方作城門。

2、離宮 25 黃黑交錯，不利家主。巽宮 96，離火剋兌金，金屬肺，排氣不順。艮宮 41，鼎元之兆。

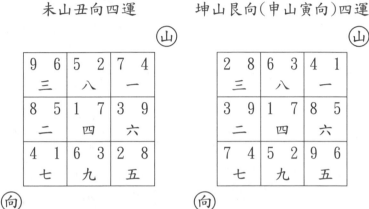

未山丑向四運　　　坤山艮向（申山寅向）四運

四運坤山艮向（申山寅向）

1、挨星一到山，七到向，飛星山、向均逆，當旺。山生入吉，向剋入凶。合旺山旺向，財丁俱進，坐山得井卦，若有山峯秀麗者，主官貴。乾震兩方犯伏吟，不可有山，失元主淫亂，乾方有山六運敗財，兼出忤逆之兒孫，兌乾兩方有水五運，六運俱進財，七運入囚。

2、坤宮文昌，過旺則淫濫；乾宮火燒天門，瘟疫病災；艮宮四七，文章不顯。

121

四運庚山甲向

1、挨星六到山，二到向，飛星山、向均逆，當旺。山生出凶，向剋出凶。合旺山旺向，形勢合局者，當元丁財兩旺。向首盪得漸卦，雖主富貴，惟入仕途之人，亦孤高自賞，不事逢迎，蓋合玄空秘旨中所謂：「山風值而泉石膏肓。」

2、巽方為殺水（向星 3 退氣），犯 37 凶星，主被劫盜，官災，又家室分離。離宮 27 合火，出人焦頭爛額。

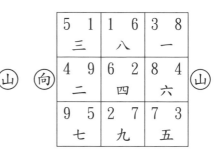

庚山甲向四運　　　　酉山卯向（辛山乙向）四運

四運酉山卯向（辛山乙向）

1、挨星六到山，二到向，飛星山、向均順，山剋入吉，向生入吉。犯上山下水，主損丁破財，乾方見形見氣，凶禍頻頻，如艮方青龍砂巉岩高壓，主服毒或出吹煙之人。

2、坎卦 279 皆陰卦，震卦 249 皆陰卦，若二方有水皆衰退氣，紅粉場中空快樂。離宮 16 有秀峰旺水，官場得意。

122

四運戌山辰向

1、挨星五到山，三到向，飛星山逆，向順，犯上山。山比和
吉，向生出凶。令星交會坐山，有山有水形勢合局者，當元
丁財兩旺，但非坐空者不可用，甲丙兩方可用城門訣。

2、南方（離卦）金水多情，貪花戀酒。中宮 53，雙木制土，傷
在脾胃手足。坤卦有水衰退氣，出愚鈍頑夫。

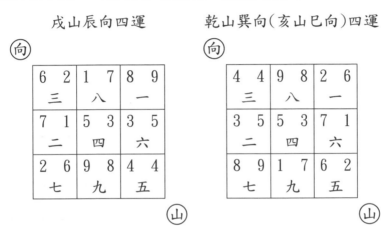

戌山辰向四運　　　　乾山巽向（亥山巳向）四運

四運乾山巽向（亥山巳向）

1、挨星五到山，三到向，飛星山順，向逆，犯下水。山生入
吉，向比和吉。双星到向，滿盤犯伏吟，水纏玄武及向上有
水者，當運發丁財，並生文士，失令時蕩子無歸。

2、坎方金水多情，貪花戀酒。艮水失令出愚鈍頑夫，離水死
氣，火土太旺；全盤犯伏吟。

123

五運壬山丙向

1、挨星一到山，九到向，飛星山、向均順，犯上山下水凶。山生入，向剋出凶。犯上山下水，坐實朝空之局大凶，背水而山形勢合局者，當運旺丁財。流年逢五黃或太歲加臨坐山或向首，主損丁破財，或有災厄。

2、乾水發一運，坎流坤位，賈臣常遭賤婦之羞。艮宮雙木剋土，無火必有咎害。坤宮乾兌交劍相搏。

<table>
<tr><td colspan="3" align="center">壬山丙向五運</td><td colspan="3" align="center">子山午向(癸山丁向)五運</td></tr>
<tr><td colspan="3" align="center">向</td><td colspan="3" align="center">向</td></tr>
<tr><td>9 8
四</td><td>5 4
九</td><td>7 6
二</td><td>2 1
四</td><td>6 5
九</td><td>4 3
二</td></tr>
<tr><td>8 7
三</td><td>1 9
五</td><td>3 2
七</td><td>3 2
三</td><td>1 9
五</td><td>8 7
七</td></tr>
<tr><td>4 3
八</td><td>6 5
一</td><td>2 1
六</td><td>7 6
八</td><td>5 4
一</td><td>9 8
六</td></tr>
<tr><td colspan="3" align="center">山</td><td colspan="3" align="center">山</td></tr>
</table>

五運子山午向(癸山丁向)

1、挨星一到山，九到向，飛星山、向均逆，當旺。向生出凶，山剋入吉。合旺山旺向，背山面水者，財丁兩旺。若形與氣不合，而巽方有水者，則不獨敗財，且主遭婦辱。因合〈玄機賦〉中所謂：「坎流坤位，賈臣常遭賤婦之羞。」震兌二方犯伏吟，如不通主是非，七運官訟多招，且主出啞子。

2、坤卦雙木制土，用火通關。兌宮 87，金氣過盛，不利少男。震宮三木制土，用火通關。

五運丑山未向

1、挨星八到山，二到向，飛星山、向均逆，當旺。山、向均比和吉。合旺山旺向，形氣合者，添丁發財。向首雖二五交加，因當令不忌，所謂「一貴權當，諸凶攝服」。如形局不合，而巽方有水者向星衰退，主人暴戾刻薄。〈玄機賦〉云：「震陽生火，雷奮而火尤明。」失元向上有殘樓參差，遮蔽陽和，主疾病叢生，病女常見女鬼。(二黑為鬼)

2、乾方有水為催官水發貴，乃馳車朝闕之義。震宮一四發科甲，坤宮 25 相臨，不利老母瘟病。

<table>
<tr><td colspan="3" align="center">丑山未向五運</td></tr>
<tr><td colspan="3" align="center">向</td></tr>
<tr><td>9 3
四</td><td>4 7
九</td><td>2 5
二</td></tr>
<tr><td>1 4
三</td><td>8 2
五</td><td>6 9
七</td></tr>
<tr><td>5 8
八</td><td>3 6
一</td><td>7 1
六</td></tr>
<tr><td colspan="3" align="center">山</td></tr>
</table>

<table>
<tr><td colspan="3" align="center">艮山坤向(寅山申向)五運</td></tr>
<tr><td colspan="3" align="center">向</td></tr>
<tr><td>7 1
四</td><td>3 6
九</td><td>5 8
二</td></tr>
<tr><td>6 9
三</td><td>8 2
五</td><td>1 4
七</td></tr>
<tr><td>2 5
八</td><td>4 7
一</td><td>9 3
六</td></tr>
<tr><td colspan="3" align="center">山</td></tr>
</table>

五運艮山坤向(寅山申向)

1、挨星八到山，二到向，飛星山、向均順，山、向均比和吉，犯上山下水。坐山得 25，如有山，不獨主敗財，且主小兒憔悴，〈飛星賦〉云：「誰知坤卦庭中，小兒憔悴。」午酉兩方用城門訣。

2、令星犯上山下水，西南有山，東北有水，形局合坐空朝滿者，當元興旺丁財。震方有山，離方有水，六運旺丁財。

125

五運甲山庚向

1、挨星三到山，七到向，飛星山、向均順，山剋入吉，向生出凶。犯上山下水，若背水面山形勢合局者，當元旺丁財。坤方有水，主婦女專權、淫亂，乾方有水損小口。瘋疾，或山風值而泉石膏肓。全局犯伏吟。

2、未戌方可用城門訣，離方72火局，九紫併臨；巽方乾坤老父老母多嘴。

<table>
<tr><td colspan="3" align="center">甲山庚向五運</td></tr>
<tr><td>2 6
四</td><td>7 2
九</td><td>9 4
二</td></tr>
<tr><td>1 5
三</td><td>3 7
五</td><td>5 9
七</td></tr>
<tr><td>6 1
八</td><td>8 3
一</td><td>4 8
六</td></tr>
</table>

山（左） 向（右）

<table>
<tr><td colspan="3" align="center">卯山酉向（乙山辛向）五運</td></tr>
<tr><td>4 8
四</td><td>8 3
九</td><td>6 1
二</td></tr>
<tr><td>5 9
三</td><td>3 7
五</td><td>1 5
七</td></tr>
<tr><td>9 4
八</td><td>7 2
一</td><td>2 6
六</td></tr>
</table>

山（左） 向（右）

五運卯山酉向（乙山辛向）

1、挨星三到山，七到向，飛星山向均逆，當旺。向剋出凶，山生入吉。合旺山旺向，有明山秀水合局者，當元興丁旺財。巽方三木剋土，宜火不宜水。乾宮土生金，老母休廢。

2、坎方有水臨云：泄痢，坤配兌女，庶妾難投寡母之歡心。乾方為生氣，有水次運續發，富並陶朱，斷是堅金遇土。但犯伏吟，宜通不宜實。

五運辰山戌向

1、挨星四到山，六到向，飛星山、向均逆，當旺。山生出凶，向剋入吉。令星合旺山旺向，坐山向水形勢合局者，當元丁財兩旺。惟坎方犯伏吟，若坐山有水當元淫亂，口舌，刑獄等。向首有山則主肝病，足病。震方有水，艮配純陽，鰥夫豈有發生奇兆。

2、坤宮79合轍，火炎土燥。離宮92，紫火重疊，出人愚鈍。兌宮群陰亂舞。

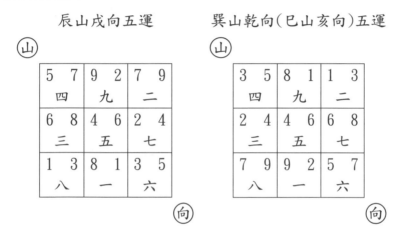

辰山戌向五運　　　　巽山乾向(巳山亥向)五運

五運巽山乾向(巳山亥向)

1、挨星四到山，六到向，飛星山、向均順，犯上山下水。山剋出，向生入吉。令星到坐，形氣合者，滿盤合聯珠三般卦，可用。如形氣相背，而坤方有水者，為衰水，再逢流年七赤加臨，犯穿心殺，有家破之虞。〈飛星賦〉云：「壬甲挑庚，最異龍摧屋角。」

2、兌宮弱土生強金，宜火土不宜金氣。乾宮五黃被洩，有水無妨。震宮木氣太旺，坤土須有紫火。

127

五運丙山壬向

1、挨星九到山，一到向，飛星山、向均順，山剋出凶，向生入
　　吉。犯上山下水，令星顛倒，若坐山向首俱有水者，主進
　　財，有山者大敗。

2、五運12為衰死之氣，乾方有山腎病，耳病，膀胱病；有水腹
　　病，盲腸病。戌丑方可開城門。

<table>
<tr><td colspan="3" align="center">丙山壬向五運</td><td colspan="3" align="center">午山子向(丁山癸向)五運</td></tr>
<tr><td colspan="3" align="center">(山)</td><td colspan="3" align="center">(山)</td></tr>
</table>

8 9 四	4 5 九	6 7 二	1 2 四	5 6 九	3 4 二
7 8 三	9 1 五	2 3 七	2 3 三	9 1 五	7 8 七
3 4 八	5 6 一	1 2 六	6 7 八	4 5 一	8 9 六

(向)　　　　　　　　　(向)

五運午山子向(丁山癸向)

1、挨星九到山，一到向，飛星山向均逆，當旺。向剋入吉，山
　　生出凶。令星到山到向，有明山秀水形勢合局者當元，財丁
　　興旺，次運犯上山。

2、坐山有水六運發財；艮山六運旺丁並生武士。艮水兌山當元
　　均主淫亂，口舌，刑獄等。全局伏吟。五運父母卦，全盤伏
　　吟不忌；坤宮雙木剋土，震宮三木剋土。

128

五運未山丑向

1、挨星二到山，八到向，飛星山、向均逆，當旺。山、向均比和吉。合旺山旺向，酉方為生氣。

2、令星合旺山旺向，有明山秀水當元財丁兩旺。酉方為生氣，有水六運旺財。失令時火燒天，家生罵父之兒。乾方有水貪花戀酒。坎方有水刀傷，乾金剋震木，長子難投嚴父之歡心。坤宮中宮土氣太旺，還須金氣。震宮41利文昌。艮宮土氣重。

未山丑向五運　　　　　　坤山艮向(申山寅向)五運

（山）

3 9 四	7 4 九	5 2 二
4 1 三	2 8 五	9 6 七
8 5 八	6 3 一	1 7 六

（向）

（山）

1 6 四	6 3 九	8 5 二
9 6 三	2 8 五	4 1 七
5 2 八	7 4 一	3 9 六

（向）

五運坤山艮向(申山寅向)

1、挨星二到山，八到向，飛星山、向均順。山、向均比和吉。犯上山下水，坎震兩方可用城門訣，如無城門訣可用，而巽方有水者，主淫蕩，〈玄空秘旨〉：金水多情，貪花戀酒。

2、三般卦；離方有水足傷，乾金剋震木，長子難得嚴父之歡心。艮宮坤宮土氣重，還須金氣。城門子卯方。

五運庚山甲向

1、挨星七到山，三到向，飛星山、向均順，山生出凶，向剋入吉。犯上山下水，主損丁破財，如艮方城門有水，一六共宗，六運發財，兼出貴，一白龍配六白水。

2、丑辰方可作城門；坤宮 49 金得土生；離宮 27 火來相助；坎宮 38 木得水生；艮宮 16 水宜有金局，艮坎一家親。

<table>
<tr><td colspan="3" align="center">庚山甲向五運</td><td colspan="3" align="center">酉山卯向(辛山乙向)五運</td></tr>
</table>

6 2 四	2 7 九	4 9 二		8 4 四	3 8 九	1 6 二
向 5 1 三	7 3 五	9 5 七 山	向 9 5 三	7 3 五	5 1 七 山
1 6 八	3 8 一	8 4 六		4 9 八	2 7 一	6 2 六

五運酉山卯向(辛山乙向)

1、挨星七到山，三到向，飛星山、向均逆。山剋出，向生入吉。合旺山旺向，若向首是山，主蕩婦破家，〈玄機秘旨〉：「陰神滿地成群，紅粉場中空快樂。」

2、坤宮 16 水，離宮 38 木，水木昇華。坎宮 27 火，艮宮 49 金，火剋金，宜有土局中介。巽宮三木制土，火來言和。

五運戌山辰向

1、挨星六到山，四到向，飛星山、向均逆，當旺。山剋入吉，
向生出凶。合旺山旺向，坐山向水形勢合局者，丁財興旺。
震方為生氣，坎離二方犯伏吟，宜通不宜實。

2、坐山有水主六至九運足病，肝病，刑殺。向首有水主淫亂，
口舌，刑獄。坤方有水主江湖花酒，紅粉場中空快樂。離卦
三紫土氣旺；坎宮水旺利艮土。

戌山辰向五運　　　　乾山巽向（亥山巳向）五運

向　　　　　　　　　　向

7 5	2 9	9 7
四	九	二
8 6	6 4	4 2
三	五	七
3 1	1 8	5 3
八	一	六

5 3	1 8	3 1
四	九	二
4 2	6 4	8 6
三	五	七
9 7	2 9	7 5
八	一	六

山　　　　　　　　　　山

五運乾山巽向（亥山巳向）

1、挨星六到山，四到向，飛星山、向均順；山生入吉，向剋出
凶。犯上山下水，若背水面山合形局者，當元丁財興旺。午
卯兩方有水，俱合城門訣。

2、坐山有山主淫亂，刑獄、病痛。向首有水，六至九運足病，
肝病，刑獄等。艮方有水出江湖花酒者，火災。震方有水傷
脾；砂峰硬直主媳欺姑。

六運壬山丙向

1、挨星二到山逆行，一到向順行，犯水星上山。向剋入，山比和吉。令星會合坐山，坐後有水者可用，艮方犯伏吟，宜遁不宜實，坤方犯穿心殺，若有山不利；兌方有水，主人暴戾刻薄，〈飛星賦〉：「赤連碧紫，聰明亦刻薄之萌。」因兌宮之地盤是七，再逢流年七赤到必應。

2、乾水腹病，盲腸，產厄。賈臣常遭賤婦之羞。震宮三木剋土，少男失利。坤宮有水，離宮有山發七運。

壬山丙向六運		
向		
3 9 五	7 5 一	5 7 三
4 8 四	2 1 六	9 3 八
8 4 九	6 6 二	1 2 七
山		

子山午向（癸山丁向）六運		
向		
1 2 五	6 6 一	8 4 三
9 3 四	2 1 六	4 8 八
5 7 九	7 5 二	3 9 七
山		

六運子山午向（癸山丁向）

1、挨星二到山，一到向，飛星山順，向逆，犯下水。向比和，山生入吉。灶位宜在震方，火門向西，木生火，火生土也。又宜在兌方，火門向震，火生土，木生火也，又宜在坤方，火門向坎，木生火，火生土也，惟巽坎兩方不可安灶，一是病位，一是五黃，火門向艮為火剋金，主口舌肺病血症；火門向離（向星是六）名火燒天，主出逆子。合離宮打劫如向上之水響動，主失之了孫多頭暈病，因双六到向，乾六為首

132

也，巽方不可開門，二五交加，且水被土剋，主讀書人學成病生，水虧症，必夭折。

2、令星會合向首。向首有山水，當運旺丁財，並發武貴。震方犯伏吟宜空不宜實。且 39 同宮，主出人暴戾刻薄。艮水失令，紫黃毒藥，青樓染疾。

六運丑山未向

1、挨星九到山，三到向，飛星山、向均順；山剋入吉，向剋出吉。犯上山下水，背山面水者，損丁破財，巽方二八同宮，如有水，主家人不睦，飛星賦云：「寅申觸巳，曾聞虎咥家人。」

2、令星犯上山下水，背水面山當元旺丁財。若形氣相反損丁破財。足病，肝病，目疾，火災等。巽方28同宮，如有水家人不睦。乾山腎病，耳病，膀胱病。乾水股病，膽病。

<table>
<tr><th colspan="3" style="text-align:center">丑山未向六運</th></tr>
<tr><td>8 2
五</td><td>4 7
一</td><td>6 9
三</td></tr>
<tr><td>7 1
四</td><td>9 3
六</td><td>2 5
八</td></tr>
<tr><td>3 6
九</td><td>5 8
二</td><td>1 4
七</td></tr>
</table>

向（上）山（下）

<table>
<tr><th colspan="3" style="text-align:center">艮山坤向（寅山申向）六運</th></tr>
<tr><td>1 4
五</td><td>5 8
一</td><td>3 6
三</td></tr>
<tr><td>2 5
四</td><td>9 3
六</td><td>7 1
八</td></tr>
<tr><td>6 9
九</td><td>4 7
二</td><td>8 2
七</td></tr>
</table>

向（上）山（下）

六運艮山坤向（寅山申向）

1、挨星九到山，三到向，飛星山、向均逆，當旺。山剋入吉，向剋出凶。令星到山到向，形氣合者，財丁兩旺，若形氣相背，若巽方有水，主破財，出人淫蕩，兌方犯伏吟有水不忌。

2、令星合旺山旺向。有山水合局者，當元丁財興旺。巽宮14科甲；兌宮71金水多情。

六運甲山庚向

1、挨星四到山，八到向，飛星山、向均逆，當旺。山生出凶，向生入吉。合旺山旺向，形氣相合者，財丁兩旺，乾方有水者為生氣，全盤合十，吉上加吉。向首土金相生，天盤又生地盤，又六八同宮，主武貴，紫白訣曰：「更言武曲金龍，喜逢左輔善曜；六八武科發跡，否則韜略榮身。」

2、離宮 94 金局，坤宮 72 火局，宜土氣居間。震宮 61 文昌仕宦。乾宮三金剋木，不利長男。

甲山庚向六運　　　卯山酉向(乙山辛向)六運

六運卯山酉向(乙山辛向)

1、挨星四到山，八到向，飛星山、向均順。山生出凶，向生入吉。犯上山下水，並生武士；背山面水合形局者當元旺丁財，非巒頭顛倒者不可用，乾方有白虎山或有水主服毒或出吹鴉片之人，蓋「紫黃毒藥，鄰宮兌口休嘗。」且出蕩子淫婦，〈玄空秘旨〉云：「午酉逢而江湖花酒。」

2、離宮 83 得水，木火通明；兌宮 61，文昌仕宦。坎宮金局得土，艮宮火局得火，宜有土局相通。

135

六運辰山戌向

1、挨星五到山，七到向，飛星山逆，向順，犯上山。山比和吉，向剋入吉。双星到坐，後面無水者不可用，坐山背水當元旺財丁，生武士。

2、向首有水八運發財。有山主七至一運股病，膽病，自縊。坎方39同宮，心臟病，目疾，火災，肝病，刑獄等。巽宮雙金剋木，故無水者不可用。壬庚方可作城門。

辰山戌向六運　　　　巽山乾向(巳山亥向)六運

六運巽山乾向(巳山亥向)

1、挨星五到山，七到向，飛星山順，向逆，犯下水。山剋出凶，向比和吉。雖合離宮打劫，犯伏吟不宜用。乾六為官星故主秀，坤方土剋水，如有水主損男丁。

2、令星會合向首。向水朝山形勢合局者，當元旺丁財，並發武貴。坐山有水八運發財。有山主七至一運股病，膽病，自縊等；乾宮純金，尚須水氣。

136

六運丙山壬向

1、挨星一到山，二到向，飛星山順，向逆，犯下水。山生出凶，向比和吉。合双星到向，主財旺而不旺丁，次運犯上山，破財。

2、令星會合向首，向首有山水，當運旺丁財。坐山有水七運發財。坤山七運旺丁並生武士。艮水發八運。失令時山風值而泉石膏肓。艮犯伏吟。宜通不宜實。震宮木氣太旺。

丙山壬向六運　　　　　午山子向(丁山癸向)六運

(山)　　　　　　　　　　　(山)

9 3 五	5 7 一	7 5 三
8 4 四	1 2 六	3 9 八
4 8 九	6 6 二	2 1 七

2 1 五	6 6 一	4 8 三
3 9 四	1 2 六	8 4 八
7 5 九	5 7 二	9 3 七

(向)　　　　　　　　　　　(向)

六運午山子向(丁山癸向)

1、挨星一到山，二到向，飛星山逆，向順，向星犯上山。向生入吉，山比和吉。双星到坐，主敗財，兌方有水衰退，主損小口，坤方有水亦同斷，向上有水次運進財。

2、令星會合坐山，北方有山水，當運旺丁財。形局不合者主敗財。向上有水七運進財。震方犯伏吟；兌水箭射或路直衝，更主瘋疾。

137

六運未山丑向

1、挨星三到山，九到向，飛星山、向均順，山剋出凶，向剋入吉。犯上山下水，向上有水，坐後有山者，損丁破財，震方有水者，次運發財。

2、艮方殺水，紫黃毒藥，青樓染疾。巽水 28 同宮，常遭賤婦之羞。坤水失令時，山風值而泉石膏肓。兌宮 52 瘟疫不吉，

未山丑向六運

（山）

2 8 五	7 4 一	9 6 三
1 7 四	3 9 六	5 2 八
6 3 九	8 5 二	4 1 七

（向）

坤山艮向（申山寅向）六運

（山）

4 1 五	8 5 一	6 3 三
5 2 四	3 9 六	1 7 八
9 6 九	7 4 二	2 8 七

（向）

六運坤山艮向（申山寅向）

1、挨星三到山，九到向，飛星山、向均逆，當旺。山剋出凶，向剋入吉。合旺山旺向，向首得同人卦，如有水放光，主富貴壽考。但失令時火燒天，吐血，家生罵父之兒。坎水為衰水，閨幃不睦，顛疾瘋狂，定被刀傷。蓋合〈玄空秘旨〉中所云：「丁丙朝乾，貴客而有耆耋之壽。」兌方及巽方犯伏吟，宜空不宜實。

2、巽宮 41 利文章，震宮 52 瘟疫，艮宮 96 傷老父，坎宮 74 金剋木，兌宮 17，金水氾濫；還須分別旺衰。

138

六運庚山甲向

1、挨星八到山，四到向，飛星山、向均逆，當旺。山生入吉，向生出凶。合旺山旺向，向首得訟卦，如有秀水放光，主人才傑出，〈玄空秘旨〉：「虛聯奎壁，啟八代之文章」。全盤合十，主得人和，坤方為生氣，有水者次運續發。

2、向首 16 功名升職，水生木利長男；坤宮 27 火，離宮 49 金，宜土通關。辰方可做城門。

庚山甲向六運

9 5 五	4 9 一	2 7 三
1 6 四	8 4 六	6 2 八
5 1 九	3 8 二	7 3 七

向（左） 山（右）

酉山卯向（辛山乙向）六運

7 3 五	3 8 一	5 1 三
6 2 四	8 4 六	1 6 八
2 7 九	4 9 二	9 5 七

向（左） 山（右）

六運酉山卯向（辛山乙向）

1、挨星八到山，四到向，飛星山、向均順。山生入吉，向生出凶。犯上山下水，非西方有水者不可用。惟背水面山，形勢合局者，當運可旺丁財。坐山有山主手、頭、鼻、神精等病，且損男童。向首有水主火災，火症，刑殺等。

2、上山下水，16 水局要西方有水。艮宮 27，離火助威，少男焦頭爛額。坎宮宜土洩火。艮方可做城門。

六運戌山辰向

1、挨星七到山，五到向，飛星山順，向逆，犯山星下水。山剋入吉，向比和吉。双星到向，合打劫，又合零神水，向上有水放光者大發，催福最快。

2、甲方可做城門。坤宮雙木雙土，老母宜火強身；巽宮金剋木宜水通關。

戌山辰向六運 　　乾山巽向（亥山巳向）六運

⑥

6 6 五	2 1 一	4 8 三
5 7 四	7 5 六	9 3 八
1 2 九	3 9 二	8 4 七

⑥

8 4 五	3 9 一	1 2 三
9 3 四	7 5 六	5 7 八
4 8 九	2 1 二	6 6 七

⑪　　　　　　⑪

六運乾山巽向（亥山巳向）

1、挨星七到山，五到向，飛星山逆，向順，水星犯上山。向剋入，山比和吉。午方可做城門。

2、雙星到坐。又犯伏吟。若背水坐山形勢合局者，當元亦可旺丁財。向首有山，八運旺丁生文士，不宜有水。巽宮木剋土，坐山金氣太旺，不嫌火土。

140

七運壬山丙向

1、挨星三到山，二到向，飛星山順，向逆，山星犯下水凶。山生出凶，向比和吉。令星會合向首，丙方見水光者，當元進財；辰未兩方俱可用城門訣；艮方犯伏吟，有水者不忌，丑方有水，為生氣，次運續發。

2、乾方41同宮，四蕩一淫男女淫蕩，自縊，腎、耳病。震卦14同宮發科甲。

壬山丙向七運

向

2 3	7 7	9 5
六	二	四
1 4	3 2	5 9
五	七	九
6 8	8 6	4 1
一	三	八

山

子山午向（癸山丁向）七運

向

4 1	8 6	6 8
六	二	四
5 9	3 2	1 4
五	七	九
9 5	7 7	2 3
一	三	八

山

七運子山午向（癸山丁向）

1、挨星三到山，二到向，飛星山逆，向順，犯上山。向生入吉，山比和吉。向星及山星，會合坐山，非水纏玄武，或背後有塘水者不可用，須坐山有形勢合局山水。

2、坤方為生氣，陽宅宜在子方及坤方安門。如巽方有水，主出人淫蕩，〈飛星賦〉：「當知四蕩一淫」。如乾方有水者，犯膈食：「豫擬食停」。

七運丑山未向

1、挨星一到山，四到向，飛星山順，向逆，犯下水。山生入吉，向比和吉。令星會合於向首，坎方為生氣，離方犯伏吟，四運入囚。坐山與中宮俱一四同宮，向首有水者，富貴雙全。

2、乾兌兩方23同宮，豫擬食停。又雷出地而相冲定遭桎梏。離方犯伏吟。丙方可作城門。

<table>
<tr><td colspan="3" align="center">丑山未向七運</td></tr>
</table>

丑山未向七運　　　　　艮山坤向(寅山申向)七運

⑥向

9 5 六	5 9 二	7 7 四
8 6 五	1 4 七	3 2 九
4 1 一	6 8 三	2 3 八

⑥山

⑥向

2 3 六	6 8 二	4 1 四
3 2 五	1 4 七	8 6 九
7 7 一	5 9 三	9 5 八

⑥山

七運艮山坤向(寅山申向)

1、挨星一到山，四到向，飛星山逆，向順，水星犯上山。山比和吉，向生出凶。令星會合坐山，離方為生氣，卯方犯伏吟，乾方不可見水，酉方可用城門訣。

2、令星會合坐山。東北有形勢合局山水，當元旺丁財。向首 14 同宮，四蕩一淫。震巽方23同宮豫擬食停，定遭桎梏。酉方可用城門訣。卯方犯伏吟。中宮與向首14同宮。

七運甲山庚向

1、挨星五到山，九到向，飛星山、向均順。山剋入吉，向生出凶。全盤犯伏吟，又犯上山下水，辰方為生氣，未戌兩方可用城門訣，九運入囚。

2、令星犯上山下水，全盤犯伏吟。東方有水，西方有山合形局者，當元可旺丁財。但坐山有山足病，肝病，刑殺。向首有水腹病，盲腸病，胃病。坎為衰水又值五黃，患腎、耳、胃等癌症。

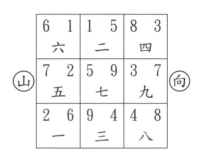

甲山庚向七運　　　卯山酉向(乙山辛向)七運

七運卯山酉向(乙山辛向)

1、挨星五到山，九到向，飛星山、向均逆，當旺。向剋出凶，山生入吉。令星到山到向，坐山面水之局，當元財丁兩旺，乾方為生氣，九運入囚，向首有水者，且主官貴，〈玄空秘旨〉：「震庚會局，文臣而兼武將之權。」「長庚啟明，交戰四國。」

2、艮為殺水，當令富並陶朱，斷是堅金遇土。離宮15泌尿循環之病；震宮72，火災血病。

143

七運辰山戌向

1、挨星六到山，八到向，飛星山、向均逆，山剋入吉，向生入吉。令星到山到向，惟次運即入囚，合〈玄機賦〉：「金居艮位，烏府求名」坎方及坤方犯伏吟，宜通不宜實。

2、巽宮79合轍；震卦水土相生；坎宮雙水雙木宜有火局。坤宮9、2、四，群陰飛舞，不利陽居。

<table>
<tr><th colspan="3">辰山戌向七運</th></tr>
<tr><td colspan="3">⑪</td></tr>
<tr><td>7 9
六</td><td>2 4
二</td><td>9 2
四</td></tr>
<tr><td>8 1
五</td><td>6 8
七</td><td>4 6
九</td></tr>
<tr><td>3 5
一</td><td>1 3
三</td><td>5 7
八</td></tr>
<tr><td colspan="3" align="right">⑭</td></tr>
</table>

<table>
<tr><th colspan="3">巽山乾向(巳山亥向)七運</th></tr>
<tr><td colspan="3">⑪</td></tr>
<tr><td>5 7
六</td><td>1 3
二</td><td>3 5
四</td></tr>
<tr><td>4 6
五</td><td>6 8
七</td><td>8 1
九</td></tr>
<tr><td>9 2
一</td><td>2 4
三</td><td>7 9
八</td></tr>
<tr><td colspan="3" align="right">⑭</td></tr>
</table>

七運巽山乾向(巳山亥向)

1、挨星六到山，八到向，飛星山、向均順。山生出凶，向剋出凶。八國間及中宮俱合聯珠三般卦，但犯上山下水，非坐後有水之局不可用，酉子兩方可用城門訣。

2、震為殺水（水星6退氣），犬傷或逢蛇咬毒死。坤方35同宮又值五黃凶年是無常。兌宮貪狼、左輔、右弼吉星團聚。

144

七運丙山壬向

1、挨星二到山，三到向，飛星山逆，向順，犯上山。山比和吉，向生出凶。令星會合坐山，戍方可用城門訣，向首為生氣，三運入囚。

2、令星會合坐山，靠山背水形勢合局者，當元財丁兩旺。但兌缺陷而唇亡齒寒。向首有水發於八運為生氣。震14同宮，失令時四蕩一淫。坤方值五黃火助虐退氣失令不吉。

<table>
<tr><td colspan="3" align="center">丙山壬向七運</td><td colspan="3" align="center">午山子向（丁山癸向）七運</td></tr>
<tr><td colspan="3" align="center">山</td><td colspan="3" align="center">山</td></tr>
<tr>
<td>3 2
六</td><td>7 7
二</td><td>5 9
四</td>
<td>1 4
六</td><td>6 8
二</td><td>8 6
四</td>
</tr>
<tr>
<td>4 1
五</td><td>2 3
七</td><td>9 5
九</td>
<td>9 5
五</td><td>2 3
七</td><td>4 1
九</td>
</tr>
<tr>
<td>8 6
一</td><td>6 8
三</td><td>1 4
八</td>
<td>5 9
一</td><td>7 7
三</td><td>3 2
八</td>
</tr>
<tr><td colspan="3" align="center">向</td><td colspan="3" align="center">向</td></tr>
</table>

七運午山子向（丁山癸向）

1、挨星二到山，三到向，飛星山順，向逆，犯下水。山生入吉，向比和吉。合坎宮打劫，全盤合十，子方有水者，主立進財，午方有山者，次運敗財，艮方可用城門訣。

2、令星會合向首，面水朝山合形局者，當元丁財兩旺。子方有水者立主進財。午方有山者，次運敗財。艮方可用城門訣。乾方32同宮，雷出地而相冲必遭桎梏。巽宮14利科甲。

七運未山丑向

1、挨星四到山，一到向，飛星山逆，向順，犯上山。山比和吉，向生入吉。令星會合坐山，坐山背水當元旺丁財。向首有山耳疾，水厄，自縊，有水股病，膽病，山水同宮男女淫亂等。

2、甲方為生氣，壬方為殺氣，一運入囚。乾兌 23 同宮，豫擬食停，定遭桎梏。中宮、艮宮 14 文昌位。

未山丑向七運

山

5 9 六	9 5 二	7 7 四
6 8 五	4 1 七	2 3 九
1 4 一	8 6 三	3 2 八

向

坤山艮向(申山寅向)七運

山

3 2 六	8 6 二	1 4 四
2 3 五	4 1 七	6 8 九
7 7 一	9 5 三	5 9 八

向

七運坤山艮向(申山寅向)

1、挨星四到山，一到向，飛星山順，向逆，犯下水。山生出凶，向比和吉。酉方為生氣，子方可用城門訣。艮兌兩方俱有水，可發四十年。

2、令星會合向首，朝山向水形勢合局。當元財丁兩旺。坐山 14 同宮，失令成四蕩一淫。巽震二方 23 同宮，雷出地而相冲，定遭桎梏豫擬食停。艮兌兩方俱有水，可發 40 年，子方可用城門訣。

七運庚山甲向

1、挨星九到山，五到向，飛星山、向均順。水生出凶，向剋入吉。犯上山下水，辰方可用城門訣。艮方為生氣，水纏玄武者，當元進財，雖犯伏吟亦不忌，若辰方有秀峰山星 8 生氣，次運壬寅年五黃入中，飛四綠到巽，可入泮。

2、震宮〈紫白訣〉：「赤逢三到生財，豈識財多被盜；三遇七臨生病，那知病癒遭官。」被劫盜更見官災，家室分離。艮方為生氣，水纏玄武者，當元進財，雖犯伏吟不忌。

庚山甲向七運　　　　酉山卯向(辛山乙向)七運

向					向				山

庚山甲向七運：

8 4 六	4 9 二	6 2 四
7 3 五	9 5 七	2 7 九
3 8 一	5 1 三	1 6 八

酉山卯向(辛山乙向)七運：

1 6 六	5 1 二	3 8 四
2 7 五	9 5 七	7 3 九
6 2 一	4 9 三	8 4 八

七運酉山卯向(辛山乙向)

1、挨星九到山，五到向，飛星山、向均逆，當旺。山剋出，向生入吉。令星到山到向，山水形勢合局者，當元財丁兩旺。艮方可用城門訣，坤方為生氣，坤兌兩方犯伏吟。

2、離方51值五黃，失令時不吉。巽宮16文昌科舉；震宮27帶五黃，中宮兌宮九七，穿途回祿。

七運戌山辰向

1、挨星八到山，六到向，飛星山、向均逆，當旺。山生入吉，向剋入吉。合旺山旺向，坐山向水形勢合局，當元丁財兩旺。甲方為生氣，丙方可用城門訣，如艮方有水，主出跛子，因是方飛星是53，五寄兌，震三屬足，木被金剋故主足疾。

2、向首午酉相逢，離火剋兌金，失令主江湖花酒。坤宮九紫火生坤土，火炎土燥。兌宮金剋木，四九金局。

<table>
<tr><td colspan="3">戌山辰向七運</td></tr>
<tr><td>向</td><td></td><td></td></tr>
</table>

9 7 六	4 2 二	2 9 四
1 8 五	8 6 七	6 4 九
5 3 一	3 1 三	7 5 八

(山)

乾山巽向（亥山巳向）七運

(向)

7 5 六	3 1 二	5 3 四
6 4 五	8 6 七	1 8 九
2 9 一	4 2 三	9 7 八

(山)

七運乾山巽向（亥山巳向）

1、挨星八到山，六到向，飛星山、向均順，山剋出凶，向生入吉。犯上山下水，全局合聯珠三般卦，惟令星顛倒，非坐後有水者不可用。向首金氣旺宜水。

2、坎宮24同宮，風行地上，木剋土傷脾。砂峰硬直必難當，且室有欺姑之婦。艮宮29目入土出瞽目，愚鈍頑夫。

八運壬山丙向

1、挨星四到山，三到向，飛星山逆，向順，犯上山。山比和吉，向剋入吉。令星會合坐山，背後有水者可用，坤方為生氣。如向首有水破敗不堪又主缺唇損齒，〈玄空秘旨〉：「兌缺陷而唇亡齒寒。」〈玄機賦〉：「兌不利歟，唇亡齒寒」，離上有水退衰更防火災。

2、乾方 34 同來震巽，昧事無常。兌水 25 交加，宿疾堪傷宅母不利。坤宮 79，離宮 97，回祿災病。

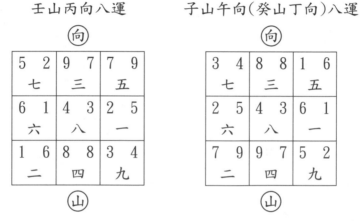

壬山丙向八運　　　子山午向(癸山丁向)八運

向				向		
5 2	9 7	7 9		3 4	8 8	1 6
七	三	五		七	三	五
6 1	4 3	2 5		2 5	4 3	6 1
六	八	一		六	八	一
1 6	8 8	3 4		7 9	9 7	5 2
二	四	九		二	四	九
山				山		

八運子山午向（癸山丁向）

1、挨星四到山，三到向，飛星山順，向逆，犯下水。向比和吉，山剋出凶。合離宮打劫，令星會合向首，向首有水光者當元進財生文士。艮方為生氣，巽方可用城門訣。癸卯年四綠入中，八白又到離，主官貴。

2、艮方為生氣。巽方可用城門訣。癸卯年四綠入中，八白又到離主官貴。乾震二方 25 交加瘟疾堪傷。

149

八運丑山未向

1、挨星二到山，五到向，飛星山、向均逆，當旺。山、向均比
和吉。旺山旺向，當元財丁兩旺並出文士。最宜修仙學佛。
坐山有水主腹病，妨夫，自縊。壬方為生氣，天地兩盤二土
比和吉，向首有水合零神，發福最速。

2、向首山星 5 黃，煙毒、癌症、瘟黃。向水合零神，發福最
速。中宮 25 災病，乾宮 14 文昌。

丑山未向八運　　　　艮山坤向（寅山申向）八運

3 6	7 1	5 8
七	三	五
4 7	2 5	9 3
六	八	一
8 2	6 9	1 4
二	四	九

1 4	6 9	8 2
七	三	五
9 3	2 5	4 7
六	八	一
5 8	7 1	3 6
二	四	九

八運艮山坤向（寅山申向）

1、挨星二到山，五到向，飛星山、向均順。山、向均比和吉。
犯上山下水，令星顛倒，損丁破財，向首有水光者，更主疾
病連綿，宅母不利。午酉兩方可用城門訣，滿盤犯伏吟，兌
方形勢高壓者，更主顛疾瘋狂，〈玄空秘旨〉：「破軍居巽
位，顛疾瘋狂。」陰剋陰重，坎居間作調人。

2、中宮 25，不利坤母、孕婦。震宮三碧九紫，木火通明利科
甲，不利眼睛、肝與手足。

八運甲山庚向

1、挨星六到山，一到向，飛星山逆，向順，犯上山。山、向均
比和吉。令星會合坐山，辰方為生氣，一運入囚，如坤方有
水，主染花柳病，〈飛星賦〉：「青樓染疾，只因七（赤）弼
（九紫）同（五）黃。更主破敗不堪。又主火災。〈飛星
賦〉云：「赤紫兮，致災有數。」未方可作城門。

2、令星會合坐山。背水坐山合形局者，當元旺丁財生文士。向
首有山主股病，膽病，自縊。有水足病，肝病，刑殺。兼有
山水主懸樑，肝膽俱病。乾離 25 交加，釀疾堪傷。

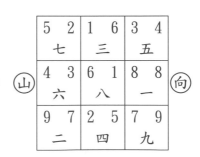

甲山庚向八運　　卯山酉向（乙山辛向）八運

八運卯山酉向（乙山辛向）

1、挨星六到山，一到向，飛星山順，向逆，犯下水。山、向均
比和吉。合坎宮打劫，乾方為生氣，且合城門訣。

2、令星會合向首。向水朝山形勢合局者，當元旺丁財生文士。坐
山 34 同來震巽，昧事無常。巽方 25 交加，釀疾成傷。艮為殺
水，午酉逢而江湖花酒，致災有數。離宮與中宮 16 合水。

151

八運辰山戌向

1、挨星七到山，九到向，飛星山、向均順。山生入吉，向剋入吉。犯上山下水，全局合連珠三般卦，惟令星顛倒三叉水合城門訣，次運入囚，非水纏玄武者不可用。壬方如坐實朝空，面前又亂石巉岩者，除損丁破財外，更主出盜賊。

2、壬方可作城門；乾方貪狼、武曲、左輔、右弼四吉星。中宮79合轍。坎宮雙木剋五黃土。

辰山戌向八運　　　　巽山乾向（巳山亥向）八運

⑪　　　　　　　　　　　⑪

6 8	2 4	4 6
七	三	五
5 7	7 9	9 2
六	八	一
1 3	3 5	8 1
二	四	九

8 1	3 5	1 3
七	三	五
9 2	7 9	5 7
六	八	一
4 6	2 4	6 8
二	四	九

　　　　　　　　⑩　　　　　　　　　　　⑩

八運巽山乾向（巳山亥向）

1、挨星七到山，九到向，飛星山、向均逆，當旺。山剋出凶，向生出凶。令星到山到向，惟次運 8 到 9 即入凶。向首六八同宮，有水之局，不獨發財，更主「文士參軍，或則異途擢用」。

2、坎方24同宮，陰神滿地成群，紅粉場中空快樂。酉方可用城門訣。中宮79合轍。

152

八運丙山壬向

1、挨星三到山，四到向，飛星山順，向逆，犯下水。山剋入吉，向比和吉。合坎宮打劫，丑方可用城門訣，次運敗財。

2、令星會合向首，合坎宮打劫。朝山向水形勢合局者，當元丁財兩旺生文士。巽兌25同宮，黑黃兮釀疾堪傷。離坤二方79重臨，午酉逢而江湖花酒致災有數。震宮16水生木，形勢秀麗利遷官。巽宮兌宮25交病。

丙山壬向八運

山

2　5	7　9	9　7
七	三	五
1　6	3　4	5　2
六	八	一
6　1	8　8	4　3
二	四	九

向

午山子向（丁山癸向）八運

山

4　3	8　8	6　1
七	三	五
5　2	3　4	1　6
六	八	一
9　7	7　9	2　5
二	四	九

向

八運午山子向（丁山癸向）

1、挨星三到山，四到向，飛星山逆，向順，犯上山。山比和，向剋出凶。令星會合坐山，向首為生氣，乾方可用城門訣，巽方犯伏吟。如向首無水，艮方之白虎砂巉岩，97合轍，流年客星再逢三、五、四，加臨宮內，主火災，艮方有水者亦然。

2、巽方34成林，震巽失宮生賊兮。艮宮離宮97合轍，佈水局；坤宮兌宮61有利昇遷。震宮乾宮25交錯，震宮安祥乾宮衰。

八運未山丑向

1、挨星五到山，二到向，飛星山、向均逆，當旺。山、向均比和吉。庚方為生氣，壬甲兩方俱可用城門訣，離巽兩方犯三七凶星貪花戀酒。

2、令星合旺山旺向，形勢合局當元財丁兩旺。坎為衰水火燒天，家生罵父兒；又火照天門必當吐血。震水失令雷風金伐必被刀傷，閨幃不睦顛疾瘋狂。乾方41科甲，震宮47六三，不利長男長女。

未山丑向八運 **坤山艮向（申山寅向）八運**

(山)   (山)

6 3	1 7	8 5
七	三	五
7 4	5 2	3 9
六	八	一
2 8	9 6	4 1
二	四	九

4 1	9 6	2 8
七	三	五
3 9	5 2	7 4
六	八	一
8 5	1 7	6 3
二	四	九

(向)   (向)

八運坤山艮向（申山寅向）

1、挨星五到山，二到向，飛星山、向均順，犯上山下水。山、向均比和吉。令星顛倒，且全局犯伏吟。無城門水法。合一四七、二五八、三六九三般卦。

2、中宮25交加，釀疾堪傷。坎宮向星7為殺水，金水多情貪花戀酒。離水為衰水，家生罵父之兒，火燒天必當吐血。乾宮36雷風金伐刀傷，長子難獲嚴父之歡心。

八運庚山甲向

1、挨星一到山，六到向，飛星山順，向逆，犯下水。山、向均
   比和吉。令星會合向首，面水朝山形勢合局者，當元旺丁財
   生文士。丑方可用城門訣。

2、艮宮雙木 43 成林，昧事無常。乾離 25 交加，乾宮傷老父，
   離宮傷中女，釀疾堪傷。坤水 9 為生氣，失令紫黃毒藥青樓
   染疾。坐山兼有山水俱皆死煞氣，主肝膽俱病懸樑姦殺等。

庚山甲向八運　　　　酉山卯向(辛山乙向)八運

9 7 七	5 2 三	7 9 五
8 8 六	1 6 八	3 4 一
4 3 二	6 1 四	2 5 九

向（左）山（右）

2 5 七	6 1 三	4 3 五
3 4 六	1 6 八	8 8 一
7 9 二	5 2 四	9 7 九

向（左）山（右）

八運酉山卯向(辛山乙向)

1、挨星一到山，六到向，飛星山逆，向順，犯上山。山、向均
   比和吉。令星會合坐山，坐山有山有水形勢合局者，當元旺
   丁財。艮方向星9為生氣，巽方可用城門訣。

2、向首有水，雷風 34 相薄，昧事無常。巽方 25 交加，釀疾堪
   傷。坎巽 25，乾艮 97，離宮中宮 16，俱為喜忌之地。

八運戌山辰向

1、挨星九到山，七到向，飛星山、向均順，犯上山下水。山剋入吉，向生入吉。令星顛倒，甲方可用城門訣，背水面山形勢合局者，當元旺丁財發文名。次運丁星入囚。

2、中宮午酉逢而江湖花酒，致災有數。坤宮四六，老父長女爭執，中宮 97 合轍。

戌山辰向八運		
8 6 七	4 2 三	6 4 五
7 5 六	9 7 八	2 9 一
3 1 二	5 3 四	1 8 九

乾山巽向（亥山巳向）八運		
1 8 七	5 3 三	3 1 五
2 9 六	9 7 八	7 5 一
6 4 二	4 2 四	8 6 九

八運乾山巽向（亥山巳向）

1、挨星九到山，七到向，飛星山、向均逆，當旺。山生出凶，向剋出凶。令星到山到向，坐山向水形勢合局者，當元財丁兩旺，並發文貴。午方可用城門訣，次運丁星入囚。

2、如乾方有窰，則火燒天門，形氣兩全，主家長吐血而亡，艮方有水，主姑媳不和，若又有路直射，主家有欺姑之婦，懸樑之患。兌宮 75，五黃對上破軍，驚風官非。

九運壬山丙向

1、挨星五到山，四到向，飛星山順，向逆，犯下水。山剋入吉，向比和吉。合離宮打劫，丑方為生氣，辰未兩方可用城門訣，惟全局犯伏吟。艮方生氣水。

2、令星會合向首，朝山向水形勢合局者，當元旺丁財並出文士。兌水失令時，臨云泄痢，庶妾難獲寡母之歡心。乾水失令，金伐刀傷。長子難投嚴父之歡心。

壬山丙向九運

向

4 5 八	9 9 四	2 7 六
3 6 七	5 4 九	7 2 二
8 1 三	1 8 五	6 3 一

山

子山午向（癸山丁向）九運

向

6 3 八	1 8 四	8 1 六
7 2 七	5 4 九	3 6 二
2 7 三	9 9 五	4 5 一

山

九運子山午向（癸山丁向）

1、挨星五到山，四到向，飛星山逆，向順，犯上山。向剋出凶，山比和吉。令星會合坐山，有山有水合形局者丁旺財發。坤方為生氣。

2、向首有山，一運旺丁並生文士。震水失令，臨云泄痢，庶妾難得寡母歡心。巽方63失令，刀傷，長子難獲嚴父嚴心。震宮艮宮27合火，艮宮堪憂。

157

九運丑山未向

1、挨星三到山，六到向，飛星山順，向逆，犯下水。山剋出凶，向比和吉。令星會合向首，朝山向水形勢合局者，當元旺丁興財。坎方為生氣，丙庚兩方可用城門訣。

2、坐山有水主頭病，肺病，刑殺等。有山水肝結石，肝硬化。巽宮離宮27火局，兌宮乾宮54病痛游離。

丑山未向九運　　　　艮山坤向(寅山申向)九運

向

2 7 八	7 2 四	9 9 六
1 8 七	3 6 九	5 4 二
6 3 三	8 1 五	4 5 一

山

向

4 5 八	8 1 四	6 3 六
5 4 七	3 6 九	1 8 二
9 9 三	7 2 五	2 7 一

山

九運艮山坤向(寅山申向)

1、挨星三到山，六到向，飛星山逆，向順，犯上山。山比和吉，向剋入吉。雙星到山，坐山有山有水形勢合局者，當元興丁旺財主生文士。離方為生氣，若向首有水殺氣，主有蹩足之患，〈飛星賦〉云：「狀途蹩足」。

2、向首有山頭病，肺病，刑殺等。有山，肝結石或肝硬化。坤方失令刀傷，足傷，長子難獲嚴父之心。

158

九運甲山庚向

1、挨星七到山，二到向，飛星山順，向逆，犯下水。向比和吉，山剋入吉。令星會合向首，合坎宮打劫，乾方為生氣，未方可用城門訣。離宮中宮 27 火局，木火助焰。

2、坎宮打劫，有水當元發財。坐山有山，主煙毒，毒癌。有水股病，膽病，自縊等。有山水同宮，乳癌，少婦煙毒等。巽宮雷風金伐刀傷，長子難獲嚴父之歡心。

甲山庚向九運　　　卯山酉向(乙山辛向)九運

九運卯山酉向(乙山辛向)

1、挨星七到山，二到向，飛星山逆，向順，犯上山。向剋出凶，山比和吉。令星會合坐山，乾方犯伏吟，但可用城門訣，巽方為生氣，有水次運發財；乾方犯伏吟。

2、向首有山殺退氣胃病，煙毒，毒癌等。有水股病，膽病，自縊等，山水同宮主乳癌，少婦煙毒。坎宮中宮 27，中宮尤烈。

九運辰山戌向

1、挨星八到山，一到向，飛星山逆，向順，犯上山。山比和吉，向生出凶。雙星到坐，次運入囚。庚方可用城門訣。

2、令星會合坐山。坐山有山有水，形勢合局者，當元興丁旺財並生文士。向首有水發二運。坎方有水頭病，項病，刑殺等。離宮艮宮45，病位。震宮中宮18宜用濕土。

辰山戌向九運　　巽山乾向（巳山亥向）九運

山　　　　　　　　　山

9 9 八	4 5 四	2 7 六
1 8 七	8 1 九	6 3 二
5 4 三	3 6 五	7 2 一

向

7 2 八	3 6 四	5 4 六
6 3 七	8 1 九	1 8 二
2 7 三	4 5 五	9 9 一

向

九運巽山乾向（巳山亥向）

1、挨星八到山，一到向，飛星山順，向逆，犯下水。向比和吉。雙星到向，次運入囚。

2、令星會合向首，朝山向水形勢合局者，當元旺丁財。坐山有山退氣口病，肺病，刑殺等。坎宮值廉貞重疊，凶事連綿。震水失令，足以金而蹣跚。雷風金伐，定被刀傷，長子難獲嚴父之歡心。

160

九運丙山壬向

1、挨星四到山，五到向，飛星山逆，向順，犯上山。山比和吉，向剋入吉。雙星到坐，向首為生氣，全盤犯伏吟。震宮67剋木，兌宮27合火重疊。

2、令星會合坐山，坐山有山有水合形局者，當元旺丁財並生文士。坤水失令臨云泄痢，庶妾難獲寡母歡心。震水失令，足病，刀傷，刑殺。長子難獲嚴父之歡心。

丙山壬向九運			午山子向(丁山癸向)九運		
山			山		
5 4 八	9 9 四	7 2 六	3 6 八	8 1 四	1 8 六
6 3 七	4 5 九	2 7 二	2 7 七	4 5 九	6 3 二
1 8 三	8 1 五	3 6 一	7 2 三	9 9 五	5 4 一
向			向		

九運午山子向(丁山癸向)

1、挨星四到山，五到向，飛星山順，向逆，犯下水。山剋出凶，向比和吉。雙星到向，次運入囚。合坎宮打劫，乾艮兩方可用城門訣。向上合零神水。

2、兌方36同宮雷哮金伐，定被刀傷，長子難獲嚴父之歡心。震宮兌七重疊，長男有災。乾宮離宮偶有文昌。艮宮72火局，三八木生火。

161

九運未山丑向

1、挨星六到山，三到向，飛星山逆，向順，犯上山。山比和吉，向剋出凶。雙星到山，坐山有合形勢山水局者，當運旺丁財。震方為生氣。無城門可用。

2、向首有殺氣山，36 交加金剋木，足病，肝病，刑殺等。有水頭病，肺病，刑殺等。山水同宮肝結石，或肝硬化。巽離 72 火局，乾兌土病移徙；18 震坎，坎宜金，震宜水木。

未山丑向九運 　山

7 2 八	2 7 四	9 9 六
8 1 七	6 3 九	4 5 二
3 6 三	1 8 五	5 4 一

向

坤山艮向（申山寅向）九運 　山

5 4 八	1 8 四	3 6 六
4 5 七	6 3 九	8 1 二
9 9 三	2 7 五	7 2 一

向

九運坤山艮向（申山寅向）

1、挨星六到山，三到向，飛星山順，向逆，犯下水。山剋入，向比和吉。雙星到向，形氣相合者進財。〈玄機賦〉：「火取木相」即指此而言。子卯可作城門。

2、坐山有山，山星殺死氣，主足病，肝病，刑殺等；坐山有水，水星主頭病，肺病，刑殺等；若山水同宮主跛腳，肝結石，肝硬化等。

九運庚山甲向

1、挨星二到山，七到向，飛星山逆，向順，水星犯上山。山比和吉，向剋入吉。雙星到坐，辰方可用城門訣。

2、坐山有山有水形勢合局者，當元旺丁財。向首有山退死氣，主股病，膽病，自縊等；有水又逢 5，主乳癌，少婦煙毒等。坎巽方36同宮，頭病，刀傷，長子難獲嚴父之歡心。坤宮震宮45，老母猶困。

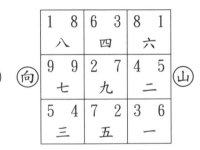

庚山甲向九運　　　酉山卯向(辛山乙向)九運

九運酉山卯向(辛山乙向)

1、挨星二到山，七到向，飛星山順，向逆，犯下水。山剋出凶，向比和吉。合打劫運，若向上有水主發財丁，如巽、坤、乾三方有水，水外又有秀峯，更可發貴。

2、離宮乾宮二方36同宮，頭病，刀傷，刑殺等；長子難獲嚴父之歡心。巽坤乾三方有水，水外秀峰可發貴秀。中宮陰星，火土生旺宜有水。

九運戌山辰向

1、挨星一到山，八到向，飛星山順，向逆，犯下水。山生出凶，向比和吉。雙星到向，朝山面水形勢合局者，當元財丁兩旺並出文士。丙方可用城門訣。

2、坐山有山二運旺丁，有水主口病，肺病，刑殺等。坎兌36同宮，頭痛，金伐，刀傷，兌宮金氣銳利，坎宮無虞。坤宮乾宮27合火，老父遭殃。

戌山辰向九運　　　乾山巽向（亥山巳向）九運

九運乾山巽向（亥山巳向）

1、挨星一到山，八到向，飛星山逆，向順，犯上山。山比和吉，向生入吉。雙星到坐山，水纏玄武者可用；卯方城門訣。

2、向首有水二運旺丁，有水退氣主刑殺。坎宮坤宮45同宮，值廉（五火飛入）失令不吉。艮宮巽宮27坤配兌女，庶妾難獲寡母之歡心。離宮震宮乾金震木，有媒撮合。

164

五、論兼向起星

　　談到玄空學讓學者困惑而又為其它流派所詬病者，起星替卦為最先。《沈氏玄空學・論起星》如下。

雙山雙向者即兼左兼右也，凡兼向必須用替星，非特出卦兼為然，即陰陽互兼亦當用替，而用替又宜看兼之多寡。如兼一、二分者無須尋替，若兼三、四分者當用替星。若向上無水者，前十年作本向論，後十年作替星論；如向上有水，不拘前、後十年，均要從替星流轉之方推斷。然皆自飛星加挨論吉凶也。若正兼二向無替可尋，即將正向某字飛一盤，又將兼向某字飛一盤，合兩盤以觀水路之吉凶可也。

按：建築物不免有兼向的情形，前面基礎篇已經談過，不贅述。兼三、四分者即須用兼卦起飛星盤。如果正向、兼向並無替卦，則各自起飛星盤討論之。江蘇武進談養吾《談氏三元地理大玄空路透・論兼向》云：

「凡陰陽宅建立山向，本以單向不兼為最好。惟八方山水用神，每難清純，於是以兼取之法，聊做補救。故有陰兼陽，陽兼陰，支兼干，干兼支之名，世俗不察其所以然，偽造種種假法，謂某干不能兼某支，某支不能兼某干，陽不能兼陰，陰不能兼陽，此卦不能兼他卦，他卦不能兼此卦，限以一定之板法，因之令人如入五里霧中，更不知天心為何物，亦不知兼向之意，實係補救山水用神之法，本無此疆彼界之分。不論干兼、支兼、陰兼、陽兼、出卦、不出卦，總使八方用神，能處處合宜，方可立穴，如此，乃為大玄空天心真秘訣。惟兼取之法，按天心秘訣，亦有一定，不能多兼，不能妄兼，其中奧竅，間不容髮，非筆墨所能道破，在人會意之，本諸天心，即可豁然。故有兼取某干即為吉，兼取某支即為凶，有兼取本卦即為凶，兼取他卦反為吉者，有多兼則為凶，少兼則為吉者，有少兼

則為凶，多兼則反吉者，世俗不察玄空深意，謬言兼取，或謂空亡絕向，實則按玄空深理，豈有此說，在人隨地佈置，以乘生氣，直達補救，庶有裨益。經云：地卦出而天卦不出，即兼取之奧竅。故有某運立某山，兼出他卦，即為地卦出而天卦不出。有某運照此同樣山向，兼出他卦，而即謂天卦亦出者。有某運只有某卦兼某卦，乃為天卦出而地卦不出。某卦兼某卦，即為地卦出而天卦亦出者，是謂真出，其中實有深意，萬不可用，明乎天心彙鑰，則真訣得矣。

（一）、兼向（替卦）挨星

兼向是指房屋的坐向不在羅盤二十四山趨近中間部位，而偏離到接近左右坐山三格（1格1度）之內，換言之，不在一個坐山趨中九度內，例如子山午向，必須 355.5 度至 4.5 度才是正向，其餘部分雖然在子山範圍內，但屬於兼向。凡是量測出這種現象，一律用替卦起飛星盤，即山星與向星用其他飛星數替代，因此相同山向有不同的飛星盤。

1、同性相兼

即天元龍與人元龍同屬陽性或同屬陰性，互相兼用。例如子癸陰對陰、乙卯陰對陰、午丁陰對陰、酉辛陰對陰，即天元龍與人元龍同陰相兼，例如艮寅陽對陽、巽巳陽對陽、坤申陽對陽、乾亥陽對陽，即天元龍與人元龍同陽相兼。

2、異性相兼

地元龍與天元龍相兼為陰陽相兼，壬子、丑艮、甲卯、辰巽、丙午，則為陰陽互相兼用。

3、出卦相兼

　　一卦管三山，兼在卦與卦中間，例如癸丑、寅甲、乙辰、巳丙、丁未、申庚、辛戌、亥壬等山向；因此癸丑相兼即等於坎卦與艮卦相兼。其餘如此。

兼卦凶位：

19.5 度—25.5 度	34.5 度—40.5 度
64.5 度—70.5 度	79.5 度—85.5 度
109.5 度—115.5 度	124.5 度—130.5 度
154.5 度—160.5 度	169.5 度—175.5 度
199.5 度—205.5 度	214.5 度—220.5 度
244.5 度—250.5 度	259.5 度—265.5 度
289.5 度—295.5 度	304.5 度—310.5 度
334.5 度—340.5 度	349.5 度—355.5 度

　　出卦相兼則卦氣駁雜，因此以替卦起飛星盤。訣語：「子癸甲申用一白；坤壬乙卯未二黑；戌乾亥辰巽巳六；艮丙辛酉丑七赤；還有寅午丁庚字，均替九紫順逆行。」又有：「子癸並甲申，貪狼一路行。壬卯乙未坤，五位為巨門。乾亥辰巽巳，連戌武曲名。酉辛丑艮丙，天星說破軍。寅午庚丁上，右弼四星臨。」二十四山向有的山向替，有的山向不替，如子、癸、坤、未、戌、乾、亥、酉、辛、午、丁等不替。

挨星口訣：

子癸並甲申，貪狼一路行。壬卯乙未坤，五位為巨門。
乾亥辰巽巳，連戌武曲名。酉辛丑艮丙，天星說破軍。
寅午庚丁上，右弼四星臨。本山星作主，翻向逐爻行。
廉貞歸五位，諸星順逆輪。凶吉隨時轉，貪輔不同論。
更有先賢訣，空位忌流神。翻向飛臨丙，水口不宜丁。
運替星不吉，禍起至滅門。運旺星更合，百福又千禎。
衰旺多憑水，權衡也在星。水兼星共斷，妙用更通靈。

167

挨星是依照口訣，若有兼向情況，山星或向星見子、癸、甲、申，皆用貪狼來代替，即以一白入中起盤，其餘依照口訣如此。但元龍局不可改，否則順逆無從依據。列表如下：

二十四山向	運星到向到山	替星	二十四山向	運星到山到向	替星
壬	1	2	丙	9	7
子	1	1	午	9	9
癸	1	1	丁	9	9
丑	8	7	未	2	2
艮	8	7	坤	2	2
寅	8	9	申	2	1
甲	3	1	庚	7	9
卯	3	2	酉	7	7
乙	3	2	辛	7	7
辰	4	6	戌	6	6
巽	4	6	乾	6	6
巳	4	6	亥	6	6

替星入中後，判斷其順飛或逆飛是由原來卦山的陰陽屬性來決定。

例1：
　　　九運辰山戌向兼巽乾，九紫離火入中宮，山盤運星是八白艮土，向盤運星是一白坎水。先看山星盤，辰是地元龍，八白艮土丑艮寅，地元龍是丑，丑是陰，逆飛，查表丑的替星是 7，訣語：「酉辛丑艮丙，天星說破軍」，故以7入中宮逆飛。再看向星盤，戌是地元龍，一白坎水壬子癸，地元龍是壬，壬是陽，順飛。查表壬的替星是2，訣語：「壬卯乙未坤，五位為巨門」。

8 1 八	3 6 四	1 8 六
9 9 七	7 2 九	5 4 二
4 5 三	2 7 五	6 3 一

例2：
　　　九運寅山申向兼艮坤，九紫離火入中宮，山盤運星是三碧震木，向盤運星是六白乾金。先看山星盤，寅是人元龍，三碧甲卯乙，乙是人元龍，乙山為陰，逆飛，查表乙的替星是 2，訣語：「壬卯乙未坤，五位為巨門」，故以2入中宮逆飛。再看向星盤，六白乾金飛到向首，申是人元龍，六白戌乾亥，亥是人元龍，查亥的替星還是 6，訣語：「乾亥辰巽巳，連戌武曲名」；因此向星不變。

3 5 八	7 1 四	5 3 六
4 4 七	2 6 九	9 8 二
8 9 三	6 2 五	1 7 一

例3：

　　九運子山午向兼壬丙，九紫離火入中宮，五黃飛到坐山坎宮，四綠巽木飛到向首離宮，向首之四綠為辰巽巳。先看山星盤，坐山是五黃，所以山盤不變，子山為陰，逆飛。再看向星盤，進入向首是巽卦，午向是天元龍，四綠巽的天元龍就是巽，查巽的替星是 6，訣語：「乾亥辰巽巳，連戌武曲名」；就以 6 入中宮向盤，巽為陽，順飛。

6 5 八	1 1 四	8 3 六
7 4 七	5 6 九	3 8 二
2 9 三	9 2 五	4 7 一

例4：

　　一運壬山丙向兼子午，一白坎水入中宮，山盤運星是六白乾金，向盤運星是五黃。先看山星盤，壬是地元龍，六白乾金戌乾亥，地元龍是戌，戌是陰，逆飛，查表戌的替星仍是 6，訣語：「乾亥辰巽巳，連戌武曲名」，故以 6 入中宮逆飛。再看向星盤，向首丙是地元龍，五黃在向首，以 5 入中宮順飛。

7 4 九	2 9 五	9 2 七
8 3 八	6 5 一	4 7 三
3 8 四	1 1 六	5 6 二

（二）、《沈氏玄空學·替卦之說》

　　替卦之說，〈寶照經〉言之鑿鑿。經所謂兼貪兼輔，章仲山直解所謂直達、補救是也。至經云：巳丙宜向天門上，巳屬巽，丙屬離，天門乾也；此一句言巳兼丙之山可向乾也。亥壬向得巽風吹，亥屬乾，壬屬坎，巽風也；此一句言亥兼壬之山可向巽也。由此觀之，是巽可兼離，乾可兼坎，即出卦兼向之義也。

　　或云出卦兼向惟四九、一六、二七、三八則可，其實此指五黃運言耳。夫卦氣運運不同，而流行之氣亦隨之而易，惟合時則吉，背時則凶而已。若板執五黃之說，以為運運皆然，其流弊與用三合盤何異。如巳丙宜向天門上，亥壬向得巽風吹，此兩句重言向字，即重在向首一星，蓋用替卦之法，無非取他星以補救向首而已。

　　天元龍與人元龍可以互兼，而不必用挨星，地元龍則不能與同卦之天元龍或鄰卦的人元龍互兼，否則就要用挨星。

二十四山向非字字均能用替也，說明如下。

八卦	三山			說明
坎宮	壬（巨）	子（貪）	癸（貪）	此一卦惟壬可用替
離宮	丙（破）	午（弼）	丁（弼）	此一卦惟丙可用替
震宮	甲（貪）	卯（巨）	乙（巨）	此一卦三字均可用替
兌宮	庚（弼）	酉（破）	辛（破）	此一卦惟庚可用替
乾宮	戌（武）	乾（武）	亥（武）	此一卦三字均不用替
巽宮	辰（武）	巽（武）	巳（武）	此一卦三字均可用替
坤宮	未（巨）	坤（巨）	申（貪）	此一卦惟申可用替
艮宮	丑（破）	艮（破）	寅（弼）	此一卦三字均可用替

上表能用替者共十三字，不能用替者共十一字；至五黃加臨之地，則皆屬廉貞，戊則順行，己則逆行，然飛星仍五黃入中，亦不能作用替論。

凡用替卦，用向首一字。歷觀人家塋墓，知平洋最驗，城門一
訣，尤為替卦中之一關鍵，能將穴上所見之水適合城門，往往
發福，惟反、伏吟不可不辨耳。

六、一至九運（起星圖）飛星盤

地元　壬山丙向　兼 子午 巳亥 之各運圖

一　　運

⑲ 向		
7 4 九	2 9 五	9 2 七
8 3 八	6 5 一	4 7 三
3 8 四	1 1 六	5 6 二
	山	

五到向無替可尋，四正順行與壬丙下卦同。
六到山，六之地元即戌，挨武曲仍六入中，戌屬陰，故逆行。

二　　運

向		
8 7 一	4 2 六	6 9 八
7 8 九	9 6 二	2 4 四
3 3 五	5 1 七	1 5 三
	山	

令星到向，山星到兌方。向首有水當元旺水。失運時風行地上，傷脾。若砂峰硬直難當，室有欺姑之婦。巽方有水遭路亡。
六到向，六之地元即戌，挨武曲仍六入中，戌陰逆行。
七到山，七之地元即庚，挨弼星，故不用七而九入中，庚陽順行。

三　　運

向		
8 8 二	3 4 七	1 6 九
9 7 一	7 9 三	5 2 五
4 3 六	2 5 八	6 1 四
	山	

此局用替合全盤合十。辰方可用城門訣。震水赤紫兮，招火災。午酉逢而江湖花酒。若開口筆插南方，必落孫山之外。坐山25交加，催死亡重病。

173

四　　運

6 8 三	2 3 八	4 1 一
5 9 二	7 7 四	9 5 六
1 4 七	3 2 九	8 6 五

山

令星到艮，有水當元旺水旺財，並名揚科第。向首有水為殺水大敗，官刑，預擬食停。坐山木剋土傷腸脾。若坤方又有水，丁星下水，必損丁，且主淫蕩。

五　　運

向

1 6 四	6 2 九	8 4 二
9 5 三	2 7 五	4 9 七
5 1 八	7 3 一	3 8 六

山

坐山犯 37 同凶星，形局險惡者，家室分離。向上有水或陽宅有門路，不利主夫，如夫人主政。丁星到艮，有山旺人丁。巽坤有氣，俱可用城門訣。巽方又合十與震方有水局，當運發財。乾方水，震木剋艮土，有火局不忌。

六　　運

向

3 1 五	7 6 一	5 8 三
4 9 四	2 2 六	9 4 八
8 5 九	6 7 二	1 3 七

山

令星合旺山旺向。形勢合局者財丁興旺，並出武貴職掌兵權。巽離坤一六八三白，坐山又逢 16，巽方水外有秀峰主科名。兌山水失令，患腦充血，心臟病，火災，主流蕩。

174

七　　運

9 3 六	5 7 二	7 5 四
8 4 五	1 2 七	3 9 九
4 8 一	6 6 三	2 1 八

山

令星到向首，丙方有水放光者當元進財。
巽兌兩方 39 同宮，腿斷，眼疾，足傷，肝炎，淫亂。
艮方犯伏吟，有水不忌發八運而可用。辰未兩方俱可用城門訣。

八　　運

向

7 9 七	2 5 三	9 7 五
8 8 六	6 1 八	4 3 一
3 4 二	1 6 四	5 2 九

山

向首有水 25 交加釀疾堪傷。甲方為當元旺水。辰方為生氣。如坤方有水為殺水，且 27 合轍主遭回祿之災，又青樓染疾。

九　　運

向

4 7 八	9 2 四	2 9 六
3 8 七	5 6 九	7 4 二
8 3 三	1 1 五	6 5 一

山

犯丁星山下水。坎宮缺陷墮胎，高塞耳聾。巽水為衰水，辰酉兮閨幃不睦。坤水為當元旺水，兌方失令，雷風金伐，刀傷，家庭不睦，顛疾瘋狂。
全局犯伏吟。

175

天元　子山午向　兼壬丙之各運星盤圖

一　　運

向

5　6	1　1	3　8
九	五	七
4　7	6　5	8　3
八	一	三
9　2	2　9	7　4
四	六	二

山

五到向無替可尋，四正逆行與子午下卦同。
六到山，六之天元即乾，挨武曲，仍六入中，乾屬陽，故順行。

二　　運

向

8　5	3　1	1　3
一	六	八
9　4	7　6	5　8
九	二	四
4　9	2　2	6　7
五	七	三

山

與子午下卦同。
六到向，六之天元即乾，挨武曲仍六入中，乾陽順行。
七到山，七之天元即酉，挨破軍仍七入中，酉陰逆行。
巽方可用城門訣。

三　　運

向

6　8	2　3	4　1
二	七	九
5　9	7　7	9　5
一	三	五
1　4	3　2	8　6
六	八	四

山

令星合旺山旺向，有山水形勢合局者，當元丁財兩旺。坤宮或艮宮有水，更可發秀。失元多是非。犯鬥牛殺，又穿心殺。
巽方可用城門訣。

176

四　　運

	向	
1 6 三	5 2 八	3 4 一
2 5 二	9 7 四	7 9 六
6 1 七	4 3 九	8 8 五
	山	

丁星到山，宜有山。形勢合局主生聰明奇士。坤方為當元旺水，如兌方有水者，雖可解決伏吟之害，但主婦女淫亂，昧事無常。

五　　運

	向	
2 1 四	6 5 九	4 3 二
3 2 三	1 9 五	8 7 七
7 6 八	5 4 一	9 8 六
	山	

令星合旺山旺向，當元丁財兩旺。若向首及巽方有水，巽外有秀峰，主長房出官貴文人。若是方有建築物高壓，反主出人與文學無緣。
餘與子午下卦同。

六　　運

	向	
1 2 五	6 6 一	8 4 三
9 3 四	2 1 六	4 8 八
5 7 九	7 5 二	3 9 七
	山	

令星會合向首。與子午下卦同。但南方有高樓尖壓主敗財，兼被官府暗算。陽宅開門宜在離艮兌三方。

177

七　運

令星犯上山下水。非水纏玄武，面前有山者不可用。艮方犯伏吟，坤方為生氣。合八國團圍終是空，須從元奧辨雌雄，天機得用無多妙，只在城門一卦通之城門訣也。

八　運

全盤合十。艮方為當運旺水。水局形良輔臨丁丙，位列朝班。向首犯殺氣，有水切不可用。主破敗且缺唇損齒，又主出人貪花戀酒。坤巽 35 重疊，凶事連綿。

九　運

艮方為當元旺水。向水為生氣，有水次運續進財。四到向，四之天元即巽，挨武曲故不用四，而以六入中，巽屬陽故順行。

人元　癸山丁向　兼丑未之各運星盤圖

一　　　運

向		
5 6 九	1 1 五	3 8 七
4 7 八	6 5 一	8 3 三
9 2 四	2 9 六	7 4 二
	山	

無替可尋與癸丁下卦同。

二　　　運

向		
8 5 一	3 1 六	1 3 八
9 4 九	7 6 二	5 8 四
4 9 五	2 2 七	6 7 三
	山	

令星會合坐山，與子午起星同。

三　　　運

向		
8 8 二	4 3 七	6 1 九
7 9 一	9 7 三	2 5 五
3 4 六	5 2 八	1 6 四
	山	

令星到向為當元旺水而發財。惟雙目成林
雷風相薄。坐山 25 交加釀疾堪傷。
七到向，七之人元即辛，挨破軍仍七入
中，辛屬陰故逆行。
八到山，八之人元即寅，挨弼星故不用八
而以九入中，順行。

179

四　　運

（向）

1 8 三	5 4 八	3 6 一
2 7 二	9 9 四	7 2 六
6 3 七	4 5 九	8 1 五

（山）

令星合旺山旺向，形氣合局者添丁進財。惟兌方犯伏吟，宜通不宜實，實則主官訟。有水多疾病。艮方有水，刀傷，長子難得嚴父之歡心。

五　　運

（向）

2 1 四	6 5 九	4 3 二
3 2 三	1 9 五	8 7 七
7 6 八	5 4 一	9 8 六

（山）

令星合到山到向，與子午下卦同。

六　　運

（向）

9 2 五	5 6 一	7 4 三
8 3 四	1 1 六	3 8 八
4 7 九	6 5 二	2 9 七

（山）

令星合旺山旺向。形勢合局者，丁財兩旺。艮方為生氣。有水七運發財。坤水為衰水，雷風金伐定被刀傷。辰酉分閨幃不睦，顛疾瘋狂。乾方 29 同宮，火見土而出愚鈍頑夫。

180

七　運

向

3 9 六	7 5 二	5 7 四
4 8 五	2 1 七	9 3 九
8 4 一	6 6 三	1 2 八

山

向首為殺水，又值五黃 25 交加，患脾、胃、食道癌或烟毒。坤方為當元旺水。乾方 12 同宮，患貧血、耳聾、盲腸炎、胃出血、陽萎等。艮方犯伏吟。

八　運

向

5 3 七	1 7 三	3 5 五
4 4 六	6 2 八	8 9 一
9 8 二	2 6 四	7 1 九

山

與子午起星同。此局用替全盤合十。三到向，三之人元即乙挨巨門，故不用三而以二入中，乙陰逆行。四到山，四之人元即巳挨武曲，故不用四而以六入中，巳陽順行。

九　運

向

6 5 八	1 1 四	8 3 六
7 4 七	5 6 九	3 8 二
2 9 三	9 2 五	4 7 一

山

與子午起星同。
無替可尋。

地元　丑山未向　兼 艮坤/癸丁 之各運星盤圖

一　運

	向	
7 8 九	2 4 五	9 6 七
8 7 八	6 9 一	4 2 三
3 3 四	1 5 六	5 1 二

山

坎方犯伏吟，無水主是非或官訟，有水則損丁。離方或兌方有水，主生脾、胃病。因合玄機賦云：風行地上，決定傷脾。若兌方向虎砂高壓，則主室有欺姑之婦。向首96同宮，火照天門，必當吐血。

二　運

	向	
6 8 一	1 3 六	8 1 八
7 9 九	5 7 二	3 5 四
2 4 五	9 2 七	4 6 三

山

向首為退神管局，旺丁不旺財。乾方有水彎曲者，主婦女懸樑。巽水兇惡刀殺男。巽山兇惡殺翁或同性戀。

三　運

	向	
7 6 二	2 2 七	9 4 九
8 5 一	6 7 三	4 9 五
3 1 六	1 3 八	5 8 四

山

令星到坎方。坎方有水為當元旺水。向上有水次運進財。巽水發六運，水外秀峰職掌兵權，失令時，是非官災，口舌。

四　　運

向

8 1 三	4 6 八	6 8 一
7 9 二	9 2 四	2 4 六
3 5 七	5 7 九	1 3 五

山

坐山犯 37 重疊凶星。離方有不合城門者，主損丁又剋妻。如乾方有，流年再逢七赤加臨，有家破之虞。飛星賦云：壬甲排庚最異龍摧屋角。坤方有水，鰥夫豈有發生奇兆。

五　　運

向

8 3 四	3 7 九	1 5 二
9 4 三	7 2 五	5 9 七
4 8 八	2 6 一	6 1 六

山

令星到向，坎方有水為生氣發於六運。富並陶朱，斷是堅金遇土。坐山 48 同宮，山風值而泉石膏肓。

六　　運

向

6 9 五	2 5 一	4 7 三
5 8 四	7 1 六	9 3 八
1 4 九	3 6 二	8 2 七

山

令星到坎，北方有水當元旺水。向首有水發七運。乾失令寅申觸巳家不睦。離方殺水，又犯 25 交加，黑黃兮，釀疾堪傷。

183

七　　運

向

1　7 六	6　2 二	8　9 四
9　8 五	2　6 七	4　4 九
5　3 一	7　1 三	3　5 八

山

巽方為當元旺水。震方為生氣，輔臨丁丙
位列朝班。有水次運旺財祿。
丙方可用城門訣。

八　　運

向

3　6 七	7　1 三	5　8 五
4　7 六	2　5 八	9　3 一
8　2 二	6　9 四	1　4 九

山

無替可尋。
與丑未下卦同。

九　　運

向

9　7 八	5　2 四	7　9 六
8　8 七	1　6 九	3　4 二
4　3 三	6　1 五	2　5 一

山

令星到向首。向首有水放光者，雖主發
財，但出人風流。玄空秘旨所云：午酉逢
而江湖花酒。

184

天元　艮山坤向　兼丑未之各運星盤圖

一　運

向

5 8 九	1 3 五	3 1 七
4 9 八	6 7 一	8 5 三
9 4 四	2 2 六	7 6 二

山

令星到向，向首有水，當運大發。坎方為生氣，有水二運續發。乾方犯伏吟，宜空不宜實。

艮方失令時，當巽風就離，風散則火易熄。震方為殺水，有水大凶。巽方為衰水，有水值廉不吉。兌方有水，則五黃飛到三又尚嫌多事。離鄉砂見艮位，主外亡。

二　運

向

4 6 一	9 2 六	2 4 八
3 5 九	5 7 二	7 9 四
8 1 五	1 3 七	6 8 三

山

山星到向，犯上山下水。如兌方有水或有山高壓，或有紅色之廟宇房屋，主犯火災。乾水發八運。失令時，艮配純陽，鰥夫豈有發生之奇兆。

滿盤犯伏吟。

三　運

向

5 1 二	1 5 七	3 3 九
4 2 一	6 9 三	8 7 五
9 6 六	2 4 八	7 8 四

山

無替可尋。

九到向，九之天元即午，挨弼星仍九入中，午屬陰故逆行。

六到山，六之天元卦乾，挨武曲仍六入中，乾屬陽故順行。

185

向

8 2	3 6	1 4
三	八	一
9 3	7 1	5 8
二	四	六
4 7	2 5	6 9
七	九	五

山

與艮坤下卦同。

若不合形局，而震方之形勢險惡或有殺水，除破敗外，主人暴戾。玄機賦云：震陽生火，雷奮而火尤明。

五　　運

向

6 1	2 6	4 8
四	九	二
5 9	7 2	9 4
三	五	七
1 5	3 7	8 3
八	一	六

山

令星犯上山下水，丁星到震。離方為生氣，有水六運富並陶朱。坎方有水主吐血，血災。並應乙辛兮，家室分離。

午方合城門訣。

六　　運

向

1 3	5 7	3 5
五	一	三
2 4	9 2	7 9
四	六	八
6 8	4 6	8 1
九	二	七

山

向首是殺水，有水者切不可用。

三到向，三之天元即卯，挨巨門故不用三而以二入中，卯陰逆行。

九到三，九之天元即午，挨弼星仍九入中，午陰逆行。

186

七　　運

（向）

2 5 六	6 1 二	4 3 四
3 4 五	1 6 七	8 8 九
7 9 一	5 2 三	9 7 八

（山）

乾方為當元旺水，有水旺財。惟失令午酉逢而江湖花酒。赤紫兮致災有數。坎巽二方 25 交加黑黃兮，釀疾堪傷。巽方不可見水，主破財及重病死亡。酉方可用城門訣。

八　　運

（向）

1 4 七	6 9 三	8 2 五
9 3 六	2 5 八	4 7 一
5 8 二	7 1 四	3 6 九

（山）

五到向無替可尋。
與艮坤下卦同。

九　　運

（向）

3 5 八	7 1 四	5 3 六
4 4 七	2 6 九	9 8 二
8 9 三	6 2 五	1 7 一

（山）

令星犯上山下水。坐山有水，向首有山形勢合局者，當元旺財丁。乾為衰水，金水多情貪花戀酒。雞交鼠而傾瀉，必犯流徙。

187

人元　寅山申向　兼甲庚之各運星盤圖

一　運

5 8	1 3	3 1
九	五	七
4 9	6 7	8 5
八	一	三
9 4	2 2	7 6
四	六	二

（向）（山）

令星到向，向首有水，當元大發。艮方不見火而生聰明之士。
餘與艮坤起星同。

二　運

4 8	9 4	2 6
一	六	八
3 7	5 9	7 2
九	二	四
8 3	1 5	6 1
五	七	三

（向）（山）

山星犯下水。向首震木剋土，故對季房不利。兌方有水，合 27 同道，形勢合局當運可富貴雙全。紫白訣云：艮山庚水，巨門運至甲第流芳。惟此局，必須坐山背後空者始可用。

三　運

5 1	1 5	3 3
二	七	九
4 2	6 9	8 7
一	三	五
9 6	2 4	7 8
六	八	四

（向）（山）

與艮坤起星卦同。

188

四　　運

<table>
<tr><td>8　2
三</td><td>3　6
八</td><td>1　4
一</td><td>向</td></tr>
<tr><td>9　3
二</td><td>7　1
四</td><td>5　8
六</td></tr>
<tr><td>山</td><td></td><td></td><td></td></tr>
<tr><td>4　7
七</td><td>2　5
九</td><td>6　9
五</td></tr>
</table>

與艮坤下卦同。

五　　運

<table>
<tr><td>8　9
四</td><td>4　5
九</td><td>6　7
二</td><td>向</td></tr>
<tr><td>7　8
三</td><td>9　1
五</td><td>2　3
七</td></tr>
<tr><td>山</td><td></td><td></td><td></td></tr>
<tr><td>3　4
八</td><td>5　6
一</td><td>1　2
六</td></tr>
</table>

令星到兌，有水當元旺水。
離坎坤三方均有水，丁大發六十年。滿盤合生成數，主作事到處有人緣，事半功倍。
坎坤有水進財，惟兌方不可見水。

六　　運

與艮坤起星卦同。

189

七　　運

<table>
<tr><td>2　5
六</td><td>6　1
二</td><td>4　3
四</td><td>向</td></tr>
<tr><td>3　4
五</td><td>1　6
七</td><td>8　8
九</td></tr>
<tr><td>山
7　9
一</td><td>5　2
三</td><td>9　7
八</td></tr>
</table>

亥方為當元旺水。失令時江湖花酒，致災有數。巽坎同值 25 交加釀疾堪傷。乙方犯伏吟。

辛方可用城門訣。

八　　運

<table>
<tr><td>9　4
七</td><td>5　9
三</td><td>7　2
五</td><td>向</td></tr>
<tr><td>8　3
六</td><td>1　5
八</td><td>3　7
一</td></tr>
<tr><td>山
4　8
二</td><td>6　1
四</td><td>2　6
九</td></tr>
</table>

令星到坐。背後有水者進財。如形勢相背，乾方有水不利。丁星到震，東方有山旺人丁。

滿盤犯伏吟。丁辛可用城門訣。

九　　運

<table>
<tr><td>3　5
八</td><td>7　1
四</td><td>5　3
六</td><td>向</td></tr>
<tr><td>4　4
七</td><td>2　6
九</td><td>9　8
二</td></tr>
<tr><td>山
8　9
三</td><td>6　2
五</td><td>1　7
一</td></tr>
</table>

與艮坤起星卦同。

地元　甲山庚向　兼 ^{卯酉}寅申 之各運星盤圖

一　　運

8 9 九	3 5 五	1 7 七
9 8 八	7 1 一	5 3 三
4 4 四	2 6 六	6 2 二

山（左）向（右）

向星入囚，向首有水，發三運。震方火見土，出愚鈍頑夫。

坎水發於六運。富並陶朱，斷是堅金遇土。艮方有水，陰神滿地，紅粉場中空快樂。戌方可用城門訣。

二　　運

6 7 一	2 2 六	4 9 八
5 8 九	7 6 二	9 4 四
1 3 五	3 1 七	8 5 三

山（左）向（右）

南方有水為旺水，旺財無丁。

四到向，四之地元即辰，挨武曲，故不用四，而以六入中，辰屬陰逆行。

三　　運

1 4 二	6 9 七	8 2 九
9 3 一	2 5 三	4 7 五
5 8 六	7 1 八	3 6 四

山（左）向（右）

令星到坐。向首 47 同宮辰酉分閨幃不睦。坤方 28 同宮，不合城門訣。如有水主家人不睦。飛星賦云：寅申觸巳，曾聞虎咥家人。丁星到乾，63 同宮頭響兮也。

191

四　　運

3 7	7 2	5 9
三	八	一
4 8	2 6	9 4
二	四	六
8 3	6 1	1 5
七	九	五

（山）左　（向）右

與甲庚下卦同。
惟因替者，先生女孩後生男。

五　　運

9 8	5 4	7 6
四	九	二
8 7	1 9	3 2
三	五	七
4 3	6 5	2 1
八	一	六

（山）左　（向）右

向星到坎，山星到南，形勢合局者可用。如北方無水，而向首有水，主遭桎梏。玄空秘旨云：雷出地而相冲，定遭桎梏。飛星賦云：試看復壁堪身。坎坤二方有水者進財，惟兌方不可見水。

六　　運

7 8	2 3	9 1
五	一	三
8 9	6 7	4 5
四	六	八
3 4	1 2	5 6
九	二	七

（山）左　（向）右

乾方有水當元發財，惟向上不可見水。離方 23 同宮有山心臟病，火災，兇死，有水股病，膽病，自縊。坤山七運旺丁，坤水患腹病，盲腸病，產厄。

4 6 六	9 2 二	2 4 四
3 5 五	5 7 七	7 9 九
8 1 一	1 3 三	6 8 八

（山）左　（向）右

向星入囚。全盤犯伏吟。
未戌二方可用城門訣。
南方無水者不可用。

八　　運

7 1 七	2 6 三	9 8 五
8 9 六	6 2 八	4 4 一
3 5 二	1 7 四	5 3 九

（山）左　（向）右

合離宮打劫。乾方為生氣，且合城門訣。
坎水為殺水，金水多情貪花戀酒。向首有
水，失令遇文曲蕩子無歸。

九　　運

8 3 八	4 7 四	6 5 六
7 4 七	9 2 九	2 9 二
3 8 三	5 6 五	1 1 一

（山）左　（向）右

令星到向，失令火見土而出愚鈍頑夫。坐
山 74 同宮，辰酉兮，閨幃不睦。坎宮五
黃重疊，凶事連綿。

天元　卯山酉向　兼甲庚之各運星盤圖

一　　運

6 3 九	2 7 五	4 5 七
5 4 八	7 2 一	9 9 三
1 8 四	3 6 六	8 1 二

(山) (向)

向首為殺水，見之大敗。開口插離方，必落孫山之外。坐山 45 同宮乳癰兮。坎方有水 63 同宮頭響兮。丁星到艮，有山旺人丁，但見水則凶。巽水發三運，足以金而蹣跚。震配乾陽，長子難投嚴父之歡心。坤方可用城門訣。

二　　運

1 5 一	5 1 六	3 3 八
2 4 九	9 6 二	7 8 四
6 9 五	4 2 七	8 7 三

(山) (向)

坎方有水為旺水。失令時風行地上，決定傷脾。砂峰硬直難當，室有欺姑之婦。巽方旺山，有水傷脾。巽方五黃飛到，是非口舌，刑殺等尚嫌多事。

三　　運

與卯酉下卦同。

194

四　　運

與卯酉下卦同。

五　　運

令星到向，向首有水旺財而不旺丁。乾方為生氣，惟犯伏吟，故乾兌二方均宜通，不宜實。犯伏吟坎離二方有水，或安門均不吉。

六　　運

巽方有水為當元旺水，主進財。丁星入囚，子嗣難養。

195

七　　運

無替可尋。

若形局相背，則主損丁破財。玄秘云：夫婦相逢於道路，卻嫌阻隔不通情。

八　　運

與卯酉下卦同。

九　　運

無替可尋，與卯酉下卦同。

乾方犯伏吟，但可用城門訣。

196

人元　乙山辛向　兼辰戌之各運星盤圖

一　　運

	8 3 九	4 7 五	6 5 七	
山	7 4 八	9 2 一	2 9 三	向
	3 8 四	5 6 六	1 1 二	

向首有水為煞水大凶。火見土而出愚鈍頑夫。目入土而出瞽目，坐山 47 同宮辰酉兮閨幃不睦。

艮水發於八運。失令時震木剋土，艮為少男，故小房不利。又犯伏吟。巽水發於三運。離鄉砂見艮位，主外亡。令星會合乾方水為當運旺山水。失令時遺精洩血。

二　　運

	1 5 一	5 1 六	3 3 八	
山	2 4 九	9 6 二	7 8 四	向
	6 9 五	4 2 七	8 7 三	

與卯酉起星同。

三　　運

	2 6 二	6 1 七	4 8 九	
山	3 7 一	1 5 三	8 3 五	向
	7 2 六	5 9 八	9 4 四	

與乙辛下卦同。

四　　運

令星到坐。非坐後有水不可用。坤方 37 同宮，如有山而形勢險惡者，流年再逢客星 37 加臨，主被劫盜，更見官災，或主長房之人，吐血，家室分離。

五　　運

與卯酉起星圖同。

六　　運

坤方為當元旺水，主進財。
丁星入囚，子嗣必艱難。
亥方可用城門訣。

198

七　　運

6　1 六	1　5 二	8　3 四
7　2 五	5　9 七	3　7 九
2　6 一	9　4 三	4　8 八

⑭（山）……⑮（向）

無替可尋。

八　　運

5　2 七	1　6 三	3　4 五
4　3 六	6　1 八	8　8 一
9　7 二	2　5 四	7　9 九

⑭（山）……⑮（向）

與卯酉起星同。

九　　運

8　9 八	3　5 四	1　7 六
9　8 七	7　1 九	5　3 二
4　4 三	2　6 五	6　2 一

⑭（山）……⑮（向）

巽方為當元旺水，有水當元進財。艮方43
同宮遇文曲，蕩子無歸。坤為衰水，金水
多情貪花戀酒。

地元　辰山戌向　兼巽乾乙辛之各運星盤圖

一　　運

(山) 6 3 九	2 7 五	4 5 七
5 4 八	7 2 一	9 9 三
1 8 四	3 6 六	8 1 二 (向)

坐山 36 同宮頭響兮。向上有水為當元旺水。離鄉砂見艮位，主外亡。艮方犯伏吟，宜空不宜實。丁星到艮不得有水。坤方有水，五黃飛到，尚嫌多事。兌方為殺，開口筆插離方，必落孫山之外。

二　　運

(山) 1 9 一	6 5 六	8 7 八
9 8 九	2 1 二	4 3 四
5 4 五	7 6 七	3 2 三 (向)

向首旺水。有水者當元大發。但失令時定遭桎梏。兌水生氣，雙木成林，雷風相薄。丁星入囚，敗人丁主絕。

三　　運

(山) 3 7 二	7 2 七	5 9 九
4 8 一	2 6 三	9 4 五
8 3 六	6 1 八	1 5 四 (向)

令星到艮。若離鄉砂見艮位，定遭驛路之亡。離方為殺水，臨云泄痢，坤配兌女，庶妾難得寡母之歡心。向首山水形惡，耳聾，腎虧，梅毒，子宮癌，胃出血，少年烟毒或服毒亡。

四　　運

山
9 6	5 1	7 8
三	八	一
8 7	1 5	3 3
二	四	六
4 2	6 9	2 4
七	九	五
向

令星到向。向首有水放光者，主進財。但婦女專權，因向首俱陰神滿地所致。

五　　運

山
7 7	2 2	9 9
四	九	二
8 8	6 6	4 4
三	五	七
3 3	1 1	5 5
八	一	六
向

令星會合向首，向首有山水合局者，本可用，奈此局犯八純卦不宜用。
乾方有山水形勢兇惡，主患黃腫，毒瘡，胃病，烟毒，癌症，刑殺，損丁敗財……。

六　　運

向首 14 同宮，丁星到坐。坤方有水，為當元旺水。兌方失令，雷出地而相冲，定遭桎梏。

201

七　　運

山
7 8 六	2 3 二	9 1 四
8 9 五	6 7 七	4 5 九
3 4 一	1 2 三	5 6 八
向

向星入囚。
乾方犯伏吟。

八　　運

山
8 6 七	4 2 三	6 4 五
7 5 六	9 7 八	2 9 一
3 1 二	5 3 四	1 8 九
向

全盤連珠三般卦，又合旺山旺向，壬方有水來去，又合城門訣。若形勢合局者，當元財丁兩旺。次運丁星入囚。

九　　運

山
8 1 八	3 6 四	1 8 六
9 9 七	7 2 九	5 4 二
4 5 三	2 7 五	6 3 一
向

巽方為當元旺水。

天元　巽山乾向　兼辰戌之各運星盤圖

一　運

⟨山⟩

1　1 九	5　6 五	3　8 七
2　9 八	9　2 一	7　4 三
6　5 四	4　7 六	8　3 二

⟨向⟩

無替可尋，與下卦同。
雙星到坐，酉方可用城門訣。

二　運

⟨山⟩

2　3 一	6　7 六	4　5 八
3　4 九	1　2 二	8　9 四
7　8 五	5　6 七	9　1 三

⟨向⟩

財星入囚，需財者不可用。惟富豪只求丁者可用，但坐後必有山。兌為衰水，火見土而出愚鈍頑夫。

三　運

⟨山⟩

1　5 二	6　1 七	8　3 九
9　4 一	2　6 三	4　8 五
5　9 六	7　2 八	3　7 四

⟨向⟩

令星犯 37 凶星。形局險惡者，盜賊，官災，肺病……山有淫形，亂倫，婦女刀殺姦夫，水形淫惡，主姦夫踢死或打死淫婦。

203

四　　運

山

3　4 三	7　9 八	5　2 一
4　3 二	2　5 四	9　7 六
8　8 七	6　1 九	1　6 五

向

滿盤犯伏吟。

五　　運

山

5　5 四	1　1 九	3　3 二
4　4 三	6　6 五	8　8 七
9　9 八	2　2 一	7　7 六

向

雙星會合坐山，又犯八純卦。坎方有險惡山水，婦女淫狂多病人，婦女當權出寡婦。離方有凶惡山水患心病，血壓高，腎疾。

六　　運

山

4　8 五	9　3 一	2　1 三
3　9 四	5　7 六	7　5 八
8　4 九	1　2 二	6　6 七

向

無替可尋。

⑪

5 6 六	1 2 二	3 4 四
4 5 五	6 7 七	8 9 九
9 1 一	2 3 三	7 8 八

⑥

向星入囚，犯山下水。向首有水形勢合局
者可用。

坎方 23 同宮，木剋土，土為脾胃。艮方
19 同宮南離北坎，位極中央。離壬會子癸
喜產多男。坤方 34 同宮昧事無常，且生
賊丐。酉子二方俱可用城門訣。

八　　運

⑪

8 1 七	3 5 三	1 3 五
9 2 六	7 9 八	5 7 一
4 6 二	2 4 四	6 8 九

⑥

無替可尋。
與巽乾下卦同。

九　　運

⑪

6 2 八	2 6 四	4 4 六
5 3 七	7 1 九	9 8 二
1 7 三	3 5 五	8 9 一

⑥

令星到向，向首有水形勢合局者，當元旺
財。但次運入囚。震宮失令雙金剋一木凶。
37 疊至被劫盜，更見官災，家室分離。坤水
失令，巽路水宮纏乾為懸樑之患。

205

人元　巳山亥向　兼丙壬之各運星盤圖

一　　運

㊀

1 9 九	5 5 五	3 7 七
2 8 八	9 1 一	7 3 三
6 4 四	4 6 六	8 2 二

㊂

南離北坎，位極中央。中爻得配，水火方交，又逢旺山。向首生氣，巨入艮坤，田連阡陌。失令時與寅申觸巳，曾聞虎咥家人。巽方有水，小畜兮差徭勞碌。巽路水宮，纏乾為懸樑之患。

全盤合十。辛方可用城門訣。

二　　運

㊀

2 3 一	6 7 六	4 5 八
3 4 九	1 2 二	8 9 四
7 8 五	5 6 七	9 1 三

㊂

財星入囚，敗財不可用。

與巳亥下卦同。

三　　運

㊀

9 5 二	5 1 七	7 3 九
8 4 一	1 6 三	3 8 五
4 9 六	6 2 八	2 7 四

㊂

坤方 37 疊至，被劫盜，官災或家室分離。若有水不忌，反主進財。丁星到兌，見水則凶。震水為生氣，有水發於四運。

四　　運

（山）

3 4 三	7 9 八	5 2 一
4 3 二	2 5 四	9 7 六
8 8 七	6 1 九	1 6 五

（向）

滿盤犯伏吟。

五　　運

（山）

5 5 四	1 1 九	3 3 二
4 4 三	6 6 五	8 8 七
9 9 八	2 2 一	7 7 六

（向）

全盤合八純卦。酉子二方可用城門訣。次運入囚。向上有水或馬路者，形勢合城門訣者，雖犯八純卦亦可化凶為吉。
辛癸兩方可用城門訣。

六　　運

（山）

4 8 五	9 3 一	2 1 三
3 9 四	5 7 六	7 5 八
8 4 九	1 2 二	6 6 七

（向）

無替可尋。
與巳亥下卦同。

七　　運

（山）

5　8 六	1　4 二	3　6 四
4　7 五	6　9 七	8　2 九
9　3 一	2　5 三	7　1 八

（向）

乙方為當元旺水，向首有水者損丁。
辛癸二方可用城門訣。

八　　運

（山）

8　1 七	3　5 三	1　3 五
9　2 六	7　9 八	5　7 一
4　6 二	2　4 四	6　8 九

（向）

向首有水，合六遇輔星，尊榮不次。主當
元富貴雙全。

九　　運

（山）

8　2 八	4　6 四	6　4 六
7　3 七	9　1 九	2　8 二
3　7 三	5　5 五	1　9 一

（向）

與巽乾起星同。

地元　丙山壬向　兼午子/巳亥 之各運星盤圖

一　運

⑪（山）

4 7	9 2	2 9
九	五	七
3 8	5 6	7 4
八	一	三
8 3	1 1	6 5
四	六	二

（向）

無替可尋，與丙壬下卦同。
丑戌方可用城門訣。

二　運

（山）

7 8	2 4	9 6
一	六	八
8 7	6 9	4 2
九	二	四
3 3	1 5	5 1
五	七	三

（向）

令星到庚，西方有水為旺水。坎方有水失令，且值五黃不吉。兌水為當令旺水主發財。惟失令時傷脾，山形硬直，主欺姑。

三　運

（山）

8 8	4 3	6 1
二	七	九
7 9	9 7	2 5
一	三	五
3 4	5 2	1 6
六	八	四

（向）

令星到坐。向首 25 地雷復，主有桎梏之患。玄空秘旨云：雷出地而相冲，定遭桎梏。又誰知坤卦庭中，小兒憔悴釀疾堪傷。

209

四　　運

山

8 6 三	3 2 八	1 4 一
9 5 二	7 7 四	5 9 六
4 1 七	2 3 九	6 8 五

向

向首有水為殺水。定主官刑，或鬥毆。玄空秘旨云：雷出地而相沖，定遭桎梏。

五　　運

山

6 1 四	2 6 九	4 8 二
5 9 三	7 2 五	9 4 七
1 5 八	3 7 一	8 3 六

向

坐山 26 否卦實不利，向首犯 37 凶星重疊，坤方得蠱卦，若陽宅之氣口，在該方者損少丁。玄空秘旨云：山風值而泉石膏肓。又紫白訣云：八會四，而小口殞生。坐山無水而有山，主鬼神作祟，疾病叢生。

六　　運

山

1 3 五	6 7 一	8 5 三
9 4 四	2 2 六	4 9 八
5 8 九	7 6 二	3 1 七

向

令星合旺山旺向。背山面水當元大發丁財。但七運犯財星上山，主敗財應改打劫運，可大發 20 年。乾宮 13 同宮，主腿腳腫，肝病。震兌 49 同宮，山水險惡有色盲，膽疾，乳癌，婦女淫亂。

210

七　運

坤方為當元旺水。奈值五黃失令不吉。甲方為生氣，有水八運旺財。向首為殺水，有水官事連綿。丁星雖居坐山，然值五黃不吉。乾方12同宮，腹多水而膨脹。

八　運

丁財雙星到震，為當元旺水。有水形勢合局者，尚可旺丁財。惟坐山 25 交加釀疾堪傷。艮方 34 同宮，震巽失宮而生賊丐。兌方雙木成林昧事無常。

九　運

令星到坐。坐山有山有水合形局者，當元興丁旺財。向首為生氣，有水一運發財。

211

天元　午山子向　兼丙壬之各運星盤圖

一　運

⊙山

6 5 九	1 1 五	8 3 七
7 4 八	5 6 一	3 8 三
2 9 四	9 2 六	4 7 二

⊙向

五到山，無替可尋。與子午下卦同斷。

二　運

⊙山

5 8 一	1 3 六	3 1 八
4 9 九	6 7 二	8 5 四
9 4 五	2 2 七	7 6 三

⊙向

與午子下卦同

三　運

⊙山

8 6 二	3 2 七	1 4 九
9 5 一	7 7 三	5 9 五
4 1 六	2 3 八	6 8 四

⊙向

令星到山到向。形局不合者，需出地而相冲，定遭桎梏。震水發五運。失令時官非，口舌。坤水為生氣發於四運，水外有秀峰，名揚科第。兑方五黃疊至，凶事連綿。

四　　運

（山）

6 1 三	2 5 八	4 3 一
5 2 二	7 9 四	9 7 六
1 6 七	3 4 九	8 8 五

（向）

令星到向。若向首形勢合局有水者，主富而且貴秀，玄空秘旨云：貴比王謝，總緣喬木扶桑。

五　　運

（山）

1 2 四	5 6 九	3 4 二
2 3 三	9 1 五	7 8 七
6 7 八	4 5 一	8 9 六

（向）

與午子下卦圖同斷。惟主先生女孩，後生男子。乾方山水險惡，頭痛，腦溢血，鼻出血，男童驚風，心臟病。山形淫惡姊弟叔嫂有亂倫之應。餘與下卦同。

六　　運

（山）

2 1 五	6 6 一	4 8 三
3 9 四	1 2 六	8 4 八
7 5 九	5 7 二	9 3 七

（向）

雙星會合坐山，生氣到向。
與午子下卦同。

213

七　　運

令星犯上山下水，非遇坐後有水之形局不可用。乾巽二方 13 同宮，震坎乍交為洩氣。向首犯山下水，又犯殺水，犯交劍煞，如有水大凶。二運入囚。

八　　運

全盤合十。乾方可用城門訣。酉方為當元旺水。形勢合局者輔臨丁丙，位列朝班。巽方 35 同宮，值貞而頓見火災。南方金水多情，貪花戀酒。艮方犯伏吟。

九　　運

令星到向，有水旺財。惟失令 25 交加，黑黃兮釀疾堪傷。乾方 47 同宮，刀傷，刑殺，閨幃不睦，顛疾瘋狂。
乾艮兩方可用城門訣。

214

人元　丁山癸向　兼未丑之各運星盤圖

一　運

⑪（山）

6　5 九	1　1 五	8　3 七
7　4 八	5　6 一	3　8 三
2　9 四	9　2 六	4　7 二

（向）

二　運

（山）

5　8 一	1　3 六	3　1 八
4　9 九	6　7 二	8　5 四
9　4 五	2　2 七	7　6 三

（向）

乾方犯伏吟，宜空不宜實。有水長房官非，被盜劫。
餘與午子下卦同。

三　運

（山）

8　8 二	3　4 七	1　6 九
9　7 一	7　9 三	5　2 五
4　3 六	2　5 八	6　1 四

（向）

丁星到山。向首 25 交加，黑黃兮釀疾堪傷。震水失令，午酉逢而江湖花酒。赤紫兮致災有數。兌水為殺水，又 25 交加釀疾堪傷。

215

四　　運

(山)

8 1 三	4 5 八	6 3 一
7 2 二	9 9 四	2 7 六
3 6 七	5 4 九	1 8 五

(向)

令星合旺山旺向，有山有水形勢合局者，當元興丁旺財。惟次運即敗財。

五　　運

(山)

1 2 四	5 6 九	3 4 二
2 3 三	9 1 五	7 8 七
6 7 八	4 5 一	8 9 六

(向)

與丁癸下卦同斷。

六　　運

(山)

2 9 五	6 5 一	4 7 三
3 8 四	1 1 六	8 3 八
7 4 九	5 6 二	9 2 七

(向)

令星合旺山旺向。形勢合局者，當元興丁旺財，生武士職掌兵權，乃武曲峰當庚兌也。震方衰水，巽風就離，風散則火易熄。艮方犯伏吟，宜空不宜實。

七　　運

（山）

9 3 六	5 7 二	7 5 四
8 4 五	1 2 七	3 9 九
4 8 一	6 6 三	2 1 八

（向）

令星會合坐山。坐山有山有水形勢合局者丁財兩旺。陽宅宜後門出入。陰墳宜坐後有水。乾方 21 同宮，坎流坤位常遭賤婦之羞。兌水發九運入南離，驟見廳堂再煥。寅方可用城門訣。

八　　運

（山）

3 5 七	7 1 三	5 3 五
4 4 六	2 6 八	9 8 一
8 9 二	6 2 四	1 7 九

（向）

與午子起星同。

九　　運

（山）

5 6 八	1 1 四	3 8 六
4 7 七	6 5 九	8 3 二
9 2 三	2 9 五	7 4 一

（向）

令星到向，向首有水為當元旺水。乾方震方 47 同宮，雷風金伐定被刀傷，家庭失和，顛疾瘋狂。

217

地元　未山丑向　兼坤艮丁癸之各運星盤圖

一　　運

(山)

8　7 九	4　2 五	6　9 七
7　8 八	9　6 一	2　4 三
3　3 四	5　1 六	1　5 二

(向)

坐山丁丙朝乾，貴客而有耆耋之壽。惟失令火燒天門，出必當吐血。向首碧本賊星，怕見探頭山位。向首有水三運旺財。坎水為當元旺水。巽水發七運，冑入斗牛積千箱之玉帛。離鄉砂見艮位主外亡。

甲方可用城門訣。

二　　運

(山)

8　6 一	3　1 六	1　8 八
9　7 九	7　5 二	5　3 四
4　2 五	2　9 七	6　4 三

(向)

令星到向，向上有水合零神水。形勢合局者旺財。

三　　運

(山)

6　7 二	2　2 七	4　9 九
5　8 一	7　6 三	9　4 五
1　3 六	3　1 八	8　5 四

(向)

令星到向。向首有水者，當元發財。並出聰明奇士。巽方 67 同宮，犯口舌，官非，女性淫惡，損男童。乾方有山腎病，目疾，下焦病。有水服毒，胃病。

四　　運

⑪

1 8 三	6 4 八	8 6 一
9 7 二	2 9 四	4 2 六
5 3 七	7 5 九	3 1 五

⑭

向首有水為殺水，不獨主敗財，更主足疾、跛腳。離方有水為旺水。坎方為生氣，如震方有水者，主出蕩子淫婦。

五　　運

⑪

3 8 四	7 3 九	5 1 二
4 9 三	2 7 五	9 5 七
8 4 八	6 2 一	1 6 六

⑭

向首得漸卦，天盤又逢八，若有水大敗，且出山林隱士，或泉石之癖，更主損幼丁。離方 37 重疊有水被劫盜，官災，肝肺受傷，且有家室分離。

六　　運

⑪

9 6 五	5 2 一	7 4 三
8 5 四	1 7 六	3 9 八
4 1 九	6 3 二	2 8 七

⑭

巽方有水合形局當元發財。但七運入囚。如坎方有水，除損丁更主被刀傷或遭兵禍。艮水為衰水。破軍居巽位顛疾瘋狂。閨幃不睦。

219

七　　運

山

7　1 六	2　6 二	9　8 四
8　9 五	6　2 七	4　4 九
3　5 一	1　7 三	5　3 八

向

壬方為當元旺水，未方為生氣。二運入囚。如壬方有水主進財，且出人秀麗。飛星賦云：破近文貪，秀麗乃溫柔之本。

八　　運

山

6　3 七	1　7 三	8　5 五
7　4 六	5　2 八	3　9 一
2　8 二	9　6 四	4　1 九

向

無替可尋。
與未丑下卦同。

九　　運

山

7　9 八	2　5 四	9　7 六
8　8 七	6　1 九	4　3 二
3　4 三	1　6 五	5　2 一

向

向首及兌方 34 同宮，若有水不獨主敗財，且主昧事無常。生賊丐。乾方 25 同宮，黑黃兮釀疾堪傷。

天元　坤山艮向　兼未丑之各運星盤圖

一　運

<table>
<tr><td>8　5
九</td><td>3　1
五</td><td>1　3
七</td></tr>
<tr><td>9　4
八</td><td>7　6
一</td><td>5　8
三</td></tr>
<tr><td>4　9
四</td><td>2　2
六</td><td>6　7
二</td></tr>
</table>

令星到山旺丁不旺財。艮方陰神滿地成群，紅粉場中空快樂，形局淫者男女淫亂。巽水發五運，五黃飛到三叉，尚嫌多事。乾犯伏吟，宜空不宜實。

二　運

<table>
<tr><td>6　4
一</td><td>2　9
六</td><td>4　2
八</td></tr>
<tr><td>5　3
九</td><td>7　5
二</td><td>9　7
四</td></tr>
<tr><td>1　8
五</td><td>3　1
七</td><td>8　6
三</td></tr>
</table>

令星到山。
滿盤犯伏吟。
子卯二方可用城門訣。

三　運

<table>
<tr><td>1　5
二</td><td>5　1
七</td><td>3　3
九</td></tr>
<tr><td>2　4
一</td><td>9　6
三</td><td>7　8
五</td></tr>
<tr><td>6　9
六</td><td>4　2
八</td><td>8　7
四</td></tr>
</table>

與坤艮下卦同。

221

四　運

山

2 8 三	6 3 八	4 1 一
3 9 二	1 7 四	8 5 六
7 4 七	5 2 九	9 6 五

向

與坤艮下卦同。

五　運

山

1 6 四	6 2 九	8 4 二
9 5 三	2 7 五	4 9 七
5 1 八	7 3 一	3 8 六

向

向首上山下水。東方有水放光，為當元旺水，且坎震二方均可用城門訣。坤山水出卯，犯黃泉八煞切不可用。坎方為衰水，37重疊，有水被盜劫更見火災，又家室分離。

六　運

山

3 1 五	7 5 一	5 3 三
4 2 四	2 9 六	9 7 八
8 6 九	6 4 二	1 8 七

向

令星到向。兌方犯伏吟。若有水不忌，次運續發 20 年。惟主婦女專權。向首無水。子方有水，則主剋妻，因坎宮水見戌朝，莊生難免鼓盆之嘆。向上有水合六遇輔星，華榮不次。

222

⟨山⟩

5 2 六	1 6 二	3 4 四
4 3 五	6 1 七	8 8 九
9 7 一	2 5 三	7 9 八

⟨向⟩

令星到向，向首有水當運發財。失令江湖花
酒。坐山同來震巽昧事無常，並生賊丐。
子卯二方可用城門訣。
兌方有水為生氣，八運旺財祿。惟離鄉砂
見艮位，定遭驛路亡。

⟨山⟩

4 1 七	9 6 三	2 8 五
3 9 六	5 2 八	7 4 一
8 5 二	1 7 四	6 3 九

⟨向⟩

無替可尋。
與坤艮下卦同。

⟨山⟩

5 3 八	1 7 四	3 5 六
4 4 七	6 2 九	8 9 二
9 8 三	2 6 五	7 1 一

⟨向⟩

向首有水為殺水，不獨敗財更筋枯臂拆及
損丁。合玄機賦所云：艮非宜也，筋傷股
拆。又玄秘云：艮傷殘而筋枯臂拆。

223

一　運

與坤艮起星卦同。

二　運

令星到山。震方 37 同宮，乙辛兮家室分離，劫盜，官災。
滿盤犯伏吟。

三　運

與坤艮起星圖同斷。

四　　運

2 8 三	6 3 八	4 1 一 (山)
3 9 二	1 7 四	8 5 六
(向) 7 4 七	5 2 九	9 6 五

與坤艮下卦同。

五　　運

9 8 四	5 4 九	7 6 二 (山)
8 7 三	1 9 五	3 2 七
(向) 4 3 八	6 5 一	2 1 六

坎方為當元旺水，形勢合局者，當元進財。向上有水光主破財，更作事無理智。乾方有水，遭賤婦之羞。

六　　運

3 1 五	7 5 一	5 3 三 (山)
4 2 四	2 9 六	9 7 八
(向) 8 6 九	6 4 二	1 8 七

與坤艮起星同。

5 2 六	1 6 二	3 4 四 (山)
4 3 五	6 1 七	8 8 九
(向) 9 7 一	2 5 三	7 9 八

與坤艮起星同。

八　　運

4 9 七	9 5 三	2 7 五 (山)
3 8 六	5 1 八	7 3 一
(向) 8 4 二	1 6 四	6 2 九

九　　運

5 3 八	1 7 四	3 5 六 (山)
4 4 七	6 2 九	8 9 二
(向) 9 8 三	2 6 五	7 1 一

與坤艮起星同。

地元　庚山甲向　兼之各運星盤圖

地元　庚山甲向　兼 酉卯／申寅 之各運星盤圖

一　運

<table>
<tr><td>9 8
九</td><td>5 3
五</td><td>7 1
七</td></tr>
<tr><td>8 9
八</td><td>1 7
一</td><td>3 5
三</td></tr>
<tr><td>4 4
四</td><td>6 2
六</td><td>2 6
二</td></tr>
</table>

向（左）　山（右）

丁星入囚。向首有水為殺水。主外亡。坎水為生氣，有水二運續發。艮方有水，陰神滿地，紅粉場中空快樂，出淫蕩之人。巽方有水而開口筆插離方，必落孫山之外。乾方犯伏吟。
丑方可用城門訣。

二　運

<table>
<tr><td>7 6
一</td><td>2 2
六</td><td>9 4
八</td></tr>
<tr><td>8 5
九</td><td>6 7
二</td><td>4 9
四</td></tr>
<tr><td>3 1
五</td><td>1 3
七</td><td>5 8
三</td></tr>
</table>

向（左）　山（右）

雙星到離，南方有水旺財兼出秀。因坤二為文書。失時主出寡婦，多疾病。

三　運

<table>
<tr><td>4 1
二</td><td>9 6
七</td><td>2 8
九</td></tr>
<tr><td>3 9
一</td><td>5 2
三</td><td>7 4
五</td></tr>
<tr><td>8 5
六</td><td>1 7
八</td><td>6 3
四</td></tr>
</table>

向（左）　山（右）

向首有水，主損丁。乾方有山主破財。坐山有山又形局險惡者，主刀傷或兵禍。玄機云：雷風金伐，定被刀傷。

四　　運

<table>
<tr><td>7　3
三</td><td>2　7
八</td><td>9　5
一</td></tr>
<tr><td>8　4
二</td><td>6　2
四</td><td>4　9
六</td></tr>
<tr><td>3　8
七</td><td>1　6
九</td><td>5　1
五</td></tr>
</table>

（向）（山）

與庚甲下卦同。

五　　運

<table>
<tr><td>8　9
四</td><td>4　5
九</td><td>6　7
二</td></tr>
<tr><td>7　8
三</td><td>9　1
五</td><td>2　3
七</td></tr>
<tr><td>3　4
八</td><td>5　6
一</td><td>1　2
六</td></tr>
</table>

（向）（山）

離方有水為當元旺水。坎方為生氣，有山旺人丁。艮方為殺水，同來震巽昧事無常。震巽失宮，生賊丐。
丑辰兩方可用城門訣。

六　　運

（向）（山）

向星入囚，主破財。震巽兩方有水者可用。坎方失令坎流坤位，常遭賤婦之羞。艮宮 34 同宮，昧事無常。乾方犯伏吟，有水則損丁。

228

七　　運

6 4 六	2 9 二	4 2 四
5 3 五	7 5 七	9 7 九
1 8 一	3 1 三	8 6 八

（向）（山）

令星到山，犯水上山丁星入囚。滿盤犯伏吟，非平洋之局，或坐後有吉水良局者，不可用。震方 53 同宮，五黃重疊凶事連綿。坤方風行地上決定傷脾，砂峰硬直，室有欺姑之婦。辰方可用城門訣。

八　　運

1 7 七	6 2 三	8 9 五
9 8 六	2 6 八	4 4 一
5 3 二	7 1 四	3 5 九

（向）（山）

令星到向。向首有水合形局，輔臨丁丙位列朝班。巽方見水主貪花戀酒，又犯徒洩。艮方 35 同宮值廉貞而頓見火災。離方乾坤神鬼，與他相剋非裨。

九　　運

3 8 八	7 4 四	5 6 六
4 7 七	2 9 九	9 2 二
8 3 三	6 5 五	1 1 一

（向）（山）

財星入囚。向首為衰水。辰酉兮閨幃不睦。巽水為殺水。又震木剋土季房不利。離方 47 同宮，雷風金伐刀傷，刑殺，家庭不睦，顛疾瘋狂。
辰方可用城門訣。

229

天元　酉山卯向　兼庚甲之各運星盤圖

一　運

3 6 九	7 2 五	5 4 七
4 5 八	2 7 一	9 9 三
8 1 四	6 3 六	1 8 二

（向）（山）

坐山若開口筆插離方，必落孫山之外。向首值五黃不吉。坎水發三運。失令時，足以金而蹣跚，震配純陽，長子難投嚴父之歡心。離水為生氣，發二運。失令時臨云泄痢。坤配兌女，庶妾難投寡母之歡心。巽方可用城門訣。

二　運

5 1 一	1 5 六	3 3 八
4 2 九	6 9 二	8 7 四
9 6 五	2 4 七	7 8 三

（向）（山）

令星到向，向首有水，形勢合局者，當元旺財。
巽方可用城門訣。

三　運

6 2 二	1 6 七	8 4 九
7 3 一	5 1 三	3 8 五
2 7 六	9 5 八	4 9 四

（向）（山）

與酉卯下卦同。

與酉卯下卦同。

離首有水為殺水，且主出人淫蕩。艮方又犯伏吟。

六　　運

向星入囚，非形勢合局良善者不可用。艮方可用城門訣。

七　　運

無替可尋。
與酉卯下卦同。

八　　運

無替可尋。
與酉卯下卦同。

九　　運

1 8 八 | 6 3 四 | 8 1 六
9 9 七 | 2 7 九 | 4 5 二
5 4 三 | 7 2 五 | 3 6 一

無替可尋，合七星打劫運。
與酉卯下卦同。

232

人元　辛山乙向　兼戌辰之各運星盤圖

一　　運

巳方可用城門訣。
乾方有水為旺水。
坐山目入土而出瞽目。火見土而出愚鈍頑
夫。向首有水，閨幃不睦。離水發四運。
失令時，定被刀傷，顛疾瘋狂。
艮方犯伏吟。

二　　運

令星到向，向首有水，形勢合局者，當元
旺財。
巳方可用城門訣。

三　　運

與酉卯下卦圖同。

233

四　運

5 9 三	1 5 八	3 7 一
4 8 二	6 1 四	8 3 六
9 4 七	2 6 九	7 2 五

向首丁星犯下水，又山風值而泉石膏肓。艮方有水者當元進財。巽方有火峰，或高樓，紅色建築物者，遭火災，輕則目疾難免。乾方有水，臨云泄痢。庶妾難得寡母之歡心。

五　運

8 3 四	3 7 九	1 5 二
9 4 三	7 2 五	5 9 七
4 8 八	2 6 一	6 1 六

向首為殺水。有水主出淫蕩之人。坐山有山水險惡者，出愚鈍頑夫。艮方犯伏吟宜通不宜實。

六　運

8 5 五	4 1 一	6 3 三
7 4 四	9 6 六	2 8 八
3 9 九	5 2 二	1 7 七

向星入囚。向首又 47 同宮，天盤又得四，不單主敗財，且閨幃不睦，是非多端。如有水更主被劫盜官災。秘旨云：雷風金伐，定被刀傷也。

234

七　運

向（左）　山（右）

1 6 六	5 1 二	3 8 四
2 7 五	9 5 七	7 3 九
6 2 一	4 9 三	8 4 八

無替可尋。
與酉卯下卦同。

八　運

向（左）　山（右）

2 5 七	6 1 三	4 3 五
3 4 六	1 6 八	8 8 一
7 9 二	5 2 四	9 7 九

無替可尋。
與酉卯下卦同。

九　運

向（左）　山（右）

9 8 八	5 3 四	7 1 六
8 9 七	1 7 九	3 5 二
4 4 三	6 2 五	2 6 一

令星到向。坤方為生氣。如乙申兩方有水可發 40 年，且主出人溫柔秀麗。飛星賦云：破近文貪，秀麗乃文柔之本。惟次運丁星入囚，秀麗者應在女孩。

地元　戌山辰向　兼乾巽辛乙之各運星盤圖

一　運

<table>
<tr><td>3 6
九</td><td>7 2
五</td><td>5 4
七</td></tr>
<tr><td>4 5
八</td><td>2 7
一</td><td>9 9
三</td></tr>
<tr><td>8 1
四</td><td>6 3
六</td><td>1 8
二</td></tr>
</table>

（向 / 山）

坐山乾為旺山。向首有水，頭響兮 63 同宮。坎水發於三運。惟失令時足疾，刀傷。長子難投嚴父之歡心。離水為生氣，發二運。失令時，庶妾難投寡母之歡心。兌為殺水，見之則凶，赴考必名落孫山。甲方可用城門訣。

二　運

<table>
<tr><td>9 1
一</td><td>5 6
六</td><td>7 8
八</td></tr>
<tr><td>8 9
九</td><td>1 2
二</td><td>3 4
四</td></tr>
<tr><td>4 5
五</td><td>6 7
七</td><td>2 3
三</td></tr>
</table>

（向 / 山）

向星入囚，財不利。
向首雖合南離北坎，位極中央。但失令時，反主遭凶。

三　運

<table>
<tr><td>7 3
二</td><td>2 7
七</td><td>9 5
九</td></tr>
<tr><td>8 4
一</td><td>6 2
三</td><td>4 9
五</td></tr>
<tr><td>3 8
六</td><td>1 6
八</td><td>5 1
四</td></tr>
</table>

（向 / 山）

令星合旺向。惟向首 37 重疊，被劫盜，見官災，或有家室分離。有水者不忌。

236

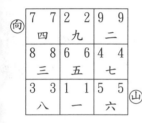

丁星到坐，向星到艮，形勢合配者，當元可發財丁。但主犯胃病。失元主室有欺姑之婦。坎水失令火燒天。家生罵父之兒。69火照天門，必當吐血。

五　　　運

犯八純卦，非坐向皆有水者，不可用。

六　　　運

令星到向，又合零神水。形局良善者，催福最快。

237

七　　運

<table>
<tr><td>向</td><td>8 7
六</td><td>3 2
二</td><td>1 9
四</td></tr>
<tr><td></td><td>9 8
五</td><td>7 6
七</td><td>5 4
九</td></tr>
<tr><td></td><td>4 3
一</td><td>2 1
三</td><td>6 5
八</td><td>山</td></tr>
</table>

財星到向，丁星入囚，旺財損丁，丙方可用城門訣。丁弱之家切不可用。坎方 21 同宮，坎流坤位常遭賤婦之羞。離宮雷出地而相沖，定遭桎梏。

八　　運

<table>
<tr><td>向</td><td>6 8
七</td><td>2 4
三</td><td>4 6
五</td></tr>
<tr><td></td><td>5 7
六</td><td>7 9
八</td><td>9 2
一</td></tr>
<tr><td></td><td>1 3
二</td><td>3 5
四</td><td>8 1
九</td><td>山</td></tr>
</table>

令星到山到向。形勢合局者，當元旺財丁。坎方 35 同宮，值廉貞不吉。艮方 13 同宮，震與坎為乍交，水木相生。

九　　運

<table>
<tr><td>向</td><td>1 8
八</td><td>6 3
四</td><td>8 1
六</td></tr>
<tr><td></td><td>9 9
七</td><td>2 7
九</td><td>4 5
二</td></tr>
<tr><td></td><td>5 4
三</td><td>7 2
五</td><td>3 6
一</td><td>山</td></tr>
</table>

財丁二星到震方。為當元旺水。乾離二方 36 同宮，震配乾陽，長子難獲嚴父歡心。丙方可用城門訣。

238

天元　乾山巽向　兼戌辰之各運星盤圖

一　　運

<table>
<tr><td>1 1
九</td><td>6 5
五</td><td>8 3
七</td></tr>
<tr><td>9 2
八</td><td>2 9
一</td><td>4 7
三</td></tr>
<tr><td>5 6
四</td><td>7 4
六</td><td>3 8
二</td></tr>
</table>

(向) （山）

全盤合十。無替可尋。與乾巽下卦同斷。
九到向，九之天元即午，挨弼星仍九入
中，午陰逆行。
二到山，二之天元即坤，挨巨門仍二入
中，坤陽順行。

二　　運

<table>
<tr><td>3 2
一</td><td>7 6
六</td><td>5 4
八</td></tr>
<tr><td>4 3
九</td><td>2 1
二</td><td>9 8
四</td></tr>
<tr><td>8 7
五</td><td>6 5
七</td><td>1 9
三</td></tr>
</table>

(向) （山）

丁星入囚，子嗣艱難。向首有水，形勢合
局者，旺財但無丁。

三　　運

<table>
<tr><td>5 1
二</td><td>1 6
七</td><td>3 8
九</td></tr>
<tr><td>4 9
一</td><td>6 2
三</td><td>8 4
五</td></tr>
<tr><td>9 5
六</td><td>2 7
八</td><td>7 3
四</td></tr>
</table>

(向) （山）

令星到坐，犯水上山。丁星到坤有山旺
丁，有水損人口。向首 25 交加，黑黃
兮，釀疾堪傷。

239

四　　運

滿盤犯伏吟。向首又 34 同宮，主損丁破財，更主昧事無常。若離方有水，客星又逢五黃加臨，主患花柳病及火災。合青樓染疾，只因七弼同黃也。

五　　運

犯八純卦，非坐山向皆有水者，不可用。

六　　運

雙星到坐，又犯伏吟。

240

七　　運

向

6　5 六	2　1 二	4　3 四
5　4 五	7　6 七	9　8 九
1　9 一	3　2 三	8　7 八

山

令星到坐，丁星入囚。若坐後有水合局者可審用。若南方有水者，主腹脹，腸炎。玄秘云：腹多水而膨脹。

八　　運

向

1　8 七	5　3 三	3　1 五
2　9 六	9　7 八	7　5 一
6　4 二	4　2 四	8　6 九

山

無替可尋。
與乾巽下卦同。

九　　運

向

2　6 八	6　2 四	4　4 六
3　5 七	1　7 九	8　9 二
7　1 三	5　3 五	9　8 一

山

山星到山，向星到兌，如有形巒與理氣合局者可用。惟向首切不可見水光。離巽二方 26 同宮，乾坤鬼，與他相剋非祥，戌未僧尼，自我有緣有何益。

241

人元　亥山巳向　兼壬丙之各運星盤圖

一　運

<table>
<tr><td>9　1
九</td><td>5　5
五</td><td>7　3
七</td></tr>
<tr><td>8　2
八</td><td>1　9
一</td><td>3　7
三</td></tr>
<tr><td>4　6
四</td><td>6　4
六</td><td>2　8
二</td></tr>
</table>

令星到向，向首有水為當元旺水，主發財。南離北坎，位極中央。中央得配水火既濟。坤水發三運。失令時 37 疊至，被劫盜，官災，家室分離。兌方犯伏吟。坤方又犯碧赤凶星，故坤兌兩方，宜通不宜實。

二　運

<table>
<tr><td>3　2
一</td><td>7　6
六</td><td>5　4
八</td></tr>
<tr><td>4　3
九</td><td>2　1
二</td><td>9　8
四</td></tr>
<tr><td>8　7
五</td><td>6　5
七</td><td>1　9
三</td></tr>
</table>

與乾巽起星同。

三　運

<table>
<tr><td>5　9
二</td><td>1　5
七</td><td>3　7
九</td></tr>
<tr><td>4　8
一</td><td>6　1
三</td><td>8　3
五</td></tr>
<tr><td>9　4
六</td><td>2　6
八</td><td>7　2
四</td></tr>
</table>

令星到兌，有水大發。丁星到坤，金木相剋，肝肺受傷。家室分離。又 37 疊至，被劫盜更見官災。震水失令，山風值而泉石膏肓。

乙丁兩方可用城門訣。

242

四　　運

向

4　3 三	9　7 八	2　5 一
3　4 二	5　2 四	7　9 六
8　8 七	1　6 九	6　1 五

山

與乾巽起星卦同。

五　　運

向

5　5 四	1　1 九	3　3 二
4　4 三	6　6 五	8　8 七
9　9 八	2　2 一	7　7 六

山

全盤犯八純卦，非坐山向皆有水者，不可
用。

六　　運

向

8　4 五	3　9 一	1　2 三
9　3 四	7　5 六	5　7 八
4　8 九	2　1 二	6　6 七

山

雙星到坐又犯伏吟。
與亥巳下卦同。

243

七　運

向

8 5 六	4 1 二	6 3 四
7 4 五	9 6 七	2 8 九
3 9 一	5 2 三	1 7 八

山

令星到坐山，向首犯退氣，又值五黃。非形勢合局優美者，不可用。辛方為生氣，有水八運旺財。離方 41 同宮，失令四蕩一淫。坎宮 52 同宮，二五交加釀疾堪傷。

八　運

向

1 8 七	5 3 三	3 1 五
2 9 六	9 7 八	7 5 一
6 4 二	4 2 四	8 6 九

山

無替可尋。
與乾巽下卦同。

九　運

向

2 8 八	6 4 四	4 6 六
3 7 七	1 9 九	8 2 二
7 3 三	5 5 五	9 1 一

山

向首入囚。雖有水囚不佳，奈係殺水。用之破敗不堪，且主根枯臂拆。所言失令而見水也。不限於形勢險惡也。

七、排龍訣

排龍訣起例

龍對山山起破軍，破軍順逆兩頭分。
右廉破武貪狼位，疊疊挨加破左文。
破巨祿存星十二，七凶五吉定乾坤。
支兼干出真龍貴，須從入首認其真。

例如子山午向，陽宅收午向三叉水，子為陰，午方為破軍，因此依序破軍（午丁）、右弼（未坤）、廉貞（申庚）、破軍（酉辛）、武曲（戌乾）、貪狼（亥壬）、破軍（子癸）、左輔（丑艮）、文曲（寅甲）、破軍（卯乙）、巨門（辰巽）、祿存（巳丙）。其中左輔、巨門、右弼、武曲、貪狼為吉。排龍訣決定陽宅先天吉凶。在平洋地以見三叉水口或城門為山龍之對宮，即為破軍起處。陰陽之算法，以十二地支俱屬陰，順時針排龍；八天干與四隅卦俱屬陽，逆時鐘排龍。

第參章、玄空理氣專論

玄空學的核心理論不外零正關係、旺山旺向、雙星到山、雙星到向、上山下水、城門水法、反吟伏吟、三般卦之七星打劫、入囚、收山出煞等。而其實踐方法則是隱晦於〈玄機賦〉〈玄空密旨〉〈飛星賦〉〈紫白訣〉等，讀者由此進入，按部就班，即無隱晦訣奧之困蹇。

一、正神與零神

正神與零神的位置也就決定旺衰方位，即洛書之變化而已。《沈氏玄空學》：「零正即陰陽之謂……蓋當元之令神為正神，與正神對待者為零神。如一運以一白為正神，九紫即為零神。二運以二黑為正神，八白即為零神。三運以三碧為正神，七赤即為零神。四運以四綠為正神，六白即為零神。六七八九各運以此類推。惟五運以五黃為正神，零神之辨最難；因戊己無定位，五黃中前十年寄坤，以八白為零神；後十年寄艮，以二黑為零神也。」整理如下：

1、一白貪狼坎水運，坎卦為正神方；九與一合十，九為離卦，故九紫離火為零神方。

2、二黑巨門坤土運，坤卦為正神方；八與二合十，八為艮卦，故八白艮土為零神方。

3、三碧祿存震木運，震卦為正神方；七與三合十，七為兌卦，故七赤兌金為零神方。

4、四綠文曲巽木運，巽卦為正神方；六與四合十，六為乾卦，故六白乾金為零神方。

5、五黃廉貞中土運，因五黃在中宮，前十年寄坤巽卦方，以坤巽兩方為正神，以艮乾卦方為零神方。後十年寄乾艮卦方，以乾艮卦方為正神，以巽坤卦方為零神。

6、六白武曲乾金運，乾卦為正神方；四與六合十，四為巽卦，故四綠巽木為零神方。

7、七赤破軍兌金運，兌卦為正神方；三與七合十，三為震卦，故三碧震木為零神方。

8、八白左輔艮土運，艮卦為正神方；二與八合十，二為坤卦，故二黑坤土為零神方。

9、九紫右弼離火運，離卦為正神方；一與九合十，一為坎卦，故坎卦為零神方。

因此：

一運坎卦為正神最旺。二運坤卦為正神最旺。

三運震卦為正神最旺。四運巽卦為正神最旺。

五運前十年寄坤巽，後十年寄乾艮。

六運乾卦為正神最旺。七運兌卦為正神最旺。

八運艮卦為正神最旺。九運離卦為正神最旺。

相傳楊筠松著作《天玉經》：「明得正神與零神，指日入青雲。」這是指理氣方面首先必須學會分辨正神與零神。

陽宅房屋以門戶所朝之一方為向，而以其對宮為山。不計其所佔之地面是圓形、四方型、長方形，也不論是幾進，均以其門戶，所朝之一方為向。而以其門戶之對宮或他端為山，所以山與向相對立，相差一百八十度。若陽宅門戶不一，甚至四方皆有門，當以其最主要之門戶所朝之方為向。如果四方都有房屋，當以其中最重要之主室，重要之門戶所朝之方為向，其對宮即為山，此言全部宅舍之山向。如宅舍不分山向，則無法取用神，明辨衰旺，評論吉凶，即無法斷驗。

《中州派玄空學》：「向吉，門凶，氣口凶，便為凶宅。若山、向平和，門吉，亦為吉宅。山、向不吉，門吉，氣口吉，亦可取。倘山向平和，門吉，而氣口凶，亦作凶宅論。若山向凶，門凶，氣口吉，則氣口之旺氣一過，此宅立成凶宅。」由此可知，相宅以氣口為重。

各宮位九運旺衰

洛書相對卦數均合十。《沈氏玄空學·論夫婦合十》：「合十云者，聖人得天地之中，同聲相應，同氣相求，雲從龍，風從虎，有生有形各從其類之義也。經云：共路兩神為夫婦，夫婦即合十之謂。」《沈氏玄空學》：「或問生成合十，究有何等功效？答曰：天地之數與五行氣通，此五與十之數，數以數神，神以數顯，一陰一陽之謂道，二氣交感化生萬物，生生不已而變化無窮焉；而其所以生者，實戊己之功用。合十者，皆藉戊己之力氣，運得此，則觸類旁通，運運貞吉。」[1]

正神方是每運中最旺的方位，而零神方在正神方對宮，是每運的衰方。在一運時，一為坎卦，坎卦為正神方；九與一合十，九為離卦，故離卦為零神方。在二運時，二為坤卦，坤卦為正神方；八與二合十，八為艮卦，故艮卦為零神方。在三運時，三為震卦，震卦為正神方；七與三合十，七為兌卦，故兌卦為零神方。在四運時，四為巽卦，巽卦為正神方；六與四合十，六為乾卦，故乾卦為零神方。在五運時，因五黃位於中宮，前十年寄坤巽二卦，應以坤巽兩方為正神方，以艮乾兩卦為零神方。後十年寄乾艮二卦，應以乾艮兩方為正神方，以巽坤二卦為零神方。

---

[1] 《沈氏玄空學》：「謹案玄空最忌者上山下水，最喜者山到向；所謂旺山旺向，寅葬卯發者是也。……然自二運至八運，天地人三元均有旺山旺向，而一九兩運獨無，實為缺憾。今考夫婦合十，則一九運有乾巽、巳亥、二八運有丑未、三七運有子午、癸丁四六運有庚甲，三元九運中全局合十者，共得二十四山向，是可補正旺山旺向之缺憾，願學者擇而用之可也。」

在六運時，六為乾卦，乾卦為正神方；四與六合十，四為巽卦，故巽卦為零神方。在七運時，七為兌卦，兌卦為正神方；三與七合十，三為震卦，故震卦為零神方。在八運時，八為艮卦，艮卦為正神方；二與八合十，二為坤卦，故坤卦為零神方。在九運時，九為離卦，離卦為正神方；一與九合十，一為坎卦，故坎卦為零神方。若九運正神離卦有高聳秀麗的山脈、樓宇，則家中人丁昌、人際旺、疾病少。而零神方坎卦有水局、海景、街道則發富。來路宜取當旺或生氣運是基本門檻。

正神方是每一運中最旺的方位，而零神方在正神方的對宮方位，是每運最衰的方位。故一運時南方離卦最衰。二運時東北方艮卦最衰。三運時西方兌卦最衰。四運時西北乾卦最衰。五運時前十年東北方艮卦與西北方乾卦最衰，後十年以西南方坤卦和東南方巽卦為最衰。六運時東南方巽卦最衰。七運時東方震卦最衰。八運時西南方坤卦最衰。九運時北方坎卦最衰。

山星要旺星挨排到高山實地，向星要旺星排到水神低處，山水各有適宜之處，正神正位裝。同理，山星的排列要當運衰退星排到水裡低處，或向星要當運衰星排到高山實地，零神零位裝。如此陽宅四周的地形地物如何分配高低，即有準則。

玄空學的飛星盤由山星、向星、運星組合而成。屋後泛稱為山，屋前泛稱為水；一般都市皆平地，山水無法一目了然，即高一寸為山，低一寸為水。若屋前是馬路，但屋後卻有大水、河流、或交通要道，高架公路、高速鐵道、天橋等，具有流動性質，則屋後的山亦視為水，不以高低論。反之，向首有高大建築物，或是陽宅低窪，道路傾斜而下，則視為屋前有山。車庫、車道視為水。

250

二、旺山旺向

　　玄空陽宅學是巒頭與理氣相兼的，其中最玄妙的是山星與向星之性質，山星管人丁，向星水管財。「高一寸為山，低一寸為水」，因此外局在建築物、圍牆、牌樓、山丘、電線杆、變電箱、輸電塔、大型招牌、鐘樓等視為「山」。室內則是書櫃、櫥櫃、電器櫃、鞋櫃、酒櫃、書桌、餐桌、茶几、沙發組、床鋪等視為「山」。山有靜的本質可以理解。反之，低一寸為水，外局的道路、流水、池塘、湖泊、草坪、停車場、天橋人流等。室內則是門位、通道、飲水機、魚缸、浴缸、淋浴間。因此「山」的佈置是當運山星生旺之地，「水」的佈置是當運水星生旺之地，就是運勢與山水配合的吉象。反之，山星在山居退死之地，人丁衰敗；向星在水居退死之地，財業破敗。因此山星與向星，當旺時錦上添花，衰退時落井下石。在鄉間以真山真水為對象，在城市以高者為山，低者為水，俱要形象良好，無「射、探、沖、破、壓、反、斷、走」等形煞。因此九運時，壬山丙向雙星到向，鄉居陽宅前方要山與水俱美，且水外有山則丁財俱全，反之，向上有水，水脈相連，財旺丁絕；或前方山脈相連而無水局，丁旺財絕。在城市則是以建築物為山，道路為水。水管財，財看向盤。

　　理氣計算與山水的落點必須相搭配，一般山水環抱而活潑的環境，固然已經立於不敗之地，如果能有理氣之輔助更能發福。外局因無法變更，取巒頭為主，理氣為輔；反之，內局操之在我，務必盡合理氣，並參酌宅主命理五行，一物一太極。鄉居陽宅，重在山水比例，飛星盤中山星與向星，在各宮位的生、旺、退、衰、死要仔細端詳。城市中雖然沒有天然的山水，但以高大建築物為勘驗陽宅的山，查其秀麗、端正、詭異、猙獰等判斷，巒頭若無形，理氣自然無用。

「山上龍神不下水，水裡龍神不上山」。「龍神」，指入中宮當運之星，例如九運時就是九紫離火；山星不入向首，向星不落坐山。

例如未山丑向，二黑坤土運，旺星二入中，山星8逆飛到山坤宮是2；二運旺山，山星到山。向星5逆飛到向艮宮是2；二運旺向，向星到向。身與向即是「旺山旺向」。若陽宅西南坤宮有大樓高於本宅，因山盤飛星2運飛到，2運為當令之飛星，山管人丁，山上龍神旺丁，二黑坤土受蔭。

（東南） 巽4	（南） 離9	（西南） 坤2⑪
9 6 一	4 1 六	2 8 八
1 7 九	8 5 二	6 3 四
5 2 五	3 9 七	7 4 三

左側：（東）震3　右側：（西）兌7

（東北）艮8囱　（北）坎1　（西北）乾6

水路必須先有外局條件，看水之法簡要如下：明堂之中，來水稱天門，喜來水寬大，稱天門開朗，財源滾滾。去水謂地戶，喜去水窄小，稱地戶緊閉，水財用之不竭。出水口喜關攔重重，有飛禽走獸把關，劍、印、奇峰、羅星等之形體浮於水面，都是把住水口的形象。到堂、彎抱、囊聚，砂水有情、平坦悠緩，不沖，不射，不割，不穿，不帶形煞等。其次，忌入懷而返，一文不值，一發便衰。水斜飛、直竄、反弓、層層洩出，無砂手關鎖下臂，則水走氣散。水彎曲緩流水流即較深，居民有智慧、清秀、容易聚財。水湍急則居民較跳躍，衝動，

252

粗曠、急躁。水勢浩蕩，散漫亂流，湍急嗚咽等均忌諱。水流來去兩方，曲折合水，明水、暗水、乾水影響力不同，必須以飛星盤向星的生、旺、衰、煞、死關係來判斷吉凶。

　　山上龍神與水裏龍神：「山上龍神不下水，水裏龍神不上山」，「山上龍神」指飛星盤中山盤的當運旺星，其次生氣星。假設九運坤山艮向（如下圖），九個山星中以 9 為當令之星，而 1 因為是未來當令之星，也就是生氣星；因此山盤上的 9 與 1 就是「山上龍神」，陽宅不宜在這兩個宮位，艮卦與離卦是低窪水局，否則成為山上龍神下水；同元更糟。理氣與巒頭要配合，因此當旺的山星與生氣的山星，處在低窪水局中，自然無法發揮生旺之氣的作用。反之，退煞之山星宜在低窪之地，降低退煞之氣。

（東南） 巽 4	（南） 離 9	（西南） 坤 2 ⑪

5　4 八	1　8 四	3　6 六
4　5 七	6　3 九	8　1 二
9　9 三	2　7 五	7　2 一

（東）震 3　　　　　　　　　　　　　　　　（西）兌 7

（東北） 艮 8 ⊖	（北） 坎 1	（西北） 乾 6

　　「水裏龍神」指飛星盤中向盤的當運旺星，其次生氣星。假設九運坤山艮向（如上圖），九個向星中以 9 為當令之星，而 1 為未來當令之星，即生氣星；因此向盤中的 9 與 1 就是「水裏龍神」，陽宅不宜在艮宮與兌宮是高山或高樓，向管水，艮兌兩宮有水局就是生旺之「水裏龍神不上山」；反之，艮兌兩宮無水

253

局，反而是高山與高樓，就是水裏龍神上山。以九運而言，八運雖然退氣，但危害不大，以三、四、五、六、七等運的煞氣與死氣則凶禍災重。簡單說，關於管水局的向星，煞死之氣運數就放任其在無水之地，使煞死之水無地逞威。反之，管山局的山星，煞死之氣運數要在水局之地，湮滅其煞死凶氣。

利用以上旺山旺向，上山下水等原則，與陽宅山水在時間與空間的意義，則能輕易體會佈置的方法，尤其在新公司、新居裝修時，列入環境設計考量，則沙發組、櫥櫃、床位、盆景、魚缸、屏風、書桌、廚房、衛浴間等安排方位，都有風水依據。玄空飛星以二十四山為理氣計算基準，比起八宅法用八個卦為單位，當然更為精密，尤其在操作上有地天人同元同氣的感應，因此改換大門方向，在不突兀的情況下，可以達到擷取當旺元氣的效果。比起掛銅鈴、洞簫、龜殼、蟾蜍等寫意的多。

「旺山」者，飛星盤中當令當旺的山星飛到坐山的宮位。反之，「旺向」者，飛星盤中當令當旺的向星飛到向首的宮位。一般而言，山星與向星順飛會出現「上山下水」；而逆飛則出現「旺山旺向」。不論吉凶如何，各宮位之間的卦數組合仍是重要參考指標，其次，旺山旺向要有實際巒頭形勢配合，旺山要有山，旺水要有水；反之，衰死山星要在平坦開闊位置，衰死水星要險峻高聳之地。例如：八運未山丑向，坤宮山星為 8，艮宮水星為 8。

未山丑向八運

6 3	1 7	8 5
七	三	五
7 4	5 2	3 9
六	八	一
2 8	9 6	4 1
二	四	九

254

又例如：七運戌山辰向，乾宮山星為7，巽宮向星為7。

9 7 六	4 2 二	2 9 四
1 8 五	8 6 七	6 4 九
5 3 一	3 1 三	7 5 八

《沈氏玄空學‧玄空用法只重一卦》:「天機妙訣本不同，八卦只有一卦通。玄空之法，取八卦以配九宮，其運用只重一卦，此一卦即天心正運入中之某字，亦即本運旺星到向之一卦是也。」換言之，先掌握山星與向星是否得到生旺之氣。

「到山」，指山星排列是當令之星到坐山，向星排列是當令之星到向首，各適其宜，則發財旺丁。如八運未山丑向，山星八白艮土飛到坤宮，山星「到山」。而向星排列是當令之星到向首艮宮，「向星」到向。凡令星「到山到向」，其山向必為陰，逆飛九星。

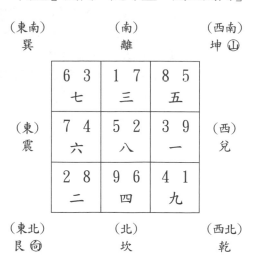

(東南)　　　(南)　　　　(西南)
巽　　　　　離　　　　　坤 ⑪

6 3 七	1 7 三	8 5 五
7 4 六	5 2 八	3 9 一
2 8 二	9 6 四	4 1 九

(東)　　　　　　　　　　　　　(西)
震　　　　　　　　　　　　　　兌

(東北)　　　(北)　　　　(西北)
艮 ⑥　　　　坎　　　　　乾

讀者試以，六運庚山甲向與二運乾山巽向，理解旺山旺向。

三、雙星到山（雙星會坐）

雙星到山是指當運的山星與向星皆飛至坐山，因此坐山必須有秀麗「山」與「水」，換言之，坐山要有形勢良好的巒頭局面。

1、例如七運丙山壬向，如下圖。

3 2 六	7 7 二	5 9 四
4 1 五	2 3 七	9 5 九
8 6 一	6 8 三	1 4 八

坐山是七赤入離宮為旺星，故七赤在坐山是旺丁，對公司行號而言是員工幹練，客戶踴躍。坐山同時又是向星七赤飛入，即是「向星到山」，向星宜有水或低平之地，若坐山有道路、水路、湖泊、天橋等環繞，主旺財；若無，因為是旺星，亦不為凶。若為 1987 年女性，查年命表為坤命，二黑中宮立極，二三兩星同宮，二黑土為三碧木所剋，所以為「命宮受剋」，雖值令星，其好處也大打折扣。但二黑坤宮與三碧震宮，前者屬陰，後者屬陽，陰陽之剋，其凶因異性相合而趨緩。又例如，巽宮挨星六，飛星二三相剋，因為六白屬金，雖然泄去向首二黑元氣，但卻可以剋去坐山飛星三碧之木，故二黑雖為命星，亦不致受剋害。但六為乾，三為震，陽剋陽，此宮用事不旺財源。

2、例如八運午山子向，如下圖。

午山子向(丁山癸向)八運

⊙山

4　3 七	8　8 三	6　1 五
5　2 六	3　4 八	1　6 一
9　7 二	7　9 四	2　5 九

⊙向

離宮山星為 8，向星也為 8；因此坐山要有秀麗山水。若向首有秀水，九運必發。同理，兌宮向星6，乾宮向星5，巽宮向星3，震宮向星 2，諸水神皆為退殺衰死之氣，不宜有水。艮宮山星為9，若有秀山，九運發丁。

257

「雙星會坐」，指山星的排列是當令之星飛到坐山，而向星的排列也是當令之星飛到坐山，犯「上山」；向星即水星，水即財，上山就是不得位，主敗財。如坐山為山外有水，山星本是坐旺，水星也有水相應，則丁財兩旺。同理，坐山外局是高山實地，山星坐的踏實，水星則如坐針氈，故丁旺而財衰。例如：九運未山丑向，坐山的山星與向星都是9。

(東南) 巽	(南) 離	(西南) 坤 ⑪
7 2 八	2 7 四	9 9 六
8 1 七	6 3 九	4 5 二
3 6 三	1 8 五	5 4 一

(東)震 …… (西)兌

(東北)
艮 ⑥　　(北)
坎　　(西北)
乾

「上山下水」，指山星的排列是當令之星飛到向首；而向星的排列是當令之星飛到坐山，即山星不在高而向星不在低，主損丁破財，坐空朝滿反而化凶為吉。例如：以正常陽宅而言，後山有靠，前有水照，若七運甲山庚向，七運山星落入向首，該高而低；向星落入坐山，該低而高，山向兩者犯上山下水。（如下圖）

（東南） 巽	（南） 離	（西南） 坤
4 8 六	9 4 二	2 6 四
3 7 五	5 9 七	7 2 九
8 3 一	1 5 三	6 1 八

（東）震⑪　　　　　　　　　　　　　（西）兌⑥向

（東北）艮　　　　（北）坎　　　　（西北）乾

讀者試以，九運乾山巽向與一運午山子向，理解雙星到山（雙旺會坐）。

259

四、雙星到向（雙旺會向）

雙星到向，指當運的山星與向星皆飛至向首，因此向首必須有秀麗的「山」與「水」，換言之，向首要有形勢良好的巒頭局面。

1、例如九運酉山卯向，如下圖。

酉山卯向(辛山乙向)九運

1　8 八	6　3 四	8　1 六
9　9 七	2　7 九	4　5 二
5　4 三	7　2 五	3　6 一

向 ←（左中）　山 →（右中）

酉山卯向，向首山星，向星都是 9；向首要有秀麗山水。坤宮向星 1 是生氣，巽宮山星 1 也是生氣，有山水皆發在一運。乾宮向星為 6，有水局應掩蓋。坎宮有山應遮蔽。震方有煞無解，可用艮方開門。

2、例如九運巽山乾向、巳山亥向，如下圖。

巽山乾向(巳山亥向)九運

7 2 八	3 6 四	5 4 六
6 3 七	8 1 九	1 8 二
2 7 三	4 5 五	9 9 一

巽山乾向，向首的山星與向星都是 9，因此向首要有秀麗山水。
兌宮山星 1 是未來生氣，有秀麗山景一運發丁；中宮向星 1 水局
宜佈置。巽宮山星 7 退氣宜遮擋，艮宮水星 7 退氣宜掩蓋。向首
有形煞，子方可坐城門。

「雙星到向」，指山星排列是當令之星飛到向首，而向星的排列也是當令之星飛到向首，為犯「下水」，因為當旺山星應該在坐山，反此而飛到向首，山管人丁，故主損丁。反之，當旺向星飛到向首，適得其位，水管財，故財源廣進。如果向上水外有山，視同山星也得位，故丁財兩旺。反之，水外有水，水管財，財更旺而丁更絕。如向上水小山大，山大則旺丁，水小則發財小；反之，向上水大山小，水大財多，山小丁弱，財多身弱。例如：九運壬山丙向，向首的山星與向星都是9。

（東南） 巽	（南） 離	（西南） 坤
4　5 八	9　9 四	2　7 六
3　6 七	5　4 九	7　2 二
8　1 三	1　8 五	6　3 一
（東北） 艮	（北） 坎	（西北） 乾

（東）震　（西）兌

讀者試以，六運巽山乾向與九運丑山未向為理解。

五、上山下水

　　指當運旺星，山星飛至向首，向星飛至坐山，即山星與向星悖於應有位置；因此巒頭原宜後靠前照，坐滿朝空，但此時理氣飛星盤的關係，巒頭形勢宜「坐空朝滿」為對應方法，惟運過即衰。

1、例如八運戌山辰向，如下圖。

戌山辰向八運

8　6 七	4　2 三	6　4 五
7　5 六	9　7 八	2　9 一
3　1 二	5　3 四	1　8 九

戌山辰向，八運是旺星；向首辰方山星為 8，山星本應在坐山，結果飛到向首，稱「下水」。戌山則是向星為 8，向星即水星，水星飛到坐山，卻不是當旺在向首，其地非其所宜，稱「上山」。辰向有形煞無解，甲方可作城門。

2、例如五運壬山丙向，如下圖。

壬山丙向五運

向		
9　8 四	5　4 九	7　6 二
8　7 三	1　9 五	3　2 七
4　3 八	6　5 一	2　1 六
	山	

壬山丙向，五運是旺星；向首丙方山星為 5，山星本應在坐山，
結果飛到向首，稱「下水」。壬山則是向星為 5，向星即水星，
水星飛到坐山，卻不是當旺在向首，其地非所宜，稱「上山」。
丙向有形煞無解，辰未方可作城門。

264

上山下水即是山星排列以當令之星到向首，而向星排列是當令之星到坐山，前後顛倒，損丁破財。坐空朝滿，可解。一般喜坐滿朝空，則凶。例如三運乾山巽向，山星三碧震木飛到巽宮向首，而向星飛到乾宮坐山。凡令星「上山下水」，其山向必定都為陽，順飛九星。凡令星只「上山」而未「下水」，亦即令星會合於坐山，必定是陰山陽向。凡令星只「下水」而未「上山」，亦即令星會合於向首，必定為陽山陰向。

(東南) 巽 ⓥ	(南) 離	(西南) 坤
3 1 二	8 6 七	1 8 九
2 9 一	4 2 三	6 4 五
7 5 六	9 7 八	5 3 四

(東)震 ... (西)兌

(東北)艮　(北)坎　(西北)乾 ⓛ

265

3、再舉七運庚山甲向，犯上山下水例。陽宅坐兌宮向震宮，山盤旺星 7 飛到向首震卦，犯下水。向盤旺星 7 飛到坐山，犯上山。合稱上山下水。假設巽宮有水，巽宮的向星是 4 數，四綠巽木在七運是死氣，此水宜遮蓋、偏轉、阻擋、化解。又例如離宮有水，離宮的向星是 9 數，九紫離火在七運是煞氣，必須佈局化火。

(東南) 巽	(南) 離	(西南) 坤
8 4 六	4 9 二	6 2 四
(東) 震 向 7 3 五	9 5 七	2 7 九 (西) 兌 山
3 8 一	5 1 三	1 6 八
(東北) 艮	(北) 坎	(西北) 乾

266

4、又舉一例說明「上山下水」：八運亥山巳向。

(東南) 巽⑥　　(南) 離　　(西南) 坤

8　6 七	4　2 三	6　4 五
7　5 六	9　7 八	2　9 一
3　1 二	5　3 四	1　8 九

(東) 震　　　　　　　　　　(西) 兌

(東北) 艮　　(北) 坎　　(西北) 乾⑪

陽宅坐戌山辰向，山盤旺星八飛到向首巽宮，犯山星下水。向盤旺星八飛到坐山，犯水星上山。可以借用城門水法拖延一個小運。

讀者試以，六運未山丑向與五運庚山甲向理解上山下水。

水星到水與水星上山

　　飛星盤中向盤當運之星所飛到的宮位，宜見有水路、道路、廣場、停車場等，即是「水星到水」。例如：九運甲山庚向，九紫離火飛入向首，前方有水局即發財運。反之，向盤中當運的九紫離火，落在山上高峰處，即是「水星上山」。

(東南) 巽 4	(南) 離 9	(西南) 坤 2
6　3 八	2　7 四	4　5 六
5　4 七	7　2 九	9　9 二
1　8 三	3　6 五	8　1 一

左側：(東) 震3⑪　　右側：(西) 兌7⑯

(東北) 艮 8　　(北) 坎 1　　(西北) 乾 6

山星到山與山星下水

　　飛星盤中，山盤當運之星所飛到的宮位，宜見有高山、圍牆、建築物等，即是「山星到山」。例如：九運辰山戌向，九紫離火飛到坐山，後方有峰巒秀麗，即發丁科甲。反之，山盤中當運的九紫離火，落在後方水局中，即是「山星下水」，主敗人丁。

<table>
<tr><td>(東南)
巽4⑪</td><td>(南)
離9</td><td>(西南)
坤2</td></tr>
<tr><td></td><td></td><td></td></tr>
</table>

<table>
<tr><td>(東)
震3</td><td>9　9
八</td><td>4　5
四</td><td>2　7
六</td><td rowspan="3">(西)
兌7</td></tr>
<tr><td>1　8
七</td><td>8　1
九</td><td>6　3
二</td></tr>
<tr><td>5　4
三</td><td>3　6
五</td><td>7　2
一</td></tr>
</table>

<table>
<tr><td>(東北)
艮8</td><td>(北)
坎1</td><td>(西北)
乾6圇</td></tr>
</table>

　　山星到山，山勢秀麗；向星到向，有真水，即屬財丁兩旺。反之，坐山無山，向口無水，山水落空即屬財丁兩敗。甚且坐山有水，向口有山，則是山星下水，水星上山，為禍更凶。

　　「上山下水」固然是理氣忌諱，但也必須坐山有山無水，向口有水無山，方屬丁財兩敗；否則山水終究有理氣相助，中道不得位而已。因此，坐山無山水，向口無水山，其凶不甚僅屬輕微。因為巒頭無力，理氣無所附麗。如果坐山無山而有水，向口無水而有山，則下水之山星得向口之山，上山之向星得坐山之水，則山與水與飛星盤理氣相融合，即「坐空朝滿」之意，發完即滅。

六、城門法

《雪心賦》:「入山尋水口,登穴看明堂」,水有關鎖,即可以保護穴場環境;在城居陽宅之外的鄉野環境,水依龍而行,砂手環繞穴場,必有至少一處空缺供水路陸路通行,即為水口。在城市陽宅將道路作水局,建築物當作山;同理,縮小格局後,社區有總門,住家有大門,現代陽宅四周通達,各方位都可以開門,而最重要的出入口即是「水口」的觀念。

陽宅城門有分正城門與副城門,即在向首兩側偏角位上,但理氣計算是一回事,而地形地物也必須配合,能納入生旺之氣,故理氣與巒頭一體兩面不可分。

在江南廣大的田野中,陽宅是散居的狀態,丘陵環繞的盆地中,兩山夾一水,水口就是城門。在現代都市陽宅,社區圍牆環繞,僅有一個社區管制進出,也是城門。因此住宅周圍受山嶺或建築物包圍,只餘門前通道;但通道之外,卻獨有一方有缺口,而且缺口又見水光或交通通道,可以使用城門水法。

城門水法有正城門與副城門,必須是在向首兩側面的偏角位約45度同元龍位置上。「正城門」以元旦盤後天八卦為主,只須與向首合成一六共宗、二七同道、三八為朋、四九為友即可。「副城門」的位置不以向首洛書數相合為主,而必須以周邊環境,道路現況,採光氣流等情況通盤檢討。室內則注重門窗、入口、人與氣如何流通等。

《沈氏玄空學·論城門》:「城門為穴內進氣之關鍵,水之三叉聚會或照穴有情,權力獨勝處,而又合乎五行生旺之方位者,謂之城門。其五行生旺之方位為何?即向旁左右兩宮是也。……大抵向衰者得城門一吉,足資補救,向旺者得之,益臻昌盛;因是氣無益中宮之氣故也。諺所謂雪中送炭,錦上添花者,城門兩有之,故經有城門一訣最為良之讚美,然城門輪到衰死之星,則亦不免凶耳!」依據上述,凡周邊環境與地形地物有「卡位」關

鍵性者，三叉水、有情處、權力獨勝（如陽宅警衛室）等，因此三叉水，出水的關卡，河川下砂迴彎處，湖泊中心，左右聚氣池塘，圓淨秀麗兩峯之低，並符合五行生旺的方位稱「城門」。

水口是交通樞紐；同理，城市陽宅中的交通樞紐在城門，以城門道路做為旱水。而在鄉居陽宅在四山環抱，定有來水與去水之分，與城門同旨。所區別者，城市陽宅或許可以自行決定開門方位，以配合城門水法。但並非理氣合法即可，仍須巒頭之配合。「城門輪到衰死之星」，運過即敗；衰時可以重新起運修造，更換山向，理氣重新計算。反之，若原來所立山向正是當運旺山旺向，舊居裝飾煥然一新亦可。

《沈氏玄空學·論照神》：
或問照神若何？答曰：照神即城門也。如酉山卯（三）向以艮（八）為城門，即三八為朋也；子山午（九）向以巽（四）為城門，即四九為友也，卯山酉（七）向以坤（二）為城門，即二七同道也。午山子（一）向以乾（六）為城門，即一六共宗也。此為正城門。若取偏格，如卯山酉向，在九運中乾方天盤為一，一亦可作城門論。乾之地盤為六，與天盤之一合成一六共宗，是方有三叉水映照，亦作有勢力之城門論；蓋一之天元即子，子陰入中逆行，並得旺星到乾故也。餘類推。

偏格指不具備一六、二七、三八、四九的條件，但也能做為城門。例如九運乾向運星飛入一，而中宮為九，一九合十，此其一。乾卦元旦盤為六，天盤運星為六，一六共宗合乎城門訣數，此其二。乾宮運星為一，此卦三山中之天元龍是子，一入中逆飛，九飛到乾宮，九合十，此其三。

正城門是用元旦盤後天八卦為主，若與向首合成一六共宗、二七同道、三八為朋、四九為友的卦位，即可稱為正城門。因此：

271

1、向首坎卦一，正城門乾卦六。

2、向首震卦三，正城門艮卦八。

3、向首兌卦七，正城門坤卦二。

4、向首離卦九，正城門巽卦四。

　　登山看水口，水口來去之間就是一個堂局，堂局是否藏風聚氣，全靠周山環伺護衛，而人馬舟車出入即是水口。以城市而論，周邊都是城牆，出入口均限制在城門，以陸路為水路，城門就是水口，且不限制在向首。以陽宅而言，不但可以在向首開門，而且可以在側方、後方開門，三叉水更重要（陽宅是三叉路）。陽宅城門有正城門與副城門，在理氣上選擇城門方位，在巒頭則必須合理而忌諱形煞，兩者必須協調統一。

　　正城門以元旦盤後天八卦為基準，若與向首合出一六共宗、二七同道、三八為朋、四九為友的卦位，即是正城門。副城門的位置不以向首相合為主，而以環境氣流，車流，人流，水流為考量。因此，陽宅前方、左右、各型路口，出入頻繁等處為主。在高樓建築物，窗戶、陽台、落地門等，皆為副城門。陽宅收氣承氣最旺之可見方向，往往必須用城門水法複算，其重要性不下於飛星盤之山向。

　　依據上述後天洛書數原理，似乎每個向首都有正城門與副城門，然而一卦管三山，三山又排列出地天人三元，因此城門的決定必須『同元純清』，例如向首是丙（地元龍），偏左城門取辰（地元龍）向，偏右城門取未（地元龍）向。其次，城門的旺衰，是由向首兩旁宮位的天盤，即向盤，飛星數依據陰陽順逆飛行的結果來判斷。換言之，要令星到城門，然而運過就是失令。

例1：
　　六運子山午向（如附圖），如何決定正城門與副城門？

(東南)　　　　　(南)　　　　　(西南)
巽　　　　　　　離　　　　　　　坤

1 2 五	6 6 一	8 4 三
9 3 四	2 1 六	4 8 八
5 7 九	7 5 二	3 9 七

(東)　　　　　　　　　　　　　　(西)
震　　　　　　　　　　　　　　　兌

(東北)　　　　　(北)　　　　　(西北)
艮　　　　　　　坎　　　　　　　乾

向首離卦，飛到虎邊坤卦為三碧，午向是天元龍，逆飛，三進
入中宮逆飛到坤宮是六，六是當旺之氣，用同元之天元龍坤方
為門向。巽方為五黃無卦不宜開門，查表僅坤方可用。

273

例2：

七運坤山艮向（如附圖），如何決定正城門與副城門？

(東南) 巽	(南) 離	(西南) 坤
3 2 六	8 6 二	1 4 四
2 3 五	4 1 七	6 8 九
7 7 一	9 5 三	5 9 八

(東) 震 ……………………………………………… (西) 兌

(東北) 艮　　　　(北) 坎　　　　(西北) 乾

向首艮卦，飛到龍邊為三碧，向首艮卦是天元龍，三入中，人元龍卯逆飛，七飛到坎宮，取同為天元龍之子向開門。飛到虎邊是五黃，艮向順飛，五入中，飛到震宮是三，三與中宮七合十。查表子與卯可開門。

例3：
  九運午山子向（如附圖），如何決定正城門與副城門？

(東南)　　　　　(南)　　　　　(西南)
  巽　　　　　離 ⊕　　　　　坤

3 6	8 1	1 8
八	四	六
2 7	4 5	6 3
七	九	二
7 2	9 9	5 4
三	五	一

(東)　　　　　　　　　　　　　(西)
  震　　　　　　　　　　　　　兌

(東北)　　　　　(北)　　　　　(西北)
  艮　　　　　坎 ⊕　　　　　乾

向首坎卦，飛到龍邊乾宮的是一白。一白的後天八卦原宮位在坎宮，因為子向是天元龍，所以用坎宮的天元龍逆飛（子午卯酉逆飛），挨星到乾宮是九，九是旺氣用同元之乾向為城門。而飛到虎邊艮宮的是三碧，天元龍是卯，逆飛；三進入中宮逆飛到艮宮是九，九是旺氣用同元之艮向為城門；查表乾與艮可開門。

例4：

　　九運乾山巽向，如何決定正城門與副城門？

(東南) 巽向	(南) 離	(西南) 坤

2 7 八	6 3 四	4 5 六
3 6 七	1 8 九	8 1 二
7 2 三	5 4 五	9 9 一

(東) 震　　　　　　　　　　　　　　　　(西) 兌

(東北) 艮　　　(北) 坎　　　(西北) 乾山

向首巽卦，飛到龍邊震宮的是七赤兌。七赤兌的後天八卦原宮位在兌宮，因為巽向是天元龍，所以用兌宮的天元龍從中宮七逆飛（子午卯酉逆飛），挨星到震宮是九，取同為天元龍之卯山為城門。而飛到虎邊離宮的是四綠巽，四綠巽的後天八卦原宮位在巽宮，因為巽向是天元龍，所以用巽宮的天元龍從中宮順飛（乾坤艮巽順飛），挨星到離宮是八，八是退氣不用（參閱表）；查表僅卯向可開門。

276

例 5：

　　九運午山子向（即坐離向坎），以坎卦為向首，其正城門，與向星四九為友者是乾卦，可開龍門。因為子屬於天元龍，所以取乾卦中屬於天元龍的乾門，即正城門。副城門取艮向備用。

3 6 八	8 1 四	1 8 六
2 7 七	4 5 九	6 3 二
7 2 三	9 9 五	5 4 一

例 6：

　　九運丑山未向（即坐艮向坤），以坤卦為向首，其正城門，與向星四九為友是兌卦，可開虎門。因為未屬於地元龍，所以取兌卦中屬於地元龍的庚門，即正城門。副城門取丙向，丙向未得一六共宗、二七同道、三八為朋、四九為友等機緣，但如果巒頭有用亦可為備用。

2 7 八	7 2 四	9 9 六
1 8 七	3 6 九	5 4 二
6 3 三	8 1 五	4 5 一

277

城門法只可用於當運，運過即敗；必須重新起運修繕，另選山向、門向。如果轉運後，原來的山向有了旺山旺向的條件，即將原屋裝修也是合適的方法。而原來藉由城門水法使用的城門必須關閉，不得延續使用。

至於大型建築物例如：宮廷官府、寺廟僧院、大書院、富商大院、大祠堂、官署衙門、軍事要塞等，直接取零神為向，合十最中庸，自無隨意改門之必要。現代建築已經歸納環境行為的機制，對於一般商業陽宅進出必須透顯，住宅陽宅必須安寧幽靜，廠辦陽宅必須動線流暢，都有特殊之需求。總之，玄空理氣城門氣口與巒頭形勢，要互相搭配和諧。

玄空學最重水法，因此三叉水即城門，亦為進氣關鍵；因此五黃之外生旺之星飛到即論吉，而五黃在五運只是壓凶而非當旺。城門莫收衰死之氣為最大原則，以城門收得旺氣，發之甚猛，超越旺山旺向之吉，但運過即敗。若山向正逢旺運，而城門收旺氣，則吉上加吉。

住宅能納「城門」之氣，如由此方有路至門，則引路氣加持至門氣，或屋門向正「城門」，次之者，主人房能見「城門」，或側門能見，或陽台露台，均有益納吉。四方多缺口氣則散，故不用城門水法。飛星為陽順，無城門水法適用；逆飛才適合城門水法。

城門訣適合用在營業或公眾使用之場所；陽宅將門路、水口改變，商店櫃台、財神位迎接生旺之氣；商辦區出納會計、經理人位置，均可用之避衰轉旺。山秀而無水引動，僅是一團地濁之氣，出人剛硬迂腐；反之，水路靈秀，山形不夠端正華麗，出人汲汲於生計。

二十四山向與三元九運可用之城門表

城門二宮			三元九運可用之城門								
向方	正城門	副城門	一運	二運	三運	四運	五運	六運	七運	八運	九運
丙向	辰	未		未	辰		辰未		辰未	未	辰未
午向	巽	坤	巽坤	巽	坤	巽坤		坤		巽	
丁向	巳	申	申巳	巳	申	申巳		申	巳	巳	
未向	庚	丙		庚丙		庚丙		庚	丙		庚丙
坤向	酉	午	酉午		酉午		酉午	午	酉	酉午	
申向	辛	丁	辛丁		辛丁		辛丁	丁	辛	辛丁	
庚向	未	戌	戌	未	戌	戌	未戌		未戌	未	未
酉向	坤	乾	坤	乾	坤	坤		坤乾		乾	乾
辛向	申	亥	申	亥	申	申		申亥		亥	亥
戌向	壬	庚	壬	庚	壬	庚		壬庚		壬	庚
乾向	子	酉	酉	子	酉	子	子酉		子酉	酉	子
亥向	癸	辛	辛	癸	辛	癸	癸辛		癸辛	辛	癸
壬向	戌	丑	戌丑	丑	戌丑	戌	戌丑		戌	丑	
子向	乾	艮		乾		艮		乾艮	艮	乾	乾艮
癸向	亥	寅		亥		寅		亥寅	寅	亥	亥艮
丑向	甲	壬	甲壬		壬	甲		甲午		甲壬	
艮向	卯	子		卯子	卯	子	卯子		卯子		卯子
寅向	乙	癸		乙癸	乙	癸	乙癸		乙癸		乙癸
甲向	丑	辰	丑	丑	丑辰		丑辰	辰	辰	丑	辰
卯向	艮	巽	巽	巽		艮巽		艮	艮	巽	艮
乙向	寅	巳	巳	巳		寅巳		寅	寅	巳	寅
辰向	丙	甲	甲	丙		丙甲		甲	丙	甲	丙
巽向	午	卯	午	卯	午卯		午卯	午	卯	午	卯
巳向	丁	乙	丁	乙	丁乙		丁乙	丁	乙	丁	乙

279

七、伏吟與反吟

《沈氏玄空學・五黃》：「人言五黃入中為禍最烈，萬不可卜宅而執事；前言五黃運得十二局，未免相反，何也？答曰：五黃入中，指每運之山、向飛星，非五黃運之五黃也。因立極之星一遇五黃入中，八國飛星凡屬順行者，無一不重犯本宮，即為反吟伏吟。如乾仍遇六，兌仍遇七……是逆行則否；其所謂禍，實反吟、伏吟之禍耳。」五黃星固然是凶星，但也引起伏吟反吟，應查此星落在何宮？按照零正空實而運用，趨近旺山旺向之佈局，扭轉乾坤，並非一概為凶。

山星與向星的飛星數與地盤洛書相同為「伏吟」。例如一運壬山丙向，一白入中，五到離，再以五入中當向星，順行必然與元旦盤字字相同。伏吟是因為山星或向星為五，因此五入中宮飛星盤出現數字相同重疊的現象。反吟會出現多數宮位的冲剋現象。

《沈氏玄空學・論反吟伏吟》：
或問反吟、伏吟之卦若何？答曰：反吟、伏吟共有十二山向。如一、九運之壬丙（如下兩圖）、丙壬（雙一雙九到山到向），二、八運之艮坤、坤艮，寅申（如下圖）、申寅（山之二八到向，向之二八到山），三、七運之甲庚（如下圖）、庚甲（山之三七到向，向之三七到山），四、六運之巽乾、乾巽，巳亥、亥巳（雙四雙六到山到向），五運之艮坤、坤艮，寅申、申寅（僅犯反吟，但兼犯上山下水），是也其禍害較上山下水為尤甚，犯此主家破人亡。如一運壬山丙向，一白入中，五到離，再以五入中順行，九到向，一到山，與二十四山地盤字字相同，即謂之反吟、伏吟。餘類推。

280

例 1：一運壬山丙向伏吟

　　向盤飛星 5 入中宮，向星 6 在乾宮 6，66 比和；向星 7 在兌宮 7，77 比和；向星 8 在艮宮 8，88 比和；向星 9 在離宮 9，99 比和；向星 1 在坎宮 1，11 比和；向星 2 在坤宮 2，22 比和；向星 3 在震宮 3，33 比和，向星 4 在巽宮 4，44 比和。

　　飛星盤中元旦盤雖然沒有寫出來，但和向星數字是相同的，稱為伏吟。滿盤伏吟，如坐山低陷或有空缺，主墮胎。向首有水，向星是九退氣；或面山巉岩破碎，主目疾。〈玄機賦〉：「坎宮低陷而墮胎，離位巉岩而損目。」形煞帶火，離主目，未來生氣也不行。

7 4 九	2 9 五	9 2 七
8 3 八	6 5 一	4 7 三
3 8 四	1 1 六	5 6 二

例 2：九運壬山丙向伏吟

　　圖中九運山盤飛星 5 入中宮，飛行數字與元旦盤相同，即山盤飛星與元旦盤重複，犯伏吟。合離宮打劫。山水形勢合飛星盤可以財丁並旺。辰未兩方可用城門訣。

4 5 八	9 9 四	2 7 六
3 6 七	5 4 九	7 2 二
8 1 三	1 8 五	6 3 一

例 3：八運丑山未向反吟

　　向星 5 入中逆飛，向星 4 在乾宮 6（金剋木），向星 3 在兌宮 7（金剋木），向星 2 在艮宮 2（少陽老陰），向星 1 在離宮 9（水剋火），向星 9 在坎宮（水剋火），向星 8 在坤宮，向星 7 在震宮 3（金剋木），向星 6 在巽宮 4（金剋木）；多數宮位有冲剋現象。

3 6 七	7 1 三	5 8 五
4 7 六	2 5 八	9 3 一
8 2 二	6 9 四	1 4 九

例 4：三運甲山庚向

　　三運甲山庚向飛星盤，坐東向西，向星 5 入中宮，飛到向首的山星 7 與元旦盤兌宮伏吟，增強向星七赤的能量。因為坐山與向首都沒有五黃星，不犯反吟。犯上山下水，令星 3 飛到坐山向星 3 是上山，飛到向首山星 3 是下水。離宮〈飛星賦〉：「青樓染疾，只因七弼同黃。……紫黃毒藥，鄰宮兌口休嚐。」

9 4 二	5 9 七	7 2 九
8 3 一	1 5 三	3 7 五
4 8 六	6 1 八	2 6 四

例 5：七運卯山酉向

　　在飛星盤中，七運入中，乾宮運盤八飛入，由於酉向挨
九，九入中宮為向星，逆飛，飛星八白入乾宮，飛星與運盤在
乾宮數字重疊，即伏吟；但僅乾宮而已。

6 1 六	1 5 二	8 3 四
7 2 五	5 9 七	3 7 九
2 6 一	9 4 三	4 8 八

酉
向

例 6：七運乙山辛向

　　七運乙山辛向山星飛星盤，乙山辛向，山星 5 入中宮，逆
飛；乾宮六飛入 4，兌宮七飛入 3，艮宮八飛入 2，如此與元旦
盤字字相反，稱反吟。旺星七飛到向首，向星為 7；飛到坐山，
山星也是七，稱旺山旺向。在七運坐滿朝空的局勢，因有旺氣
加持，旺運一過，凶咎難免。

6 1 六	1 5 二	8 3 四
7 2 五	5 9 七	3 7 九
2 6 一	9 4 三	4 8 八

辛
向

283

例7：二運寅山申向（同艮山坤向）

　　二運之時，向星飛到坐山艮卦，山星飛到向首，山裏龍神下水，水裏龍神上山，犯上山下水。如向首有水及兌方有水，除損丁外，貪花戀酒破家。〈玄空秘旨〉：「金水多情，貪花戀酒。」向上又二五交加，黑黃病符，易醸疾病傷痛。二運寅山申向飛星盤，山星 5 入中宮順飛，山星數與元旦盤數字重疊伏吟，而向首的向星也是 5 數，就是既犯伏吟，也犯反吟。因此申向的向星 5 就是反吟。凡坐山立向，其中一方山星或向星為五黃者，必犯反吟。反吟的意義是：在同一宮中出現兩種不同的五行相剋，或者與卦氣相沖剋。例如下圖：二運五黃代表二黑土氣，飛入艮宮為二黑土與八白土，方位相沖；也是戊己之摩擦。伏吟是卦氣重疊，與當運旺星犯伏吟，不至於禍患，反而趨吉避凶，旺星如此，生氣星也如此。同理，若伏吟是衰退煞死之氣，凶星則互相激盪，凶上加凶。

4 7	9 3	2 5
一	六	八
3 6	5 8	7 1
九	二	四
8 2	1 4	6 9
五	七	三

例8：八運卯山酉向

運星八入中宮，飛進乾宮為九，而向星 1 入中宮，逆飛，9 入乾宮與運星重疊。向星伏吟主破財，但九紫卻是八運之未來生氣，乾宮有水局，八運也可發財，九運續發；交入子運，九紫退氣，凶咎來源以離火、兌金為主，火災盜匪之故，嚴重死於非命。

5 2 七	1 6 三	3 4 五
4 3 六	6 1 八	8 8 一
9 7 二	2 5 四	7 9 九

《沈氏玄空學‧論反吟伏吟》：
或問反吟伏吟如何記憶？曰二五八運坤、艮宮；三七運震、兌宮；四六運巽、乾宮；一九運坎、離宮；凡山向之飛星，五入中順行，則離又遇離，坎又遇坎（飛星之數與地盤相同）為之伏吟。逆行則離宮一到，坎宮九到，為之反吟；然逆行必到山到向，辨別甚易。……九紫入中之年，子山午向為五黃（五黃在坐山）；二黑入中，艮山坤向為五黃，七赤入中，卯山酉向為五黃，何也？答曰：此即反吟；因兌宮所犯故也。

伏吟發生在二五八運坤艮兩宮；三七運震兌宮；四六運巽乾宮；一九運坎離宮；運與卦位數字有相關性。反吟亦如此。

八、三般卦

河圖時空觀與洛書飛行數，關係玄空地理數術甚鉅。飛星盤中以坐山與向首兩方位生成之數或合十的範疇內，所形成的連續數字卦之型態，稱三般卦，有連珠三般卦與父母三般卦；大抵都是得到人和，有貴人相助，但須向星挨到之處有水局發秀。

（一）、連珠三般卦

三般卦有連數者，一二三，二三四，三四五，四五六，五六七，六七八，七八九，八九一，九一二等。即每宮之山星、向星、運數都能串連。連數三般卦適用於零神與正神兩個方位。

例1：一運子山午向

一運子山午向，中宮與坎宮一六相合，中宮與離宮也是 16 相合，離宮的 1 與坎宮的六也是相合，中宮的一與坎宮的 9 合十，離宮的 1 與坎宮 9 合十。整體在坐山與向首形成合十與生成數關係，換言之，卦氣相通，坎宮山星與向星是 29，離宮 11 與 92，將 912 數字連結，合離宮打劫。

子山午向（癸山丁向）一運

⑪向

5 6 九	1 1 五	3 8 七
4 7 八	6 5 一	8 3 三
9 2 四	2 9 六	7 4 二

⑪山

例 2：三運子山午向

　　向首離宮山星與向星均為 3 數，中宮山星 8 數，38 組合為先天生成數；中宮向星 7 與離宮向星 3，合出 37；中宮運星三與離宮運星七，合成三七合十；中宮運星三與坐山坎宮八，合出三八河圖數。坎宮運星八與離宮山星向星 3，合成 3 八河圖數，合離宮打劫。

　　子山午向(癸山丁向)三運

向

7　8	3　3	5　1
二	七	九
6　9	8　7	1　5
一	三	五
2　4	4　2	9　6
六	八	四

山

287

例 3：四運壬山丙向

　　離宮山星與向星皆為 4，與中宮 9，坎宮九，合出四九為友的先天數。即離宮卦氣與中宮卦氣相通；中宮山星 9 數與運星四數，四九組合成為先天生成之數；坎宮運星九數與中宮運星四數，組成四九先天生成之數，而且坎宮運星九數，又與向方山與向方飛星數 4，組成四九先天生成數。即處處相通，卦氣相通。

壬山丙向四運

⓪ 向

8 9 三	4 4 八	6 2 一
7 1 二	9 8 四	2 6 六
3 5 七	5 3 九	1 7 五

⓪ 山

288

讀者試以二運壬山午向合七星打劫，練習之。

二運壬山丙向飛星盤中的坎宮、離宮與中宮三個宮位形成二、七先天生成數。中宮與坎宮也是中宮也有二七、一六。中宮與坎宮也是三、七合十。離宮與坎宮 22、13，連數 123。

壬山丙向二運

⑥向

6　7 一	2　2 六	4　9 八
5　8 九	7　6 二	9　4 四
1　3 五	3　1 七	8　5 三

⑥山

（二）、父母三般卦

　　父母三般卦，即飛星盤中的山星、向星、及天卦（運盤數），三個數字合為一四七、二五八，或三六九，亦包含合十在內。三般卦在九宮中分為三組；「離宮組」：離、震、乾三宮為一組；「坎宮組」：坎、巽、兌三宮為一組；「艮宮組」：艮、中、坤為一組。

例1：四運丑山未向

　　圖中坎宮、巽宮、兌宮，均為三六九的數字。坤宮、中宮、艮宮，均為一四七的數字。震宮、乾宮、離宮，均為二五八的數字。合到父母三般卦，主得人緣，到處有貴人相助，但仍需向星挨到之宮位有水局，否則無用。本局當令之星犯上山下水，若無坐空朝滿則凶。旺星4在坐山是向星，向星管水局，水纏玄武主進財。山星 4 則在向首。96 同宮之巽卦〈玄空秘旨〉：「火燒天而張牙相鬥，家生罵父之兒。」

6　9 三	2　5 八	4　7 一
5　8 二	7　1 四	9　3 六
1　4 七	3　6 九	8　2 五

例2：六運丑山未向

　　犯上山下水，宜坐空朝滿。三般卦。坎宮、巽宮、兌宮，均為二五八的數字。坤宮、中宮、艮宮，均為三六九的數字。震宮、乾宮、離宮，均為一四七的數字。

8　　2 五	4　　7 一	6　　9 三
7　　1 四	9　　3 六	2　　5 八
3　　6 九	5　　8 二	1　　4 七

例3：八運坤山艮向

圖中坎宮、巽宮、兌宮，均為一四七的數字。坤宮、中宮、艮宮，均為二五八的數字。震宮、乾宮、離宮，均為三六九的數字。犯上山下水，令星顛倒，全局伏吟。

4　　1 七	9　　6 三	2　　8 五
3　　9 六	5　　2 八	7　　4 一
8　　5 二	1　　7 四	6　　3 九

例 4：六運未山丑向

　　圖中坎宮、巽宮、兌宮，均為二五八的數字。坤宮、中宮、艮宮，均為三六九的數字。震宮、乾宮、離宮，均為一四七的數字。犯上山下水，令星顛倒，全局伏吟。

2 8 五	7 4 一	9 6 三
1 7 四	3 9 六	5 2 八
6 3 九	8 5 二	4 1 七

例 5：八運坤山艮向

　　八運坤山艮向、申山寅向（上山下水），28、52、85，連數258。星盤九宮的向首、坐山與中宮，三個宮位卦氣相通，就表現出上中下三元之氣可以通用。因此縱橫交叉線上三個宮位有147，258，369，417，714，825，936，825，936等數字相連的關係者都是三般卦之妙用。這種規律性相連數字，是由向方雙旺星所處宮位決定的。例如：雙星在離宮，離、震、乾為一組，稱「離宮打劫」。

4 1 七	9 6 三	2 8 五
3 9 六	5 2 八	7 4 一
8 5 二	1 7 四	6 3 九

例6：九運壬山丙向，離、震、乾三宮湊成兩組369。

4 5 八	9 9 四	2 7 六
3 6 七	5 4 九	7 2 二
8 1 三	1 8 五	6 3 一

例7：九運午山子向（丁山癸向），坎巽兌三宮湊出兩組369。雙星在坎宮，坎、巽、兌為一組，稱「坎宮打劫」。

3 6 八	8 1 四	1 8 六
2 7 七	4 5 九	6 3 二
7 2 三	9 9 五	5 4 一

例 8：四運丑山未向，艮中坤三宮湊出兩組 147。雙星在艮宮，艮、中、坤為一組，稱「三般巧卦」。

6 9 三	2 5 八	4 7 一
5 8 二	7 1 四	9 3 六
1 4 七	3 6 九	8 2 五

因為有卦氣上的連結關係，因此一運可先借用四、七運的元氣，稱「打劫法」。其餘仿此。「三般巧卦」是各宮位有三般卦現象，故以巧妙形容。二十四山向的二百一十六局，凡雙星到向的「下水」局，都可以用七星打劫法，若艮坤兩宮出現上山下水，都存在三般巧卦。打劫之處必須有門窗使氣流暢通，三宮宜互相通氣，且作為門路、主人房、門灶等用途；而室外巒頭仍須如法，過氣還是論衰。

（三）、七星打劫

《沈氏玄空學・論七星打劫》：
〈天玉經〉云：識得父母三般卦，便是真神路。北斗七星去打劫，離宮要相合（僅離宮真打劫）。蔣傳云：識得三卦父母已是真神路矣，猶須曉得北斗七星打劫之法，則三般卦之精髓方得，而最上一乘之作用也。章氏直解云：父母，是經四位之父母；三般，是坎至巽、巽至兌、兌至坎，顛倒顛之三般；北斗者，隨時立極之氣也；七星者，由現在而逆推到第七也，此處五行正與立極之氣相反，最易發禍；要相合者，要使發禍者變而為發福。其說何等明白。尹一勺輩不明此法，紛紛推測，於打劫精髓無關。惟溫氏，續解云：既明玄空三般大卦經四位起父母之秘，再能以山水形氣生剋制化之理通之，豈非最上一乘之作用乎。由現在推到第七者，一逆數至四、四逆數至七，皆七位也，二五八、三六九同例。

按：「七星打劫」，並非指七顆星，而是逆數至第七位的星，在排山掌中任何數字，由七逆數，再逆數，均可得到一四七、二五八、三六九的三組數字之其中一組。因此，四綠巽木是一白坎水的七星，二黑坤土是八白艮土的七星。「七星打劫」是打劫三元的旺氣；因此七運為下元旺氣，故可劫上元一白，中元四綠。一四七、二五八、三六九即為七星。

父母三般卦，指山向宮位有一四七，二五八，三六九的數字關係。

1、一運，一白入中宮，坎宮運星是六，故中宮一與坎宮六合成先天生成之數。一六同宮。

2、二運，二黑入中宮，坎宮運星是七，故中宮二與坎宮七合成先天生成之數。二七同道。

3、三運，三碧入中宮，坎宮運星是八，故中宮三與坎宮八合為先天生成之數，三八為朋。

4、四運，四綠入中宮，坎宮運星是九，故中宮四與坎宮九合為先天生成之數，四九為友。

5、六運，六白入中宮，離宮運星是一，故中宮六與離宮一合為先天生成之數。一六同宮。

6、七運，七赤入中宮，離宮運星是二，故中宮七與離宮二合為先天生成之數。二七同道。

7、八運，八白入中宮，離宮運星是三，故中宮八與離宮三合為先天生成之數。三八為朋。

8、九運，九紫入中宮，離宮運星是四，故中宮九與離宮四合為先天生成之數。四九為友。

　　即一到四運中宮與坎宮合成生成之數，六到九運中宮與離宮合成生成之數。合到連珠三般卦或父母三般卦，主關係和諧，貴人加持；但須向星挨到之處有吉水局方有效，外局巒頭仍須完備。

七星打劫之要件：

1、雙星到向。

2、要一四七、二五八、三六九等星，在離、震、乾三宮分佈，或在坎、巽、兌三宮分佈。

3、宅向是離、震、乾、坎、巽、兌等，因此未坤申與丑艮寅沒有七星打劫的情況。打劫局遇上伏吟，衰氣反而藉此竄流，不可用。

例1：

三運子山午向，如下圖，離、乾、震三宮，山星向星均為三六九，離宮打劫。

7 8 二	3 3 七	5 1 九
6 9 一	8 7 三	1 5 五
2 4 六	4 2 八	9 6 四

例2：

二運午山子向如下圖，坎、兌、巽三宮，山星向星均為二五八，坎宮打劫。

5 8 一	1 3 六	3 1 八
4 9 九	6 7 二	8 5 四
9 4 五	2 2 七	7 6 三

具有打劫局條件的小運整理如下：

　　因為地形地物之限制，以至於陽宅興建時，無法取得最佳理氣坐向，此時打劫局之作用在趨吉取旺，打劫局畢竟是卦氣的「揠苗助長」，總不如旺山旺向的自然流暢，但與合十有異曲同工之妙。艮坤兩宮的三般卦最吉利，通行於上中下三元運勢，不受限於上山下水，當上山下水時能坐空朝滿最妙。《沈氏玄空學》：「……真能打劫者，僅有坎離二宮。」

　　離宮打劫比坎宮打劫有效，稱真打劫；坎宮打劫稱假打劫。但打劫局犯伏吟時，不宜使用，因此打劫局三個方位不宜設置門窗。《沈氏玄空學》：「……然須察經四位方隅之空實以斷劫奪未來之氣之通塞；故當按形局而用理氣，稍有不合即易發禍。蓋陰陽二宅南北方向最多，有此造化之功以補之，真玄之又玄，令人不可測度。其他山向亦能以山峰水光用打劫法，惟功效不能如坎離二宮之大耳。」

（四）、打劫局與三般巧卦不同

　　離、震、乾三宮組成的離宮打劫，如一運子山午向（圖一），離、震、乾三宮有 147 兩組，運星二五八的關係為離宮打劫三般卦。圖二為二運艮山坤向三般巧卦，不同在沒有雙星到向的情形，但離、震、乾三宮有 369 三組；坎、兌、巽三宮有 147 三組；坤、中、艮三宮有 258 三組。九個宮位都有三般卦的關係。

圖一

5 6 九	1 1 五	3 8 七
4 7 八	6 5 一	8 3 三
9 2 四	2 9 六	7 4 二

圖二

4 7 一	9 3 六	2 5 八
3 6 九	5 8 二	7 1 四
8 2 五	1 4 七	6 9 三

二十四山向的二百一十六局中（含替卦有四百三十二局），凡雙星到向的「下水」局，有合十關係，都可用七星打劫法；而艮坤兩宮的上山下水是三般「巧」卦。

《沈氏玄空學・論夫婦合十》：

合十云者：聖人得天地之中，同聲相應，同氣相求，雲從龍，風從虎，有生有形，各從其類之義也。經云：共路兩神為夫婦，夫婦即合十之謂。世俗但知一白坎與九紫離對，二黑坤與八白艮對，四綠巽與六白乾對，顛之倒之，均得合十。而不知坎宮藏一二三，離宮藏七八九，壬為三，丙為七，癸為一，丁為九，合之皆十也。乾宮藏四五六，巽宮亦藏四五六，巳為四，亥為六，戌為四，辰為六，合之皆十也。艮宮藏七八九，坤宮藏一二三，申為一，寅為九，未為二，丑為八，合之皆十也。震宮藏一二三，兌宮藏七八九，甲為一，庚為九，辛為七，乙為三，合之皆十也。此一卦三山配夫婦之法也。

按：合十是指飛星盤中的運星和山星或向星合十，亦即飛星盤中出現有運星與山星或向星數字相加後為十。情況如下：

乾山巽向：一運，運星與向星合十。九運，運星與山星合十。如下二圖。

運星與向星合十

1 1 九	6 5 五	8 3 七
9 2 八	2 9 一	4 7 三
5 6 四	7 4 六	3 8 二

運星與山星合十

2 7 八	6 3 四	4 5 六
3 6 七	1 8 九	8 1 二
7 2 三	5 4 五	9 9 一

亥山巳向：一運，運星與向星合十。九運，運星與山星合十。

巽山乾向：一運，運星與山星合十。九運，運星與向星合十。

巳山亥向：一運，運星與山星合十。九運，運星與向星合十。

丑山未向：二運，運星與向星合十。八運，運星與山星合十。

子山午向：三運，運星與向星合十。七運，運星與山星合十。

午山子向：三運，運星與山星合十。七運，運星與向星合十。

癸山丁向：三運，運星與向星合十。七運，運星與山星合十。

丁山癸向：三運，運星與山星合十。七運，運星與向星合十。

庚山甲向：四運，運星與山星合十。六運，運星與向星合十。

甲山庚向：四運，運星與向星合十。六運，運星與山星合十。

　　合十的作用是使陽宅內外通氣，坐山與向首兩卦互相通氣；因此合十是王道的，上山下水也能化凶為吉。因此一運與九運在沒有旺山旺向局面時，可以合十為補救方法。

如圖一乾山巽向九運，運星與山星合十。飛星盤中離卦運星為四，山星為六，其餘宮位也是如此，山管人丁，隱喻宅內人丁興旺平安。圖二巳山亥向九運，運星與向星合十。飛星盤中向首乾卦運星為一，向星為九，其餘宮位也是如此，水管財，隱喻宅內財源廣進。

圖一

2 7 八	6 3 四	4 5 六
3 6 七	1 8 九	8 1 二
7 2 三	5 4 五	9 9 一

圖二

7 2 八	3 6 四	5 4 六
6 3 七	8 1 九	1 8 二
2 7 三	4 5 五	9 9 一

九、入囚

地運期限

　　地運指的是陽宅興建完成後受益的有效期間,除非具有山
川地靈之居所,或可局部免於地運之限制。地運的長短由飛星
盤中的運星和向星的關係決定。例如一運時進住陽宅辰山戌向
(如下圖),進入二運就結束地運。

8 3	4 7	6 5
九	五	七
7 4	9 2	2 9
八	一	三
3 8	5 6	1 1
四	六	二

如下表各卦,辰、巽、巳坐山的地運僅 20 年,戌、乾、亥坐山
地運 160 年最長久。

各卦地運期限表

坎卦	離卦
壬山丙向，地運八十年。	丙山壬向，地運一百年。
子山午向，地運八十年。	午山子向，地運一百年。
癸山丁向，地運八十年。	丁山癸向，地運一百年。
乾卦	**巽卦**
戌山辰向，地運一百六十年。	辰山戌向，地運二十年。
乾山巽向，地運一百六十年。	巽山乾向，地運二十年。
亥山巳向，地運一百六十年。	巳山亥向，地運二十年。
兌卦	**震卦**
庚山甲向，地運一百四十年。	甲山庚向，地運四十年。
酉山卯向，地運一百四十年。	卯山酉向，地運四十年。
辛山乙向，地運一百四十年。	乙山辛向，地運四十年。
坤卦	**艮卦**
未山丑向，地運六十年。	丑山未向，地運一百二十年。
坤山艮向，地運六十年。	艮山坤向，地運一百二十年。
申山寅向，地運六十年。	寅山申向，地運一百二十年。

飛星盤中宮運數是九，中宮的向星是 4，當九運初進入陽宅時，必然經過一運、二運、三運，進入四運時地運年限結束。又所建之陽宅不管是旺山旺向、雙星到向到山、上山下水等，其作用都在地運的年限內，超出後向星入囚；向星入囚代表運勢衰頹。面對運勢衰頹，如果住家巒頭條件好，山水有情；商家水陸交通好，就是地運囚不住。

十、收山與出煞

「收山」（趨吉）者，陽宅將旺氣及生氣之山星置於高處，將旺氣及生氣之向星置於有水或低窪處，稱「收山」；積極的將山星與向星趨吉，雖然不一定在山與向，但等於有旺山旺向的功能；亦即生旺之山星不下水，衰死之山星才下水。簡單說，

收山者，例如坐空朝滿，旺水佈置到後山，衰水佈置到向首；相對是旺山佈置到向首，衰山佈置到後山。因此在門前高牆、大樹、告示牌可能是「收山」的傑作。或宅門退縮凹進，設照牆等，也是向星的「收山」的傑作。

反之，「出煞」（避凶）者，將山上衰死之山星置於水中或低窪地區，讓出高處給生旺之山星；將衰死的向星置於高處，讓出低窪有水的卦位給生旺的向星，稱「出煞」；積極的將上山下水的山星與向星減凶。山星與向星，各自居於有利位置。因此將門前明堂敞開，有利生旺的向星；或將後靠拉高填實，都是「收山出煞」的傑作。總之，旺水之卦位佈置成低平局勢，衰水則佈置在高位；旺山佈置到後山，或當旺山星的地形地物拉高；衰山佈置到向首使之低平。將向首開闊採光，門面敞開，門窗數多等，均屬「收山出煞」的吉祥佈置。

飛星盤中除了要注意「上山下水」，「旺山旺向」，「雙星到山」等，一般而言，不喜用二黑病符、三碧蚩尤、五黃廉貞、七赤破軍等；在這些星曜位置，除非生旺之氣，否則開門、安床、立灶，財位，領導者辦公室，會議室等，均不利旺財旺丁。九星之中，以一白、六白、八白為吉曜，有錦上添花，雪中送炭的作用。

王亭之認為：「玄空法，先用排龍訣以擇地，然後用安星訣以定向，再據其向，用收山出煞訣訂定屋宇或山墳之形制，如斯而已。」先排龍，次定向，再收山出煞。所謂排龍優先以三叉水為排龍；排龍屬先天，故二十四山陰陽不同後天安星之陰陽，其陰陽，以十二支為陰，四維八干為陽；陽順陰逆，逆時針方向為順，順時針方向為逆。其訣：「龍對山山起破軍，破軍順逆兩頭分，右廉破武貪狼位，疊疊挨加破左文，破巨祿存星十二，七凶五吉定乾坤。支兼干出真龍貴，須從入首認其真。」

即以貪狼、巨門、武曲、左輔、右弼為五吉；破軍、祿存、文曲、廉貞為七凶，陰宅認來龍，對面起破軍；陽宅逕以三叉水口起破軍，以得五吉之向為向，然後按後天安星法抉擇。因為陽宅有自然之勢，往往難用別向，則可用氣口補救，然而仍須用排龍，且運替則無法可以補救。排龍圖，起子癸，終於亥壬。安星定向之後，須按向定收山出煞，收則宜斂，出則宜洩。訣語：「四墓乙辛丁癸山，坤艮寅申子午間，出煞山頭一十四，總宜傾瀉不宜攔；餘外十山為收斂，須將生氣密牢關。」換言之，甲庚丙壬，乾巽巳亥及卯酉十山，為收山線，須用收氣設計。辰戌丑未、乙辛丁癸、坤艮、寅申、巳亥、子午則為出煞線，須用洩氣設計。

《沈氏玄空學・卷五・玄空輯要》談上山下水與收山出煞。

〈青囊序〉：「山上龍神不下水，水裡龍神不上山」。此語乃吉凶之樞紐，禍福之關鍵，為玄空理氣中扼要法門。山主人丁，水主財源，龍神得失，所關至鉅，偶或顛倒則損丁破財，為禍百端，故山上排龍切忌下水，必置旺星於高山實地；水裡排龍並忌上山，亦須挨旺星於池蕩河流或低窪之處；此山、向飛星安排之要訣，不容倒置者也。

按：每知旺山旺向，上山下水，然而巒頭形煞，並非與旺山旺向天造地合，何況每運天心變換後，理氣與巒頭或有不契合之處，此時收山出煞就是必要的操作。

茲舉七運乙山辛向一局以例其餘。山上排龍以運盤五到山用五入中，乙陰逆行，山上飛星七到山，七即當令之星，為旺氣，八挨坤，八係將來者，為生氣，故七、八兩方要高；九在坎遇高地則山上龍神得所矣；生旺之氣放在高處主旺人丁。

按：七運是旺氣，八運是生氣，九運也算次生之氣；因此這三星飛到的震宮、坤宮、坎宮要有「山」。

卯山酉向（乙山辛向）七運

6 1 六	1 5 二	8 3 四
⑪ 7 2 五	5 9 七	3 7 九 ⑭
2 6 一	9 4 三	4 8 八

六為衰氣，臨於巽方；四為死氣，臨於乾方；若巽、乾方高則為衰死氣得力，故宜巽、乾兩方有水，則衰死之氣放在水裡而脫煞矣。

按：山星六為剛過的衰氣，飛到巽宮；山星四為死氣，飛到乾宮；因此在巽宮、乾宮既然為衰死氣，故宜低平而使山星凶煞之氣放置在水裡脫煞。

水裡排龍，運盤九到向，用九入中，九即丁陰逆行，向上飛星七到向，七為當運之旺氣，八在乾為未來之生氣，故兌、乾兩方有水，則水裡龍神得所矣；生旺之氣放在水裡主旺財源

按：當運旺星是七，乾宮向星為 8 生氣，兌宮向星 7 旺氣；因此乾兌兩宮有水局，則水裡龍神正得其位，水主財而旺財。

六為衰氣，五、四為死氣，若有水則衰死之氣得力而煞存也，故艮、離、坎三方宜高而不喜見水，則衰死之氣放在高處矣。

按：七運之時，六為退衰之氣，五四為死氣，若有水局反而不宜，因此艮宮向星 6，離宮向星 5，坎宮向星 4，地勢就宜高亢使衰水收到山中。

304

> 且水裡排龍生旺固宜挨到水裡，而山上排龍衰死亦要放在水裡，則兌、乾兩方有水，俱一舉而兩得；反之，震、坤、坎三方有山，亦各得其宜。

按：向星中水裡生旺的龍神，固然希望挨到水局；反之，山星中則是衰死退氣希望挨到水裡，因此兌宮向星 7 與乾宮向星 8 正當其位。而兌宮山星 3 與乾宮山星 4，衰死之山星落入向首方正當其位。反之，震宮山星 7，坤宮山星 8，坎宮山星 9，均為生旺未來氣，若有高亢形局，恰到妙處。

> 總之，能辨五行之衰旺以配合龍神，則豈徒免上山下水之病，而收山、出煞之妙用亦道在斯矣。

按：總之，能分辨五行衰旺以配合山龍水神形勢，投其喜愛，就能反將上山下水之弊病，扭轉乾坤。故收山者，山星生旺未來氣與衰死向星置於山上，或將向星旺氣生氣置於水裡或平夷低處。反之，出煞者，山上衰死之星置於水裡或平夷低處，或將向星水裡衰死之氣置於高亢之處。

> 上山下水須以局斷，水裡排龍旺星挨在低窪主旺財源，若反躍高處謂之水裡龍神上山，則不僅破財，亦且傷丁。陰卦傷女丁，陽卦損男丁，不必高大星辰，即三尺墩阜亦能發禍。但上山之後而更有吉水挨到，其凶略減。

按：向星管水神，水是財，水往低處流，所以「低窪主旺財源」；反之，跳躍在高處則是背道而馳，故水裡龍神挨排到高處上山，就是破財傷丁。陰卦坤、巽、離、兌傷女丁。陽卦乾、震、坎、艮損男丁。若水神上山，不必地勢高亢，就是相對的小土墩也是發凶。但上山後若有水局可取，其凶略減，凶中帶吉。

> 大都水之旺星以到向為吉，然向上卻逢牆垣高阜，形與氣背，仍犯上山。若飛臨坐後，固名上山，然坐後有水可收，亦能致福，水後若更有山，則合雙星會合於坐山之局，堪輿家亦嘗取之。

按：一般巒頭以前照後靠為標準，因此大部分的水局以到向首為吉，如果向首有高城、高山、牆垣、土阜等，即形勢與理氣相悖，也算水裡龍神上山。若水神旺星挨排到坐山，雖然水裡龍神不上山，但坐山卻是平夷帶水局，亦能致福。如果雙星到山，水後更有山，旺丁旺財「堪輿家亦嘗取之」。

山上排龍旺星挨在高處主旺丁氣，若反落低窪，謂之山上龍神下水，便致傷丁；緣山之旺星以臨坐為吉，但坐後卻逢池蕩河流，局非所用，亦犯下水。若反值向首，原稱下水，但苟與向上旺星同臨，又得水外有山之局，亦能添丁，惟不甚旺，是名雙星合會於向首，頗為堪輿家所重視。綜上以論：到山到向之局必須配背山面水之地為合法，厥理甚明。

按：山星中生旺之星挨排到高處，正是合宜之所利在旺丁；反之，落在低窪處，謂之「山上龍神下水」（衰退死之山星則喜下水），山星落難傷丁口。因為山之旺星應在坐山為宜，但坐山卻是水波盪漾，滾滾洪流，山星虎落平陽稱「山星下水」。反之，山星臨前方，與生旺的向星同宮，形勢為水外有山，則得水又得丁，但不甚旺，畢竟主客有別，山星是客位，稱「雙星到向」。綜合上述，到山必須背山，到向必須面水。

上山下水倘配於坐空滿朝之局，龍真穴的亦能發福，因上山而仍遇水，下水而又逢山故也，然巧奪天工究不及旺星到山到向之悠遠弗替耳。

按：上山下水指水星在前上山，山星在後下水，故若配置於坐空朝滿的局面，龍穴砂水到位亦能發福，因為旺山得山，旺水得水，夫復何求？然而巧奪天工畢竟不如旺山旺向之福氣長遠。

即雙星會合於坐山，亦不逮會合於向首者何也？蓋向首一星納衰旺之氣，司災福之柄，非山上飛星所可同日語也，故或以謂下水猶可，上山則斷斷不可。此豈於山向兩星好為軒輊，蓋以向首乘天陽之氣，朱雀發源司權特大故耳。

按：「雙星到山」為何不如「雙星到向」？因為陽宅重明堂，向首是納氣的作用，主宰災禍福氣之樞紐，故向星重於山星；因此權衡之下，寧可山星下水，不可水星上山，實基於「風水之法，得水為上，藏風次之。」向首乘天氣，「朱雀發源司權特大」《葬經》：「…前為朱雀……朱雀翔舞……朱雀不舞者騰去……以水為朱雀者，衰旺係乎形應……朱雀源于生氣，派于未盛，朝于大旺……。」

十一、《沈氏玄空學》斷驗

（一）、斷財丁貴秀以太歲重加取驗

> 凡斷陰宅，須考其受氣之元運與山向之飛星為主，而以客星或太歲之加臨為用，此乃不二法門。然斷新墳吉凶，以巒頭為重，旁考其星辰是否當運，得水吉則更吉；倘方位不吉，而遇吉星挨到，亦能減凶。

按：陰宅有當時立碑元運的問題，亦與山星向星旺衰相關；其次，外局形勢變化與流運流年皆有關。然而新墳吉凶，以當下巒頭為重，飛星盤理氣配合九宮巒頭，是否當運？旺山不如旺向，如果方位不吉，若有生旺星、貪狼、左輔、武曲、右弼等吉星，亦能減凶。

> 若夫久葬之墳，形巒理氣交相為用，則須視星辰之得失，以察形象之美惡，而更以太歲之加臨為取驗動機，然後用星分房斷禍福之誰屬，秩然無遺矣。天玉經云：但看太歲是何神，立地見分明。足徵太歲加臨之損益，非其他客星所堪比擬，然須就實地巒頭加太歲以斷吉凶，則財丁貴秀，分別推論，百不爽一。

按：已經久立之墳，雖然初時巒頭理氣交相如法，但年運變遷之後，衰死生旺輪替，旺山旺向或許變為上山下水，更須取太歲年份徵驗，與每個宮位山星、向星、運星等，判斷吉凶禍福

307

之特性，即可瞭然無遺。太歲加臨之損益是最當前扼要之重點，因為妻財子祿壽即是依據階段性的需求。

> 大抵財以水斷，當於向水或旁水上加太歲推其吉凶。例如向上飛星是一白，交甲子年太歲亦是一白，先用年紫白順飛至向上，得一白者即為太歲加臨，一白重逢一白故也；向上有水主中房申、子、辰命發財。

按：水管財，向星旺衰關係財富；因此在有水局的宮位，加上流年飛星推斷吉凶。例如向上飛星是一白，交甲子年的飛星也是一白；先用年紫白順飛至向首，得一白坎水重疊即是太歲加臨，還要向首水局秀麗，則中房、中男、中媳特別發達。若得生氣為坤土，雖有生氣，仍有窒礙。

> 又用月紫白順挨至向上得三碧者更妙，因三碧即甲卯乙是也，是年太歲是甲子，一為子，三為甲，二星同臨一宮，即重加太歲；其月建一白到向亦名重加是也。

按：又用月紫白入中宮順飛至向首，若為三碧則水生木，坎為子水，甲卯乙是震宮屬木，當年水木二星同臨一宮，即是天干水木與宮位水木的契合，月紫白再來相投更妙。

> 丁以山斷，須就坐山與環巒或水口加太歲定房次，合年命以斷吉凶，其驗乃神。至破財傷丁，亦不外以上山下水，而又逢太歲沖破剋洩之咎相推斷。此山洋同例也。

按：山管人丁，必須以坐山與周邊山巒環繞或水口（三叉路）加上流年定出房分；合年命以斷吉凶，其判斷乃真。如果有破財傷丁，不外乎上山下水，又與太歲相沖破剋洩等交叉比對。山星與向星同理。

若論貴秀，山穴以坐山斷。大抵陽脈入首，不過財丁門族而已，穴後有突或墩阜形態端秀者，方主發貴。洋穴則須視前後左右水流曲折，愈折愈貴。然八國間有特異挺秀之峯，或三叉水口，城門交鎖，及流神屈曲之處，逢太歲填合即能發貴；仍以貴地巒頭，斷其生肖可也。

按：若論貴秀，還是以穴場搭配坐山判斷。大抵後山有靠，環抱有情，不過一般財丁而已；還須穴後有「有突或墩阜形態端秀」者，即必須有曜星，例如：華表、捍門、羅星、官誥、旗鼓等。平洋龍則須視前後左右水流曲折，九曲來朝，玉帶環腰，欲去還留等，越曲折越貴。八宮方位有三叉水口，城門交鎖，及水流環繞屈曲之處，吉水之神逢太歲填合即能發貴。

太歲有地盤、年盤之別。子年在子、丑年在丑者，地盤太歲也。若年盤太歲子年屬一白，丑年屬八白，以其飛輪無定，又名飛太歲。例如上元甲子年一白入中，即太歲在中宮；中元四綠入中，一白飛坤，則太歲在坤；下元七赤入中，一白到艮，太歲便居艮。

後表所列即年盤太歲加臨之方位也。

太歲臨方檢查表

癸未	壬午	辛巳	庚辰	己卯	戊寅	丁丑	丙子	乙亥	甲戌	癸酉	壬申	辛未	庚午	己巳	戊辰	丁卯	丙寅	乙丑	甲子	年庚
兌	巽	兌	乾	巽	艮	兌	艮	震	坤	坤	中	巽	坎	[巽]	震	坎	中	巽	中	上元一運
巽	坎	[巽]	震	坎	中	巽	中	離	艮	艮	[坤]	坎	兌	坎	離	兌	坤	坎	坤	中元四運
坎	兌	坎	離	兌	坤	坎	坤	[乾]	中	中	艮	兌	巽	兌	乾	巽	艮	兌	艮	下元七運
癸卯	壬寅	辛丑	庚子	己亥	戊戌	丁酉	丙申	乙未	甲午	癸巳	壬辰	辛卯	庚寅	己丑	戊子	丁亥	丙戌	乙酉	甲申	年庚
坎	中	巽	中	離	艮	艮	[坤]	坎	兌	坎	離	兌	坤	坎	坤	[乾]	中	中	艮	上元二運
兌	坤	坎	[坤]	[乾]	中	中	艮	兌	巽	兌	乾	巽	艮	兌	艮	震	坤	坤	中	中元五運
巽	艮	兌	艮	震	坤	坤	中	巽	坎	[巽]	震	坎	中	巽	中	離	艮	艮	[坤]	下元八運
癸亥	壬戌	辛酉	庚申	己未	戊午	丁巳	丙辰	乙卯	甲寅	癸丑	壬子	辛亥	庚戌	己酉	戊申	丁未	丙午	乙巳	甲辰	年庚
[乾]	中	中	艮	兌	巽	兌	乾	震	艮	兌	艮	震	坤	坤	中	巽	坎	[巽]	震	上元三運
震	坤	坤	中	巽	坎	[巽]	震	坎	中	巽	中	離	艮	艮	[坤]	坎	兌	坎	離	中元六運
離	艮	艮	[坤]	坎	兌	坎	離	兌	坤	坎	坤	[乾]	中	中	艮	兌	巽	兌	乾	下元九運

年盤太歲加臨於地盤太歲之上者特於字外加方格以資識別

310

（二）、斷向不當旺客星加臨之咎

陰陽兩宅如衰死到向為某字，逢流年客星到向又值某字，主傷丁口；向不當旺而逢流年紫白旺星挨到，亦反主發禍。例如八白運立壬山丙向，旺星到坐，至甲午年，年星四綠入中，八白到向，便主發禍，此以向首斷也。

按：陰陽宅宜生旺之氣到向，因此衰死之氣飛臨向首，應驗在傷丁口。或者向不當旺而逢流年紫白旺星挨到，反而應驗發禍。例如八運壬山丙向，山星8與向星8都在坐山，流年甲午，年星四綠入中，挨排到向首為8，激發向星7的衰氣。

壬山丙向八運

向

5 2 七	9 7 三	7 9 五
6 1 六	4 3 八	2 5 一
1 6 二	8 8 四	3 4 九

山

水裡龍神上山之局，並可就坐後斷，如七赤運立子山午向，向上旺星到坎，已犯水裡龍神上山，若坎方填實、或有高山高屋，已屬不吉，緣飛星雙七臨坎，天盤三到坎；交八運，七為衰氣，逮癸卯流年，二月客星三又到坎，是為三、七迭臨，必遭劫盜官訟之禍，主乙卯、癸未肖人發禍；至十一月，雖有三到，卻不為害，因月建已屬甲子，非太歲故也。

311

按：「水裡龍神上山」，指當旺向星飛臨坐山，例如七運子山午向，向星7飛臨坐山，向星管水局應在平夷之地，如果坎方填實、高山、高屋、牆垣等，就是水裡龍神上山，此時坎宮運星三；交八運，七為衰氣；癸卯流年二月七赤入中，流月三碧飛到坎宮，一堆三七，金木交戰，必遭劫盜官訟之禍；又主乙卯、癸未，合出木局者發禍。至十一月還是七赤，雖然三入坎宮也是三七疊至，卻不危害，因為七赤歸七赤，但甲子月在癸卯流年沒有太歲加臨的情況。

子山午向（癸山丁向）七運

	向	
4　1 六	8　6 二	6　8 四
5　9 五	3　2 七	1　4 九
9　5 一	7　7 三	2　3 八
	山	

此以加臨客星與年、月太歲合參而斷生肖。然氣運既衰，凶星來襲，變故之生，如響斯應。縱無乙、卯、癸、未生效，亦豈能免禍哉。

按：以上所述以山星、向星、運星、太歲、流月合併生肖參考；但氣運既衰，又輪到凶星來襲，禍患即臨；即使沒有乙、卯、癸、未五行性生效，豈能免禍哉！

（三）、斷陰宅發蹟生肖

大凡善相墓者，首察龍穴之真偽，次考星運之衰旺而斷其發蹟之能否；地果美也，令果得也，因而辨公位之誰屬，然後進推其生肖，大都陰宅所發何肖，可從出脈入首處之某字斷。

按：大凡擅長堪輿之道，先查龍穴之真偽，其次查飛星盤如何？然後判斷能否發跡？地形巒頭必美，其次時令是否生旺？然後分辨公位與宮位之關係，再推斷生肖之所屬。陰宅所發是那個房分，可從入首推斷。

換言之，即從坐上斷，如子午山向，即斷肖鼠者發；但入首倘為亥，則斷肖豬者發，不必用飛星推也。山上旺星到向，則可從向上之地盤某字以斷所發生肖。如雙星會合於向首之局，立子山午向斷肖馬者發；立午山子向，斷肖鼠者發；依向類推可也。

按：換言之，以坐向判斷，例如子山午向，生肖老鼠則發；但有出脈入首，入首為亥，以亥斷肖豬者發，而非用飛星盤推斷。山上旺星到向首，則可以從向上之地盤某字判斷發達者生肖；例如七運壬山丙向雙星到向，運星是二，羊猴當發。例如八運子山午向，雙星到向，發達在午馬。又例如九運午山子向，向首為子鼠，發在老鼠。

然亦不可死執此板法，有時卻當從飛星斷，如宅斷中上虞鯉魚山錢姓祖墓，向上雙二共九，仲山即斷為丙申命發詞林是也。更有以城門對宮之分金斷者，如宅斷中之論錢茶山祖墓是也。但四山環繞，獨缺一口在地盤某字，即可斷某肖滅絕也；若其缺口適合城門，鎖籥正氣，反主大吉，是又當別論矣。

按：上述內容不可拘執死法，亦可從飛星判斷，如下圖。此外，又有以城門對宮為判斷；或四山環繞獨缺一口，缺口視為缺子息；但該缺口在地盤是羅經何字，如果又是合乎城門訣，反主大吉。

313

上虞鯉魚山錢姓祖墓

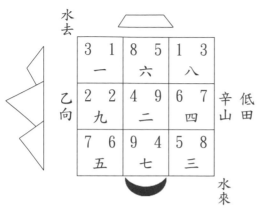

仲山曰：此局葬後財丁兩旺，兼出科甲，每中必雙，辛未年出一詞林，係丙申命；然此地必出瞽目寡婦，尤發。

沈註財丁兩旺，雙二到向，水外有山也（山上飛星二到向曰下水，本不吉，以水外有山仍係上山故佳）。五、六運內科甲每中必雙者，因兌、乾二方飛星是五、六，此二方又有山峰，故五、六兩運主中雙；巽方消水處，雙一到野，此即城門一訣法（巽方定位是四，雙一到為一四同宮，城門即水口也）。丙申命辛未入翰林者，中宮是九二，向上亦是九二，即丙，二即申，況辛未年九入中，二到山，所謂太歲臨山，山上是七，七即辛，太歲是二，二即未，二七同宮，即辛未也；向上兩二，太歲弔照，是年九入中，七到向，亦即辛未也；中宮運盤是二，七運七入中，亦辛未也；有此四辛未，故入詞林也。出瞽目寡婦者，向上是二九，二為寡宿，又為土，九為目，土入於目為地火明夷，故出瞽目寡婦。尤發者，因向上有水也。七運小房必有絕嗣者，因七上山故也（向上飛星到山是七為上山，七兌為少房，故絕嗣，上山之凶如此，若有水則無害矣）。九運向星入中，必退財損丁，兼有火災；凡三、四到向，定主火災。書云：七九合度，患火惟均。又云：火若剋金兼化木，數驚回祿之災，即此之謂也（九運運盤九入中，七到向，向上七九同度，九七為火剋金，在乙向為化木，故主火災；退財損丁，向星入中曰入囚，類如此）。然科目終不斷，因城門地畫八卦是四，雙一同到巽，得四一同宮之妙也。

314

（四）、飛星四綠方宜高

向上飛星之四綠方當生旺之時，固忌窒塞，須見明水，若水外有高峯、高屋及塔井、旗桿等，主旺科名；值衰死之際，放在高處，亦主功名之應。

按：四綠星是文曲星，向星四綠在生旺之時，不宜窒塞，須見水局，水生木為吉；水局之外有高峰、高屋、高塔、水井、旗桿、石曜等，有利科名。若值衰死退氣，而四綠文曲仍在高處，則有功名相應。

（五）、反伏吟

山、向兩星五入中宮，順局為伏吟，逆局為反吟；蓋所忌在與地盤相犯耳。然僅犯反吟亦未嘗為虐，如一運中之子午、癸丁即其明證，且逢五逆行，令星無一不到山向，雖名穿心煞，當令不忌，故章氏取為正向而不疑。

按：五入中宮，順飛為伏吟，逆飛為反吟，但不是伏吟或反吟就是忌諱，例如一運子山午向，癸山丁向逆飛，雙星到向，離宮打劫，鹹魚翻身。

子山午向（癸山丁向）一運

⓪（向）

5 6 九	1 1 五	3 8 七
4 7 八	6 5 一	8 3 三
9 2 四	2 9 六	7 4 二

（山）

315

若伏吟則實能作祟，反、伏並犯，更不待言，然全局合成三般卦者化凶為吉，得保無虞。此從師隨筆所載，為商姓卜葬一段，可徵信焉。或云：反、伏吟之為害，莫甚於向首，其他方位空實得宜，亦堪制化，此可信也。然反、伏吟每與上山下水不謀而合，欲圖補救，良非易易，除合三般者不忌外，惟有用替以變其星，苟不能移宮換宿，則亦惟待時而葬而已。廣義言之，伏吟不僅限於地盤，即飛星與天盤之字相同及兼向之八純卦亦俱得謂之伏吟也。

按：若是滿盤伏吟，若有父母三般卦或連珠三般卦亦可補救。若無三般卦，基於反吟伏吟之弊，由向首為重，故以替卦變動飛星盤（改門），其餘宮位可以用制化之法，化凶為吉。否則不能移宮換宿，只能待時而葬。廣義而言，伏吟不限於地盤，一般指飛星與地盤數字相同，例如飛星與天盤字數相同或兼向之八純卦也算伏吟。假設乙山辛向三運，乾宮運星四向星 4，即伏吟，不宜有山。

（六）、零神照神

凡水之宮位與運合十者，為正吉零神；合生成者，為催吉照神。故一、二、三、四之運，須收九、八、七、六之水為正吉零神，六、七、八、九之水為催吉照神。反之，六、七、八、九之運以四、三、二、一之水為正吉零神，一、二、三、四之水為催吉照神。其方位不若配水之以流轉星辰為斷，而以元旦盤為歸。

按：因為當元之令神為正神，與正神對待者為零神。因此一運以一白為正神，九紫即為零神。二運以二黑為正神，八白即為零神。其餘仿此。惟五黃以五黃為正神，零神之辨識最難，因戊己無定位，五黃中前十年寄坤，以八白為零神，後十年寄艮，以二黑為零神。「正吉零神」，指合十。「催吉照神」，指河圖一六、二七、三八、四九。

（七）、零神方位源出先天卦序

山用順，水用逆，此二語為零、正入用之稿矢，故正神取當元旺神，如一運坎、二運坤，用以排龍，而零神則轉取失元衰神，一運用離，二運用艮，以之排水是也。然零神方位後天雖用逆，而闡之先天卦序，父統三男，母統三女，陽順陰逆，井然而不紊。上元一白當令，取後天離方水者，離乃先天乾位，乾為老父，故居第一；又一、六共宗，故以乾六為照神。二黑當令，取後天艮方水者，艮乃先天震位，震為長男，故居第二；又二、七同道，故以兌七為照神。三碧當令，取後天兌方水者，兌為先天坎位，坎為中男，故居第三；又三、八為朋，故以艮八為照神。中元四綠當令，取後天乾方水者，乾為先天艮位，艮為少男，故居第四；又四、九為友，故以離九為照神。此先天四陽卦先長後少依序輪替者也。中元六白當令，取後天巽方水者，巽乃先天兌位，兌為少女，故居第六；而一、六共宗，因以坎一為照神。下元七赤當令，取後天震方水者，震乃先天離位，離為中女，故居第七；而二、七同道，因以坤二為照神。八白當令，取後天坤方水者，坤乃先天巽位，巽為長女，故居第八；而三、八為朋，因以震三為照神。九紫當令，取後天坎方水者，坎乃先天坤位，坤為老母，故居第九；而四、九為友，因以巽四為照神。此先天四陰卦先少後長依序逆輪者也。八卦效用，以先、後天同位其驗乃神。章氏仲山於三元九運中每取五里山為正向者，即隱寓零神於向首耳。然水裡排龍，星仍用順，苟當令旺星挨到水裡，即為撥水入零堂也。若夫正神與零神相對待，揆之先天卦序，適成反比例，學者可得而悟矣。山上排龍，旺星挨到高山實地為之正神正位裝，但正神百步始成龍，平洋利穴忌數十步便為河流界斷，所謂水短便遭凶也。總之零、正對待，消長無定，隨運流轉，識其所在，則排龍排水知所配合，可不致犯零、正顛倒之病矣。

317

零神正神逐運方位吉凶表

地盤＼元運	一運 龍	一運 水	二運 龍	二運 水	三運 龍	三運 水	四運 龍	四運 水	五運上旬 龍	五運上旬 水	五運下旬 龍	五運下旬 水	六運 龍	六運 水	七運 龍	七運 水	八運 龍	八運 水	九運 龍	九運 水
坎	正神	正煞	炁退	凶照	炁死	凶照	炁死	催煞	炁死	催煞	炁死	催吉	炁死	催吉	炁死	吉照	炁死	吉照	正凶	零神
坤	炁平	凶照	正神	正煞	炁退	催煞	炁死	凶照	炁死	正煞	炁死	未方零神	炁死	吉照	炁死	催吉	正凶	零神	炁死	吉照
震	炁平	凶照	炁平	催煞	正神	正煞	炁退	凶照	炁退	凶照	炁死	吉照	炁死	吉照	正凶	零神	炁死	催吉	炁死	吉照
巽	炁平	催煞	炁平	凶照	炁平	凶照	正神	正煞	正神	正凶	正凶	辰方零神	正凶	零神	炁死	吉照	炁死	吉照	炁死	催吉
乾	炁死	催吉	炁死	吉照	炁死	吉照	正凶	零神	正凶	戌方零神	正神	正凶	正神	正煞	炁死	凶照	炁死	凶照	炁死	催煞
兌	炁死	吉照	炁死	催吉	正凶	零神	炁死	吉照	炁死	吉照	炁平	照	炁平	照	正神	正煞	炁退	催煞	炁死	凶照
艮	炁死	吉照	正凶	零神	炁死	催吉	炁死	吉照	炁死	丑方零神	炁死	正煞	炁平	凶照	炁平	催煞	正神	正煞	炁退	凶照
離	正凶	零神	炁死	吉照	炁死	吉照	炁死	催吉	炁死	催吉	炁死	催煞	炁死	催煞	炁死	凶照	炁死	凶照	正神	正煞

按：此表供核對之用，大體為死法；故學者務必對五行衰旺關鍵計算心領神會，即玄空理論之透悟，否則形巒萬變，無所適用。

（八）、正神當元與零神出元

《沈氏玄空學》：「零正即陰陽，正神即當元之旺神，零神即出元之衰神。如上元一運以一為正神，九為零神；下元以九為正神，一為零神；此以陰陽對待為零正也。山上排龍，要旺星排到實地高山，即為正神正位裝，向上排龍，要旺星到水裡低處，即為撥水入零堂。認取來山腦者，以明零正二途，高低，衰旺，山水各得耳。又云：正神指山上排龍者，如一運子山得六為乾，屬陽順排，七到乾，八到兌，九到艮，七、八、九為上元之衰氣，此方宜低宜水不宜高山實地；子山必午向得五，屬陰逆排，到向上是一，有水即吉，水亦要曲動不直，謂之水來當面須深遠悠長而後成龍；餘方得二、三謂之同元一氣。若向中所排一、二、三之旺星到實地高山，即謂之水裡龍神上山，不吉。所以山上排龍，由山排到本元之旺星為正神，是方要實地高山；水裡排龍，由向排到本元之旺星為零神，是方要低窪有水，而零正無差矣。學者參此即可瞭然。

按零、正方位為排龍，排水之固定地盤，但因運而異而已，山向飛星既隨運流轉，亦因向變遷乃變化無定者也。二者本截然兩事，然相資而為用，以無定飛星加臨於固定零正，則相得而益彰。夫山上旺星喜遇高山實地，而與正神同一宜忌，故加臨其上則所謂正神正位裝。零神方位，獨取河流低窪，而水裡排龍亦忌旺星挨到高山實地，故宜撥水入零堂也。是故，飛星與零正相得，其力愈雄厚；反之，而與零正相背，縱得旺山旺向，而無形中究不免減色耳。」

第肆章、宮星組合意義

一、山星向星與流年紫白

　　玄空飛星由元旦盤（不顯示）、運盤、山盤、向盤等組合而成，當運用九星生剋制化的關係判斷吉凶時，以山星與向星之間的五行性最重要。數字表卦義，而卦有五行。1 是坎卦為水，2 是坤卦為土，3 是震卦為木，4 是巽卦為木，5 是黃中為土，6 是乾卦為金，7 是兌卦為金，8 是艮卦為土，9 是離卦為火。

　　以向星為主時：山星生向星為「生入」，山星剋向星為「剋入」，向星生山星為「生出」，向星剋山星為「剋出」，山星和向星相同者為「比和」。反之，以山星為主：向星生山星為「生入」，向星剋山星為「剋入」，山星生向星為生出，山星剋向星為「剋出」，向星和山星相同者為「比和」。

　　山星與向星的五行生剋制化判別：向星為旺星，山星生入為吉，比和為吉，剋入為凶，生出剋出為小凶；反之，向星為退氣，生出剋出為小吉，剋入有利有弊，生入比和有利有弊。而向星為殺氣死氣，生出剋入為吉，生入比和為凶，剋出為利。

1、退氣是剛剛離開崗位的運星，從中宮退出來之後，已經旺氣不復存在，但也不算衰氣，中庸平和，視同宮卦氣之生剋制化而定。

2、殺氣是指退出中宮較久的卦星，例如九紫離火入中宮，七赤兌金、六白乾金、五黃中土退出相當時間即屬於煞氣星，凡事看衰。

3、死氣是指離中宮最久遠的卦星，因此四綠巽木是離九運離火最遠，稱死氣。

4、生氣是指即將成為旺氣的卦星，因此九紫離火入中宮，一白坎水與二黑坤土就是未來之星，生機蓬勃，其衰旺以時間遠近為分判。

在認識向星得令失令之後，以向星為主，山星為賓，分析飛星的生剋制化。當向星為旺星，山星生入為吉，比和為吉，剋入為凶，生出剋出為無攸利。反之，向星為退氣，生出、剋出為小利，剋入有利有弊，生入與比和有利有弊。向星為煞氣、死氣，生出剋入為吉，生入比和為凶，剋出為利。總而言之，旺者喜錦上添花，元氣應保留，宜生入與比和，忌剋入。衰者必欲除之，宜生出或剋入而後快，不宜黨同一氣。例如九運子山午向，試分析之。

（東南） 巽	（南） 離	（西南） 坤
6　3 八	1　8 四	8　1 六
7　2 七 （東）震	5　4 九	3　6 二 （西）兌
2　7 三	9　9 五	4　5 一
（東北） 艮	（北） 坎	（西北） 乾

向方之向星為 8，是剛退出的卦星，其氣雖退尚有餘氣，而山星是一白坎水接續九運離火，故為生氣。

三元九運一百八十年有九個小運，每個小運二十年；依據每年飛星特性可以在床位、傢具、燈飾、窗簾、魚缸、盆栽、書畫、裝飾品等吉祥物做出佈局。陽宅與堂局形勢息息相關，陽宅收天氣與水氣，因此視流年飛星特性配合佈局是必要的。年家紫白訣：「上元甲子一白求，中元甲子四綠遊；下元甲子七赤起，九星順行逆年頭。」

322

所謂「上元甲子一白求」，指上元 60 年由甲子年起一白坎水入中宮，乙丑年則是九紫離火入中宮，丙寅年則是八白艮土入中宮。

「中元甲子四綠遊」，指中元 60 年雖由甲子年起，但第一年是四綠巽木入中宮順行。乙丑年三碧震木入中宮。丙寅年二黑坤土入中宮。

「下元甲子七赤起」，指下元 60 年也是由甲子年起，但第一年甲子是七赤兌金入中宮順行。乙丑年是六白乾金入中宮順行。丙寅是五黃入中宮順行。「九星順行逆年頭」，九星入中宮是逆數，流年飛星入中宮後，均順飛。

依照上述可列表如下，以供查詢。

上元	中元	下元			流年				
一白	四綠	七赤	甲子	癸酉	壬午	辛卯	庚子	己酉	戊午
九紫	三碧	六白	乙丑	甲戌	癸未	壬辰	辛丑	庚戌	己未
八白	二黑	五黃	丙寅	乙亥	甲申	癸巳	壬寅	辛亥	庚申
七赤	一白	四綠	丁卯	丙子	乙酉	甲午	癸卯	壬子	辛酉
六白	九紫	三碧	戊辰	丁丑	丙戌	乙未	甲辰	癸丑	壬戌
五黃	八白	二黑	己巳	戊寅	丁亥	丙申	乙巳	甲寅	癸亥
四綠	七赤	一白	庚午	己卯	戊子	丁酉	丙午	乙卯	
三碧	六白	九紫	辛未	庚辰	己丑	戊戌	丁未	丙辰	
二黑	五黃	八白	壬申	辛巳	庚寅	己亥	戊申	丁巳	

例如：2023 年癸卯年，流年飛星在上元是七赤入中，在中元是一白，在下元是四綠（流年飛星盤如下）。2024 年甲辰年，在上元是六白入中，在中元是九紫，在下元是三碧。

三	八	一
二	四	六
七	九	五

二、九星吉凶斷統論

（一）統論

九星以數字代表涵義，故流年飛星主掌一年吉凶特性。例如下元 2026 年丙午一白坎水入中。二黑病符飛入乾宮，老父身體堪憂。三碧蚩尤好鬥飛入兌宮，少女難管教訓。四綠文曲飛入艮宮，少男不免桃花傷身。五黃廉貞藥毒飛到中女離火，中女容易犯燥熱毒害。六白武曲飛入坎宮，中男財勢俱全。七赤破軍飛入坤宮，老母為女兒傷神費力。八白左輔飛入震宮，長男必有一番作為。九紫右弼飛入巽宮，木火通明，文科薦舉。

九	五	七
八	一	三
四	六	二

九宮是靈活的計算模式，將飛星盤套入陽宅格局，推算風水吉凶，可以分別適用房屋大太極與小太極。一般室內格局各有功能，客廳功能重在交誼，故沙發組、展示櫃的佈置最重要。其次，房間以休息為主，故睡床佈置最重要。同理，廚房以廚具為主。辦公區以主管區位為太極點。不論大太極或小太極都是分成九宮格，凡旺山旺向、一四、一六、三九、六八等宮位均為吉。二五、三七、九七等宮位宜佈置固定而沉穩，包括廚房亦不宜上山（灶位）下水（水龍頭）。

假設宅主的床位坐北朝南（床頭是坎卦），2024 年（九運）年飛星三碧入中，下床時不要面對兌宮五黃星（也是運星二黑病符重疊），或巽宮二黑病符星。下床面對震宮得坎水相生是很好的選擇。九運屬火，喜木火者選擇在床邊佈置木火之類吉祥物。

二	七	九
一	三	五
六	八	四

在營業場所之佈置，例如主管辦公桌子山午向，將之分成九宮，假設 2025 年飛星二黑入中宮，運星九入中，山盤向盤如下。電腦主機可以放在坤宮桌下，得向星生氣；螢幕則放在正前方，得山星生氣；影印機、列表機、電話佈置在震宮二七通氣。

6 3 八(1)	1 8 四(6)	8 1 六(8)
7 2 七(9)	5 4 九(2)	3 6 二(4)
2 7 三(5)	9 9 五(7)	4 5 一(3)

（二）、《談氏三元地理大玄空路透・九星吉凶統論》

　　九星之中。一白、六白、八白為上吉。四綠、九紫為次吉。二黑、五黃、七赤為最凶。三碧亦為凶神。當上元甲子運，取八白輔星為補救。當中元，下元，甲子運，取一白貪狼為補救。經云：天元（上元）取輔，人地（中元下元）兼貪是也。

1、一白為貪狼，魁首文章之星，用於旺運，出神童，早登科第，屬坎卦，為水，為中男，為耳，為腎經，為龍，為豬，用之不妥，男主遺精，女主白帶，腰痛，血崩，並出耳聾。

2、二黑為巨門，病符之星，用於旺運，主發丁財，不產文士，異途擢用，屬坤卦，坤為土，為母，為腹，為車，為牛，為兔，用之不妥，耗田宅，出寡居，孕婦墮胎蠱脹。

3、三碧是祿存，好勇鬥狠之星，用於旺運，興家立業，富貴功名，屬震卦，震為木，為長男，為雷，為龍，為猴，為肝，用之不妥，殘足，涉訟，官刑，剋妻。

4、四綠是文曲之星，用於旺運，發科甲，旺丁財，屬巽卦，巽為木，為風，為長女，為高，為長，為雞，為膽，為多白眼，用之不妥，生蕩子，瘋狂，作賊，自縊，田宅退盡。

5、五黃是廉貞，為戊己大煞，又為孤獨之星，用於旺運，尚有災患，戊屬脾，己屬胃，用之不妥，出鰥，損丁，瘡毒外症，連綿不止，瘟牛馬六畜，生黃病浮腫。

6、六白是武曲，司威權之星，用於旺運，文武全才，出巨富，屬乾金，乾為父，為首，為玉，為圓，為太陽，為馬，用之不妥，剋煞刑妻孤獨。

7、七赤是破軍，肅殺劍鋒之星，用於旺運，發財旺丁，弗出高官，屬兌金，兌為口，為少女，為肺，為蛇，為羊，用之不妥，口舌官非，出盜賊，生癆怯。

8、八白是左輔，小口之星，職司財帛，用於旺運，攀龍附鳳，屬艮卦，艮為土，為少男，為手，為胃，為豬，為狗，為鼠，為虎，用之不妥，損傷小口，翻食蠱脹退財。

9、九紫是右弼，後天火星，用於旺運，富貴易興，屬離卦，離為火，為中女，為日，為電，為目，為心，為小腸，為豬，用之不妥，吐血，目瞎，乾血，應驗如神，不稍假借也。

（三）、《沈氏玄空學・造化休咎篇》提要

　　九星以一、六、八為三吉，二黑、三碧小凶，五黃、七赤大凶，四綠、九紫有凶有吉，其本體然也。五行造化，各有休咎之徵，休徵者何？

1、一四同宮主科名，號青雲得路，有文筆硯池水，鼎元之兆也。
2、一六合為水，主催官，遇旺水秀峰，官居極品也。
3、六八為武庫，亦主財帛，利武庫及異路功名。
4、八九為輔弼相輝，田園富盛，而子孫繁衍也。

　　咎徵者何？

1、紫赤相加，回祿之災也。

2、黑黃交錯，家長有凶也。

3、八逢三四，損由小口也。

4、一加二五，傷及壯丁。

5、四逢六為肝病，輕或痼疾，重且夭折也。

6、六會九為肺疾，衰則血症，盛必火災也。

7、三七逢盜賊相侵，訟凶而病厄。

8、四七臨文章不顯，嘔血而早夭。

9、二逢四咎當主母。

10、三逢六患在長男。

11、二妨三而五妨四，博奕好飲，田園廢盡。

12、四九合為金，與本體木火不協，無益而有損。

13、二七合為火，乘殺氣，遇凶山水，鳥焚其巢也。

14、受剋而奇偶相配，如八逢三與一逢八，咎輕。

15、受剋而奇偶相敵，如三逢七與四逢六，咎重。

　　大抵休咎由生剋而來，以飛星同宮相遇為準，而山向上休咎更為真切，又當辨生剋出入之吉凶，辨受剋受生之虛實，旁若六宮必山水並見，觀其形勢之善惡；倘山水俱無、或有山無水、有水無山，則玄空生剋吉凶亦不足憑。然道無不體，理無盡藏，此時略見一斑，欲求精微玄妙，必先熟透易理，於飛星變動中參諸先、後不變不動之方位，觀其象而玩其占，乃能無微不顯。山龍遇高峰、大水，平龍遇橋樑、墩阜及水口汪洋、羅星捍門等類，看在何宮何爻？即以所在之運盤上星入中，分陰陽逆順，挨至山向上及所在之宮係屬何星，是何造化，然後知此山此水之吉凶，乃一定而不易。此山盤之外，再加山水飛盤，乃因地制宜，乘時利用之法，其理最為微妙也。

四、正神零神與宮星要義

（一）、正神與零神

三元九運，每運各有正神、零神，隨時變遷。其中用法，間或有不同，茲分別詳解之，即可瞭然矣。正神者，即當元之旺星。零神者，即當元之死氣。有在此運為正神，至某運即變為零神者。有在此運為零神，至某運即變為正神者。全在作者，神而明之。經云：父子雖親不肯說，若人得遇是前緣。乃極言其妙深奧，不肯輕露於人之意。鄙人願將業師所授，研究所得，盡數公開，聊以濟當世好學者之一助耳。如

上元一白運二十年，即以一白為正神，以九紫為零神。二黑運，即以二黑為正神，以八白為零神。三碧運，即以三碧為正神，以七赤為零神。中元四綠運，即以四綠為正神，以六白為零神。五黃運，即以五黃為正神，以二黑八白為零神（另一說，或以再較遠者為零神）亦可。六白運，即以六白為正神，以四綠為零神。下元七赤運，即以七赤為正神，以三碧為零神。八白運，即以八白為正神，以二黑為零神。九紫運，即以九紫為正神，以一白為零神。

（解）三元九運之正神零神，既已說明，然其用法，仍不可拘執，須憑作者，隨時變通，特再分別詳註之。

1、如一白運之九紫，雖屬零神，而為時尚近，猶可暫用。

2、二黑運之八白，雖為零神，而八白為上元輔星，經云：天元取輔是也，故亦應補救借用。

3、三碧運之七赤，三屬木，七屬金，金來剋木，確為零神，萬不可用。

4、四綠運之六白，雖為零神，而四、五、六已屬三般一卦，自應補救借用，雖屬零神無妨也。

5、五黃運之二黑，八白，黃土重重。自當作為零神推算，且為時已遠，毫無裨益。

6、六白運之四綠，雖屬零神，尚屬三般，其凶較輕，尚可不論。

7、七赤運之三碧，已屬死氣，萬不可用。

8、八白運之二黑，雖為零神，較之七赤運之三碧，其凶稍減。

9、九紫運之一白，名為零神，實則為本運之生氣，不能與其他各運之零神同日而語。若拘泥為零神而舍之，則為禍百端，家道絕滅，不卜可知矣。

（二）、宮星要義

　　因為運星飛入中宮，八卦九宮吉凶性質煥然大變；因此宮星組合中有吉星與煞星，玄空學對於趨吉避凶的方法不外「制」與「化」。制者，以五行相剋為之，例如衰退的破軍用離火剋制。化者，以五行所生洩去凶氣，例如衰退的三碧以九紫化去；相生以陰陽和諧為妙，煞受生亦不為禍，陰陽有情意。制煞不如化煞，化煞不如避煞。例如九運卯山酉向，坎宮二五七，巨門、廉貞、破軍同宮，不能開虎邊側門。

玄空化凶趨吉的原理如下：

1、利用一四七、二五八、三六九，上中下三元貫通的牽引作用。例如八運申山寅向，山星與元旦盤犯伏吟，上山下水。但在艮宮、中宮、坤宮形成三般卦。

八運申山寅向

4　1 七	9　6 三	2　8 五
3　9 六	5　2 八	7　4 一
8　5 二	1　7 四	6　3 九

330

2、利用河圖一以成之，六以成之的原理，一六、二七、三八、四九、五十等。飛星盤無十，以戊土為五己土為十。因此二七病符破軍雖為凶曜，但在火宅土宅，悠然自得。同理，一六貪狼武曲在水宅、木宅亦可取。

3 2 六	8 6 二	1 4 四
2 3 五	4 1 七	6 8 九
7 7 一	9 5 三	5 9 八

　　上圖七運坤山艮向，七運的山星與向星都在向首，中宮與坐山「一四同宮，科名有準」，對文教事業有利。但如果震宮為氣口、門口，飛星盤二五交加，木剋土，主人事鬥爭，女性病痛等，盡量避免由此進出；如果無法改門，可以設置屏風將進氣改到向首合十。

3、利用陰陽和諧的原理，因此乾配坤，陰土生陽金。震為長男，巽為長女，兩者皆屬木比合，陰陽諧和。坎為中男，離為中女，陰陽配。坎離水火不相射，雖然水火相剋，但也能相濟成局。艮為少男，兌為少女，陽土生陰金。因此二六之盤以二黑病符得六白乾金化解。三四以三碧蚩尤受四綠文曲教化。七赤破軍受八白艮土疏導。二五交加則用八白艮土，取其三元二五八相通之吉氣。

具體作法例如二黑在向首，則在向星乾六飛到的宮位設置金屬品，且以會動作之吉祥物、器具為主，而二黑則是佈置靜物金屬品。因此三運甲山庚向飛星盤，如果是開乾門，山星與向星 26，乾宮進門處可以佈置銅鈴、金屬鈴、金屬吉祥物等，化解二黑煞氣。

9　4	5　9	7　2
二	七	九
8　3	1　5	3　7
一	三	五
4　8	6　1	2　6
六	八	四

　　一九同宮，水火既濟，水火相剋，可以木通關；假設一六與二七鄰宮，可在交界處用木通關；同理，三八與四九鄰宮，用水通關。

4、後天合十的原理，中正平和；後天八卦相對兩個卦位合十。因此，一九合十，中男與中女，一陰一陽。二八合十，一陰一陽，老母與少男，二黑若化煞，妻權擴張。三七合十，一陰一陽，失衡則有蚩尤暴戾與破軍桃色現象。四六合十，長女配老父，金木相剋，失衡則老者犯桃花煞。所有合十為用必須取得生旺之卦運。

例如七運乙山辛向，向星七赤當旺，到水；三七同宮金剋木，剋出原本尚可。但坤宮為三八四，三八合木，四亦為木，木氣太旺，剋出力道過猛，可以在震宮佈局，而震宮飛星盤為二七五，二七之火恰足以洩去過旺之木氣；向首金剋木，既然七為旺氣宜制服九紫。巽宮一六水，震宮二七火，亦為二五七煞星會集，震巽兩卦以木通關，震宮亦宜金水佈置。

6　1 六	1　5 二	8　3 四
7　2 五	5　9 七	3　7 九
2　6 一	9　4 三	4　8 八

陽宅在時運的變動中，運勢可能逐漸衰退，如果不想擇地搬遷，就是「改運」。因此舊式住宅或以中宮處掀去屋瓦，再重新鋪蓋復原，室內也加以粉飾一新，即屬「改運」；換言之，即以修繕之時運飛入中宮重新起飛星盤。但現在大都是鋼筋混凝土建築，因此大修繕變通為宅中人丁搬出去，拆大門，拆去中宮天花板部分，煥然一新而復原，擇吉遷入。因此，中古屋計算出當下運星盤有利，可以進行改運，但仍需注意外部形煞不可犯。

五、宮星變化與巒頭關係

宮星組合是卦數，而卦數的意義經由內外六事實踐。外六事例如：塔樓、亭臺、旗杆、牌樓、池水、水井、道路、橋梁、花台、教堂、墳場、煙囪、水塔、冷卻塔、熱水器、廣告物、人行道、斑馬線、交通號誌、軌道隧道、暗渠涵管等。金銳、木直、水圓、火尖、土平。堪輿學之「煞」，指不吉利型態；在飛星盤中一定有煞星造成的煞方，煞方盡量避免用事，例如開門、通道、財庫、床位、廚灶等。

（一）、六事與巒頭觀念

內六事係指屋內房門、通道、櫥櫃、廚灶、神明位、熱水器、瓦斯爐、儲水槽、飲水機、洗衣機、電腦、碎紙機、影印機、冷氣機、儲物間、衛生設備、電器設備等。

內外六事依據性質、材質、形狀、顏色等可以歸納出五行性，例如尖形水塔不是火星，需視其五行與方位是否合宜論吉凶。因此九運逢四，四九同宮合金，土星生旺，金星助旺；反之，水星洩金氣，火星剋金氣，論凶；木星被剋為財，吉凶參半。建築物不免受到內外在環境條件限制，則宜根據卦氣及星曜五行，利用燈光、顏色、材質、數量來佈局，小兵亦可立大功。

討論各宮位生剋，以宮位為要，山向較不重要，所以需論八卦的五行生剋；同性相斥，異性相吸，如一運乾宮之星生坤宮之星，或五運坤宮之星生乾宮之星，為上吉；因為乾坤陰陽相生。又如五運坤宮之星生兌宮之星，或四運兌宮之星生坤宮之星，為陰生陰，論次吉。又例如二運乾宮之星生震宮之星，或三運震宮之星生乾宮之星，為陽生陽，論次吉。因此推知乾震坎艮之四陽卦，與坤巽離兌四宮，彼此間是陰陽相生，論吉。因此較陽卦或陰卦自家之相生為吉。反之，相剋亦如此。生我之星當令，或我剋之星當令者最吉；剋我之星當令，當令之期亦不為凶；必待令星退氣始為凶。

玄空陽宅的一些基本巒頭觀念：

1、鶴立雞群：有陽光照射，四面當風，氣流過猛，毫無隱私等缺點。其次，交通不便，等同自絕社交。鄉居樓房孤高等於四面皆水，山星下水的卦位機率比較多。但都市街道多，等於可選擇的三叉水多，高樓櫛比鱗次，山水比例大致平衡。

334

2、雞立鶴群：指陽宅低窪而周邊層峰峻嶺高聳，或大樓林立，自身陽宅低矮。因為有缺乏陽光，汙濁之氣滯留，山居則有土石流傾瀉之顧慮。水星上山的機率則會增加。吉氣不進，衰氣不去。

3、路箭、水箭：例如無尾巷，直射而入，空地足夠可以閃避或用水池化煞；下策是陽宅內自行退縮巷道寬度以上，前簷加強縱深，爭取緩衝空間。至於擺水缸養魚之類，就聽天由命了。有店面價值則選擇殺氣行業。

4、教堂、庵廟、道場、墳場附近，陰陽神氣太重。法院、警察局、軍營、監獄等，殺氣太重。醫院、屠宰場、刑場等，冤氣太重。廢水、廢物、垃圾處理場，窄巷、暗渠、陰溝等，穢氣太重。其餘電場、機場、調度場等，均干擾飛星盤穩定性與人性，故不宜作為宅基用。

5、傾斜太過之地，因車輛上下催注油門與煞車原因，氣流、音流、水流不穩定，因此無法藏風聚氣。外路向陽宅直冲斜入而有情尚可用，斜出則不宜；收生旺氣而斜入為財，衰死而斜入則主災禍。反之，生旺而斜出為退財，衰死而斜出則為丁口方面不利。橋冲喜生旺論進財，衰死方則洩氣。

6、外局有電線桿、電塔、尖頂、十字、破山、屋角、虎口等，皆須依五行推斷；例如喜水有湖泊，喜金有五金行。因此外局有塔，在一四水生木、一六金生水，主發文昌。在二五病符瘟疫、七九火炎土燥方，則為災煞。

7、凡陽宅皆以方正為主，若九宮不全，生旺之時尚可無虞，運退即衰。前寬後窄，吉氣不納，前高後低，財氣傾瀉而去。陽宅先天為體，後天為用，因此不宜缺坐山先天卦位，例如：子山午向不宜兌宮庚酉辛有損。

8、屋大門小，屋淺門深，不利納氣。屋大人少宅剋人；屋小人多人剋宅；相較之下寧可人不受剋。屋小傢俱大，氣息壅塞，水星無地自容。屋大傢俱小，氣息渙散，山星無所適從。

　　理解了玄空學的基本理論，再下來如何評斷吉凶，主要依靠九宮八卦的「卦斷」，與九星性質的「星斷」，在〈紫白訣〉〈玄空祕旨〉〈飛星賦〉〈玄機賦〉中各有解釋，內容雖有出入，意旨大略相同。敘述在第伍章。

（二）、《中州派玄空學》歸納整合

1、一六、一四主科名，或主文章；生旺則發甲出秀，退洩則有讀書人。

2、二六、八六，均主財利，或主田宅致富。即退洩，亦不貧寒。

3、七八亦主富，八七卻主破財。

4、三碧剋二黑，犯鬥牛煞，主官非。

5、九紫剋七赤，主火災；以木星冲起為剋應。

6、三碧受七赤剋，主退財，或主被盜竊；四綠受七赤剋，則主出聰明子女。

7、二黑受九紫生，財源不絕；九紫為二黑洩，丁雖旺但卻愚鈍。

8、星曜分佈，有連珠格，如一六、二七、三八、四九等（河圖數），為大吉之兆。反之，連茹格，如一二、三四、四五等，則主大凶。

9、星曜生剋，須詳變化；如一白剋九紫，若在九運，則九紫生旺而一白衰囚，是名因剋招辱，反主因財惹禍。若一運，一白生旺，一九又合十，則主暴發突富（水火既濟）。

10、又如四一，主發甲；若在一運，四綠衰退，更受一白所生，則主出聰明蕩子。

336

11、二五交加，主疾病死亡，二運尚可，一過二運，災亡立即發生，宅主運旺亦主病。

12、二五生旺，大利醫家，亦利藥局、殯葬等業。

13、亦有難剋不剋者，如六白金，於生旺元運內見九紫火，反主宅主功名有許而長壽。

14、亦有見生不生者，如二黑土遇九紫火，若二黑失元，則主出尼姑，若八白土失元，則主出僧侶。

15、逢比為旺，助起元神；例如三碧見四綠之類，在三四運皆主丁財，但若在八九運，則反主族大有枯枝，出敗家子。

16、雖生，亦不宜氣雜。如三九主生聰明之子，若又見七赤，則金木火交剋，反主生尖酸刻薄之兒。

17、雖剋，亦可轉禍為福；如九紫剋六白，主破財，損老父；但又見八白，則火土金相生，反主豪富，宅主且有聲名。

18、凡剋應，皆由卦氣推，如六白乾金，主老父剋應。二黑坤土，主老母剋應。七赤兌金，則為少女剋應；餘仿此。

19、五行木火、水木，皆主科名。金水、火土、土金之類，皆主發財積蓄。

20、二五為廉貞五黃，主病。三七為蚩尤煞，主劫盜；六七為交劍煞，主鬥爭。五二、七三、七六亦然。七赤五黃，主疫病，亦主中毒；七運得地亦可發財。

21、在星盤上之衰死方，屋外有高脊、金星塔、廟簷、牌坊、枯木等，雖於屋內不見此重行煞，但仍遭暗探之虞，飛星盤出現二五六、三七九等飛星，則主妖魔神怪。

（三）、《沈氏玄空學‧河洛生剋吉凶斷》

　　《河洛生剋吉凶斷》簡單扼要說明九星旺與衰的區別。玄空學斷宅機制與理氣相關，如何由星盤的組織判斷吉凶的空間與時間性，其具體表示則是飛星性質的邏輯引申。

1、河圖一六水生旺為文秀，為榜首，為才藝聰明；剋煞為淫佚，為寡婦，為溺水，為漂蕩。

2、二七火生旺為橫財巨富，為多女；剋煞為吐血，為墮胎難產，為天亡橫禍。

3、三八木生旺為文才，為元魁，為多男；剋煞為少亡，為自縊，為絕嗣。

4、四九金生旺為巨富，為好義，為多男；剋煞為刀兵，為孤伶，為自縊。

5、五十生旺為驟發，為多子孫；剋煞為瘟癀，為孤孀，為喪亡。

此層數之大略也，然五行臨間，喜水金木，忌火土，以火土興廢靡常，不耐久長故也。

　　按：一六北方水，生三震四巽木，坎水太旺剋去離火，煞在午方。二七南方火，生八艮二坤土，離火太旺剋去乾金兌金。三八東方木，生九紫離火，助旺震木巽木，剋去坤土艮土，其餘仿此。

一白水，為中男，為魁星。生旺少年科甲，名播四海，多生聰明智慧男子。剋煞刑妻、瞎眼、天亡、飄蕩。

　　按：一白為令星，旺財丁，主發文人秀士，或發文職司員。一白到坎，或雙一同宮，大旺丁財，尤主發文名。一四同宮，發科名。一六或一七同宮，發財祿，並主有壽。一八同宮，雖為相剋，但在一運及八運屬於吉星性質，均主發文才之士。

338

二黑土，為老陰。生旺發田財，旺人丁，不產文士，只應武貴，妻奪夫權，陰謀鄙吝。剋煞寡婦相傳，產難刑耗，腹疾惡瘡。

按：二黑為令星，發武貴，旺丁財；若二黑到坤宮、艮宮，或雙二同宮，有比和作用，大旺丁財，主武職或金屬行業起家。一二、三二、八二同宮，僅主旺人丁；所以宜酒店、茶樓、酒家、商場須人氣用事之處所。六二同宮及五二同宮，有相生比和作用，旺在屬下多人，例如勞力密集之場所，商店為資金消費場所不宜。二五失令衰在主家。二九同宮，火生土，發財。九二同宮，旺丁。

三碧木，為長男。生旺財祿豐盈，興家創業，貢監成名，長房大旺。剋煞瘋魔哮喘，殘疾刑妻，是非官訟。

按：三碧為令星時，主可以創業興家，得富貴。三碧飛入震宮，或雙三同宮，尤主富貴突如其來。三七同宮或七三同宮，均主可握重權；八三同宮，則旺子孫，亦出文人秀士。

四綠木，為長女，為文昌。生旺文章名世，科甲聯芳，女子容貌端妍，聯姻貴族。剋煞瘋哮、血縊，婦女淫亂，男女酒色破家，漂流絕滅。

按：四綠為令星，生美女，得賢妻，主出功名秀士，亦旺丁財；四綠飛入巽宮，或雙四同宮者，尤其發文章奇秀之士。四一同宮發文貴，一四同宮，偏房生文貴之子；所以適合屬下的附屬公司在此用事，大利文書，簽合同擬定企劃案。八四同宮主壽；九四同宮，木火通明利文章。三四、四六、六四同宮皆旺人丁。

五黃土，為戊己大煞。不論生剋俱凶，宜安靜不宜動作。年神並臨，即損人丁，輕則災病，重則連喪至五數止；季子錯迷痴呆，孟仲官訟淫亂。

按：五黃廉貞土為戊己煞，不宜沖動，戊己年尤其凶險。犯者生命疾病，重災則為五數而止。三子艮土癡迷呆滯，長男中男是非官訟，生活淫亂。

> 六白金，為老陽。生旺威權震世，武職熏貴，巨富多丁。剋煞刑妻孤獨，寡母守家。

按：六白為令星，主豪富，屬金利於金屬業、機械業，司法系統等；六白飛入乾宮或雙六同宮，主富貴而有權勢。二六同宮，土生金，發人丁，商場熱絡。六四或四六同宮，主出人才，亦利掌權。六五同宮，主發財，五六同宮則旺丁。六七同宮，大權在握，宜代理業、服務業。六八或八六同宮，出人才。

> 七赤金，為少女。生旺發財旺丁，武途仕宦，小房發福。剋煞盜賊離鄉，投軍橫死，牢獄口舌，火災損丁。

按：赤為令星，最利刑名，宜律師、會計師、公證師，亦主旺丁財。七到兌宮或雙七同宮，商場顧客多。七二同宮，土生金，主財利。七三、三七同宮，最利服務性行業，例如旅行社、報關行、房產仲介公司等。七五同宮主發財，利商行；五七同宮主發丁，利工廠。八七同宮得子及成名；七八同宮，利於九流術士。

> 八白土，為少男。生旺孝義忠良，富貴綿遠，小房福洪。剋煞小口損傷，瘟皇膨脹。

按：八白為令星，主田宅興旺，宜宗教哲學，文藝表演等行業；公司商場有篤實盡責員工。八白飛到艮宮，或雙八同宮，宜文章人丁旺，不宜工廠宜地產。一八同宮發文名，八二同宮主發財，八三同宮主旺丁；八六同宮宅主陞遷；八九同宮，多喜慶之事，例如結婚生子；九八同宮旺丁發貴。

> 九紫火，為中女。生旺文章科第驟顯，中房受蔭，易廢易興。剋煞吐血瘋癲，目疾、產死，回祿、官災。

按：九紫為令星，旺丁財，發文才，利桃花；九到離宮或雙九同宮尤應。一九、三九、八九等旺丁。九三、九四主發財；九紫入震宮，尤其旺男丁，宜催生作用。

（四）、先天與後天八卦吉凶嵌結

1、後天八卦的乾金是先天八卦的艮土，因此八與六結合使乾金得到艮土滋養，因此論有土斯有財，先富後貴。

2、後天八卦的坎水，位於先天八卦的坤土，坤土收水有如地下水，可引用於農作，濟世利民，二一發揚悠久，連綿不斷。

3、後天的艮土位於先天震木之下；艮為山，好似茂盛的山林，須待戮力採伐；因此三八組合，必須歷盡艱苦磨合。

4、後天的震木是先天的離火，樹木生長需要光合作用，三九木生火，勃然發跡，不宜過於燥熱。

5、後天的巽木，位於先天兌位之上，巽為灌木，兌為金，金剋木。〈說卦傳〉：「齊乎巽」，四七有修剪、整齊、整頓之意。

6、後天離火居於先天乾金位置，火剋金，爐中之火煉金，九六結合氣勢熊熊，無木難以持久，無水難以鍛造。

7、後天的坤土位於先天的巽木，木生旺則能破土而出；木衰弱剋土，土重則木折，因此水能滋木，木能鬆土，土含水，則土生萬物。

8、後天的兌金位於先天坎水之上，金生水，金冷水寒，七一組合，金水多情，無火土出人貪花戀酒。

六、認識九星涵義與吉祥物五行性運用

（一）、九星涵義

室內風水佈置離不開五行關係，而玄空學是運用九星特性與五行關係的學術，因此必須先瞭解九星性質，概述如下。

卦名	涵義與提示
一白坎水	貪狼星，又稱桃花星，五行屬水，顏色玄黑、湛藍、白波。生旺則旺丁，財運穩定，人際豁達，桃花旺，文武嫻熟；少年智慧早開，得意科名。權勢中人遇貪狼，科名有許；庶民喜進財氣。衰退時，酒色為禍，因酒色散財敗家；身體主耳、腎臟、膀胱等屬水性的器官。應期在三合水局的申子辰、亥子等年月。生扶用金，催秀用木。 天時：雨、雪、月、霜、露。 地理：北方、江湖、溪澗、泉井、溝瀆、池沼、卑濕之地、凡有水處。 人物：中男、江湖之人、舟人、寇盜。 人事：險陷、卑下、隨波逐流。 靜物：水晶、水中物、鐵器、弓輪。 動物：豕、魚。 家宅：不安、暗昧、盜患。 屋舍：向北、近水、江樓、水閣、住屋下濕。 飲食：豕肉、酒、生冷物、海味、羹湯、酸味、魚、多骨、帶血物、水中物、有蹄物、有核物。

卦名	涵義與提示
二黑坤土	巨門星，又稱病符星，五行屬土，黃色或黑色。生旺得地，進財興家，旺丁旺財，多出武貴，妻占夫權，吝嗇持家。衰退時容易沾上拈花惹草、火厄、官非、破財之禍。疾病有流產、脾胃、惡瘡、皮膚病、下陰、腋下等部位。宅內陰蘊氣悶，容易鬼影重重，孤寡當家，久病臥床等。病符星衰退應驗在疾病而破財。生扶用火，催秀用金。 天時：天陰、霧、晦。 地理：里鄉、田野、平地、西南、靜地。 人物：母后、老婦、農人、樂人、大腹人。 人事：吝嗇、順靜、柔懦、眾多。 身體：腹、脾胃、肉。 靜物：方物、土中物、柔物、布帛絲麻、五穀、輿釜、瓦器。 動物：牛、百獸、牝馬。 屋舍：西南向、村舍、田舍、卑室、倉庫。 家宅：安穩、多陰氣、春占不安。 食物：野味、牛肉、土生物、甘味、五穀、腹臟物、芋類。

卦名	涵義與提示
三碧震木	祿存星，又稱蚩尤星，碧綠色，生旺得時，家業興旺財源廣，功名可許，最利在長房。衰退時易犯盜賊，蚩尤好鬥，故易犯官刑，身軀殘破，刑妻剋子，肝、手、足屬木，易犯病。生扶用水，催秀用火。 天時：雷。 地理：東方、樹木、城市、大塗、繁盛地。 人物：長男、長身人。 人事：震動、振起、忿怒、虛驚、鼓譟、眾多。 身體：足、肝、髮、筋、聲音。 靜物：竹木草、木品、舟楫、耒耜、長物。 動物：龍、蛇、馬、飛魚。 屋舍：向東、山林、樓閣。 家宅：時有驚恐、春占吉、秋占不吉。 食物：蹄肉、野味、鮮肉、果。 求名：旺時東方、掌刑官、發號施令職、司財貨職。 求利：山林竹木之利、宜東方、動有財。 交易：有利、動則成、宜木類、秋占不吉。 方向：東方。 味：酸。

卦名	涵義與提示
四綠巽木	文曲星，又稱文昌星；色翠綠，當旺之時科甲順利，文采風華，加官晉爵，產業興盛，婚姻美滿。一四同宮，文學藝術有成。衰退之時，風哮氣喘，淫溢流盪，因酒色敗家。女性則易患流產及下半身疾患，受剋於屬金之意外。〈說卦傳〉：「為近利市三倍」，和氣生財，財氣平穩。生扶用水，催秀用火。 天時：風。 地理：東南地、草木茂盛地、菜果花園。 人物：長女、秀才、寡髮人。 人事：無定、宜經商、進退。 身體：股肱、氣、風疾。 靜物：木、香臭、繩、直長物、竹木、工巧物。 動物：雞、禽類、蟲。 屋舍：東南向、寺觀、園囿、樓臺、山居。 食物：雞肉、禽肉、蔬果、酸味。 味：酸。
五黃土星	廉貞星，又稱戊己土星，都天煞。屬土，黃色。〈文言傳〉：「君子黃中通理，正位居體，美在其中，而暢於四支，發于事業，美之至也。」中土為黃，皇帝黃袍，五黃居中吉地，財丁兩旺，家業興隆。反之，五運之外脫離本位，即視為大煞星，五黃煞之位有高架橋路、煙囪廢氣管、變壓輸電高塔、橋梁、尖煞、門路水路直衝等，犯官非、水火、破病之災，輕者空轉鬱悶無力。飛至任何卦位都必須制化為宜。凡廳門、灶位、水塘、神靈位均不宜，宜洩不宜剋。生扶用火，催秀用銅玉。

卦名	涵義與提示
六白乾金	武曲星，五行屬金，色白；生旺則丁財兩旺，武職加身，也帶有財星之利。衰退之時官非降職，奸佞暗害，乾金頭部，忌火燒天門。家業蕭條，刑妻剋子，孤寡伶仃。乾為天，領導者最宜發揮。生扶用金，催秀用晶玉。 天時：天、水、冰、霰、雹、寒冷。 地理：西北、都市、大郡、勝地、高丘、古蹟。 人物：君父、老人、官宦、大人、長者、名人、師、閥閱。 人事：圓滿、剛健、武勇、果決、有名、喜動。 身體：首、骨、肺。 動物：馬、天鵝、獅、象、龍。 靜物：金玉、珠寶、圓物、貴物、衣物、木果、冠、鏡、剛物、刀、金銀、神佛飾物。 屋舍：公廳、樓臺、堂、大廈、驛舍、西北向。 食物：馬肉、魚肉、乾燥物、辛辣物、珍味。 味：辛。

卦名	涵義與提示
七赤兌金	破軍星，又稱盜賊星；五行屬金，色赤。當旺之時旺丁旺財，兌女小房得利，屬金利於武職。衰退之時，官非口舌或遇宵小盜賊，流徙離鄉，牢獄凶死之災。身體易患呼吸道、鼻咽喉、肺部、大腸等病情；最不利幼女。破軍易破財，因金錢生災。 天時：雨澤、新月、星。 地理：澤、池、水邊、缺地、廢井、斷澗。 人物：少女、妾、妓、伶、巫、藝人。 人事：喜悅、口舌、毀謗、飲食。 身體：口、舌、肺、有疾、痰涎。 靜物：銀、飾物、樂器、缺器、廢物、流通物。 動物：羊、小獸、角獸、近澤。 屋舍：西向、近澤、頹垣、破宅。 食物：羊類肉、澤水物、河魚。 味：辛。

347

卦名	涵義與提示
八白艮土	左輔星，五行屬土；色黃。當旺之時富貴功名，廣置產業，有土斯有財，土性純樸厚道。衰退時，小口損傷，脾腹胃道，脊骨腰盤、手腳等疾病。八白艮土也是財星，生扶用火，催秀用金玉。 天時：雲、霧、山嵐。 地理：山徑、山巖、丘陵、墳墓。 人物：少男、閒人、山中人、隱者。 人事：阻滯、靜守、進退不決、反背、止步。 身體：手指、骨、鼻、背、腰。 時節：冬春交、十二月、丑土年月日時。 靜物：土石、瓜果、塊、黃物、土中物、剛物、高物。 動物：虎、狗、鼠、百禽、黔喙屬、四足。 屋舍：東北向、山居、近巖石、高屋、近路。 食物：土中物、諸獸肉。 味：甘。

卦名	涵義與提示
九紫離火	右弼星，五行屬火，色紫。屬火，故當旺之時發福甚速；財丁發旺，宜置產業。離女，中房得利，凡事中正平和。衰退時，剛烈之性忌火速時地；病痛有血病、目疾、心臟循環等。九紫也是吉星，星性雖吉，仍是須在吉位。生扶用木，催秀用晶玉，不忌水局既濟。 天時：日、電、虹、霞、半晴半雨。 地理：南方、乾亢地、爐冶所、文明地、屬陽氣、學校地。 人物：中女、文人、大腹人、胎婦、目疾人、學士。 人事：文書、有才學、光明、明決。 靜物：火、文書、甲胄、干戈、槁木、赤色物、外剛、貴用品、網罟。 動物：雉、鱉、蟹、蠃、蚌、龜。 屋舍：南向、明窗、虛室、文舍、公舍。 食物：雉肉、燻炙物、燒肉。 味：苦。

（二）、吉祥物五行性運用

五行所代表的形狀、質量、顏色、聲音、數目等，就是室內吉祥佈局的指標。金代表金器、銅器、銀器、金屬製造的器物，在申酉方有加重的能量，命中喜金也可以用金屬性質首飾加強。現在大門都是金屬製，如果所喜不是金，也能將顏色、門面形象等設計成喜用五行。水指浴廁、水龍頭位置、廚房、魚缸、水池、老鼠（子）、豬（亥）、儲水容器、浴缸等。缺水喜水在坎宮佈置水局的有加強能量的作用。例如三運乙山辛向，飛星盤如下：

2 6 二	6 1 七	4 8 九
3 7 一	1 5 三	8 3 五
7 2 六	5 9 八	9 4 四

坐山運星是一白飛入，向星為七赤，山星為三碧，七赤雖然剋制三碧，但在三運不得生旺氣，而被剋的三碧當旺，以衰死之氣剋制當旺之氣，凶險在得以控制之下，但發生在震卦，主長男有桃花感情之困擾，且在三碧運星過後官非口舌。

（三）、《沈氏玄空學・九星斷略》六親吉凶

玄空學在各宮位之吉凶，大略先以山星與向星的生剋制化關係為主，然後參酌運星與隔鄰宮位關係。因此除第壹章九星基本性質以外，本章在組合飛星盤吉凶前，先陳述《沈氏玄空學・九星斷略》內容。

> 竊聞河圖洩兩儀之祕，洛書闡九曜之靈。

按：河圖在說明陰陽在空間與時間的意義，因此有春夏秋冬循環，一六共宗北方水、二七同道南方火、三八為朋東方木、四九為友西方金、五十中央土。洛書則是闡明一白坎水、二黑坤土、三碧震木、四綠巽木、五黃廉貞、六白乾金、七赤兌金、八白艮土、九紫離火等特質。

> 一白先天在坤，後天居坎，上應貪狼之宿，號為文昌，行屬水，色尚白，秋進、冬旺、春洩、夏死。士人遇之，必得其祿。庶人遇之，定進財喜；第一吉神也。為剋煞，則莊子鼓盆之嗟，卜商喪明之痛有諸。

按：一白坎水在北方，先天八卦「天地定位」所以在北方坤位；後天八卦則是坎卦。又稱貪狼星，文昌星，五行屬水，白色，秋天進氣，冬天旺氣，春天退氣，夏天死絕。士大夫與讀書人逢貪狼星，必有祿位、科名、職權等。一般庶民遇到貪狼則有財喜，號稱第一吉神。若在退衰死絕為刑妻剋子。

> 二黑屬土，星號巨門，發田財則青蚨闐闐，旺人丁則螽斯蟄蟄。然為晦氣病符，憂愁抑鬱，有所不免，暗悶淹延，蓋嘗有之。為剋煞，孕婦有坐草之慮，孀居矢柏舟之志，或涉婦人而興訟，或因女子以招非，大抵此方不宜修動，犯者陰人不利，其病必久。

按：二黑坤土巨門星，在生旺之宮位，發田產而財源廣進，旺人丁子嗣延綿。反之，退衰死絕則是應驗病符，且畢竟並非吉星，憂愁抑鬱，有所不免；孕婦有產難之慮，孀居有犯小人顧慮，或男性因婦人興訟，爛桃花氾濫。大抵此方屬土不宜修動，首當其衝者女性優先，病符星會拖一陣子。

> 三碧祿存，星隸震宮，其色碧，其行木，值其生，興家立業；當其旺，富貴功名。若官災訟非，遇其剋也；殘病刑妻，遭其凶也。犯之者，膿血之災；觸之者，足疾大禍。

按：三碧祿存星居於震卦，碧色，五行屬木，逢生氣之時，興家立業；逢旺氣之時，富貴功名。如果剋洩交加，訴訟貶官，不免殘廢病痛之凶。祿存星剋出膿血之災；被剋則足疾大禍。

> 巽得四數，其色綠，風中木，文曲居之。當其旺，登科甲第，君子加官，小人進產。為剋煞，瘋哮自縊之厄，不得免焉，淫佚流蕩之失，勢所有之。

按：四綠巽木文曲星，綠色，巽為風，性風流，五行為木。當其生旺文章顯達，金榜有名；士大夫加官晉爵，庶民產業興盛，財源廣進。遇到衰退剋洩，身體上諸如精神不穩，哮喘氣滯、自縊自殘之類。行事淫佚流蕩，爛桃花犯小人。

> 五宮廉貞，位鎮中央，威揚八表，其色黃，行屬土，宜靜不宜動，動則終凶，宜補不宜剋，剋之則禍疊。戊己大煞，災害並至，會太歲、歲破，禍患頻仍。故此星值方，在平坦之地，門路短散，猶有疾病，臨高峻之處，門路長聚，定主傷人；值其凶，遭回祿之災，萬室咸燼，運瘟癀之厄，五子云亡；其性最烈，其禍最酷，何其甚也？蓋以土為五行之主，中為建極之基，有天子之尊，司萬物之命，不可輕犯者也。倘有大石尖峯觸其怒，古樹神廟壯其威，如火炎炎，不可響邇矣。

按：五黃廉貞星在中宮，五行屬土，宜靜不宜動，動則凶禍難免。宜補則喜火，不宜有木剋之，剋則禍患交疊。戊己大煞（流年起五虎遁）又逢會太歲、歲破，禍患頻仍。因此五黃飛臨之地，即便平夷舒緩無形煞，若門路進氣不夠生旺，猶有疾病，何況高挑險峻，門路冲射，定主傷人。若五黃發凶有回祿之災，瘟疫炎腫之患。五黃為禍最烈，因為土為五行之主，包容金木水火，五黃在太極之中，建立基業之根本，有天子黃袍

之尊，司理萬物之造化，不可輕犯。倘五黃飛入之方有五行屬土的嶙峋怪石、尖峰、古樹、神廟等，助長五黃凶威，如火勢燎原不可為向首。

> 乾宮六白武曲居之，行屬金，性尚剛，其生旺也，威權震世，巨富多丁；其剋煞也，伶仃孤苦，刑妻傷子。

按：六白乾金武曲星，五行屬金，性格剛直，收生旺氣之時威權萬里，財源廣進，富甲一方，有財神作用。當退衰死絕之時，伶仃孤苦，刑妻傷子。

> 七赤破軍，位居正西，有小人之狀，為盜賊之精。其生旺也，財丁亦增；為剋煞也，官非口舌。秋金主殺，九紫可制，夏月忌臨，八白和之。

按：七赤兌金破軍星，位居西方，為小人、盜匪等形象之凶星。當收到生旺之氣，財富人丁仍然雙雙進益。臨退衰死絕之氣，兌為口，官非口舌；秋天主肅殺之氣，可用九紫離火剋制，忌諱夏火飛臨，以八白艮土通關。

> 艮得八數，其色白，其行土。生旺則富貴功名，剋煞則小口損傷；性本慈祥，能化凶神，反歸吉曜，故與一六皆歸吉論，並稱三白。

按：八白艮土左輔星，五行屬土；收生旺之氣則富貴功名，財丁兩得。逢退衰死絕之氣，傷小口，艮為少男。左輔星是吉星，星性本慈祥，有貴人化險為夷的作用；與一白坎水、六白乾金，都屬於吉星，並稱三白。

> 離宮九紫，星名右弼，行屬火，性最燥，吉者遇之，立刻發福，凶者值之，勃然大禍，故術家以為趕煞催貴之神。但火性剛不能容邪，宜吉不宜凶，故曰紫白並稱。

按：九紫離火右弼星，五行屬火，性情急躁，「吉者遇之，立刻發福，凶者值之，勃然大禍」，指離火有雙重個性，在飛星盤中

遇吉則發吉，遇凶則發凶，因此並無解化凶星的作用。「紫白並稱」，九紫離火可與一白坎水或八白艮土同宮，親上加親。

> 九星有生剋之辨，六親有休咎之占。乾稱乎父，六白居之，其行屬金，畏九紫之剋，其性喜土，賴八白之生。配乎坤，內助攸資。得乎艮，中和吉慶；當其剋宅，主有迍邅之慮，遇乎生，老翁得矍鑠之容。

按：九星有五行生剋，六親帶上五行生旺有休咎之分。乾父為六屬金，怕九紫離火來剋，而喜歡八白左輔艮土相生。坤土相配，有賢內助。迍邅之慮，《易‧屯》：「屯如邅如，乘馬班如」，進退兩難。矍鑠之容，老叟遇生旺之機，精神旺盛。

> 坤稱乎母，二黑主之，行屬土，喜生火，九紫到，享閨房之福；土畏木剋，三、四臨，遭採薪之憂。

按：坤母二黑土，老母體弱易犯病，喜九紫離火相生，家庭和樂；怕震巽碧綠風魔，臨採薪喪事之憂。

> 帝出乎震，為長男，三碧木也，木非水不生，一白至則欣欣向榮；木無金不剋，六、七來則蕭蕭日瘁。

按：「帝」者道也，為長男三碧祿存，木需要水生，所以一白坎水同宮欣欣向榮。乾六兌七剋入；蕭蕭日瘁，指冷落淒清，日漸蒼老。

> 坎乃次男，其數一白，其行為水，遇六、七仲房發達，逢二、八中子受殃。

按：一白坎水是中男，也稱「仲房」；乾六兌七金生水，中男發達；坤二、艮八，土來剋水遭殃。

> 艮土八白，少男當之，畏伯兄之剋，然木雖無情，得仲姊之
> 生，九紫有助，風行壓制，逢主母之扶，二、五可安。

按：艮土八白少男，畏懼震三巽四剋入，雖說土怕木剋，得到
中女離火生入，九紫離火有助生氣。「風行壓制」，指四綠巽木
剋艮土。逢老母與廉貞火生入可以平安。

> 長女代母行權，為父剋不和於季妹；七赤來，則閨中狼狽，
> 有賴乎仲弟一白至，壺內鴻禧。

按：長女巽木雖然剋制坤土，在家庭情理上是代母行權，但又
被乾金老父所剋，並受兌金牽制不和；所以七赤兌金少女剋
入，閨中有爭執，依賴中男一白坎水通關，一團和氣。

> 離為中女，九紫屬火，火之熾也，資乎木三、四助之；火之
> 滅也，畏乎水一白剋之，當其熾，仲女福集閨房；值其滅，
> 仲婦災生牀席。

按：九紫離火右弼中女，火要生旺，必用震三巽四木來資助相
生；而火怕水來相剋。當離火生旺時，閨房福氣一團；反之水
旺，二房中女則災難相臨。

> 兌，季女也，陰金可知，六白來臨，父也助予，二黑飛至，
> 母兮鞠我。金水為洩氣，一白到未免生災。火制金為煞地，
> 九紫來安能無恙。

按：兌金指少女，屬陰金，有別於老父陽金。六白乾金來臨，
比和陰陽相生，老父相助；二黑坤土生入，土生金相宜。金生
水洩氣，一白坎水洩金氣，陰陽和諧洩的猛，未免生災。兌金
忌火剋入，九紫離火，陰剋陰不客氣，安能無恙。

> 總之，生、旺、比、和，一家均獲休祥；死、敗、墓、絕，
> 六親各罹災咎。

按：以上就各星的五行性原則解釋。

七、《沈氏玄空學・說卦錄要》

　　《沈氏玄空學・說卦錄要》即是依據〈說卦傳〉意旨所述，在拙作《易經三十天快譯通》亦有陳述。本書附錄於下。

> 近人卦象，多宗孟氏，逸象雖多而不切實用。端木氏周易指經生習焉，於此篇則簡略。初學入門，不如江陵鄭石元氏所著讀易輯要淺釋為易解，手錄此篇，並變易體裁，使人一目了然。丙戌夏沈竹礽識於上虞之福祈山下。

按：「孟氏」，西漢孟喜。「逸象」，指卦氣、爻辰、納甲、互體、半象等。「端木氏」，清代易學家，旁及陰陽數術。沈竹礽認為《讀易輯要淺釋》這本書容易理解。

> ☰乾，健也（乾純陽，動而不息）。☷坤，順也（坤純陰，靜而從陽）。☳震，動也（震剛好進，銳作上起）。☴巽，入也（巽柔始生，潛伏上侵）。☵坎，陷也（坎一陽在陰中，上下皆順，必溺而陷之）。☲離，麗也（離一陰在陽中，上下皆健，必附而麗之）。☶艮，止也（艮一陽健極於上，前無所往，必止）。☱兌，說也（兌一陰順見於外，情有所發必說）。
> 此言八卦之性情。

按：以八卦意義而言，乾為天（健）；坤為地（順）；震為雷（動）；巽為風（入），坎為水（陷）；離為火（麗）；艮為山（止）；兌為澤（悅）。

> ☰乾為馬（馬性健而不息，其蹄圓，乾象也）。☷坤為牛（牛性順而載重，其蹄坼，坤象也）。☳震為龍（震以奮動之身，而靜息於重陰之下，龍象也）。☴巽為雞（巽以入伏之身，而出聲於重陽之表，雞象也）。☵坎為豕（豕外質濁而心燥，剛在內也）。☲離為雉（雉外文明而性介陽，明在外也）。☶艮為狗（艮外剛能止物，而內柔者，狗也）。☱兌為羊（兌外柔能悅群而內很者，羊也）。
> 此言遠取諸物。

356

按：「乾為馬」，馬要健快。「坤為牛」，牛柔順而無不負載。「震為龍」，雷動於地，「重陰」，兩個陰爻。「巽為雞」，陰爻蟄伏於兩個陽爻之下，鳴於破曉之時。「坎為豕」，豬外表混濁而心燥亂。「離為雉」，雉雞外表燦爛，附麗為文明。「艮為狗」，外卦上爻陽剛止入而內柔。「兌為羊」，羊兒以悅在外，柔順群居。「遠取諸物」，八卦以動物為比擬。

☰乾為首(首為眾陽所會，圓而在上，乾也)。☷坤為腹(腹為眾陰所藏，虛而有容，坤也)。☳震為足(一陽動於下，足也)。☴巽為股(陰坼而入於下，股也)。☵坎為耳(陽明在內，猶耳之聰在內也。兩旁暗而內一陽明，能納言在內，故為耳)。☲離為目(陽明在外猶目之明在外也，陽白陰黑，離之黑居中，黑白分明，目之象也)。☶艮為手(動於上而握物，艮止之象也)。☱兌為口(口開於上而能言笑，兌悅之象也)。
此言近取諸身。

按：「乾為首」，天為首。「坤為腹」，土黃居中。「震為足」，地雷復，足在下。「巽為股」，風柔譬喻股。「坎為耳」，兩耳柔軟聰在內。「離為目」，兩眼為陽爻，中間眼球陰黑。「艮為手」，艮止以手。「兌為口」，以口悅人最靈驗。「近取諸身」，八卦用身體比喻。

☰乾，天也，故稱乎父。☷坤，地也，故稱乎母(六子皆自乾坤而生，故稱父母)。☳震，一索而得男，故謂之長男。☴巽，一索而得女，故謂之長女(索者，陰陽相求也，陽先求陰則陽入陰中而為男，陰先求陽則陰入陽中而為女，一索者，初爻也)。☵坎，再索而得男，故謂之中男。☲離，再索而得女，故謂之中女(在中爻為再索)。☶艮，三索而得男，故謂之少男。止也。☱兌，三索而得女，故謂之少女(在三爻為三索)。
此以八卦分父母男女一家之象也。

按：乾坤生六子，其理甚簡。乾、坤二卦依序誕生其他六卦，誕生後與其他六卦同為大家庭中之一分子，成為平等互動之八卦。

> ☰乾為天（乾純陽在上，故為天）。為圜（天體圓而運轉不息為圜）。為君（君上為萬物主為君）。為父（萬物資始為父）。為玉（色白而純粹無瑕為玉）。為金（質堅而純剛能斷為金）。為寒為冰（後天乾居西北當戌、亥之月，其候水始冰、地始凍，故為寒為冰）。為大赤（先天乾居正南火方，故色為大赤）。為良馬（純陽善走者馬也，德莫尚者為良馬）。為老馬（智莫尚為老馬）。為瘠馬（骨莫尚者為瘠馬，健之最堅者也）。為駁馬（力莫尚為駁馬，健之最猛者也）。為木果（圓而在上為木果，天之大德曰生，木上有果，生氣之完也）。

按：乾為天，為圜，因天體運轉如圓弧。為君，因天道運作故為萬物之主，取其尊道貴德，為萬民景仰。為父，乾為首，父為一家之主導。為玉，取清脆陽剛剔透之象。為金，西北方屬金，金為堅毅蕭瑟。為寒為冰，乾在西北方，為寒冷之地。為大赤，取乾卦三爻皆陽，以太陽火紅色為大赤。為良馬，天行健，良馬代表健行。行健長久，故為老馬。為瘠馬，瘠馬多骨，骨是陽，故象瘠馬。又為駁馬，駁馬是顏色不純之馬，此馬甚猛而無法馴服，有牙如鋸齒，能食虎豹，亦是至健之馬，故乾象駁馬。為木果，星星附著於天，木果為附著樹上的果實，果實有仁，乾為仁，故象木果，為天之附屬品。

> 荀九家有為龍、為直、為衣、為言。來氏補有為蒂、為旋、為知、為富、為鼎、為戎、為武，邵氏補有為郊、為野、為虎。

按：東漢荀爽乾升坤降「荀九家」，指荀爽、京房、馬融、鄭玄、宋衷、虞翻、陸績、姚信、翟子玄等為漢代象數易學家。「來氏」，明代來知德。卦象依據各家自由心證。

☷坤為地（純陰在下為地）。為母（萬物資生為母）。為布（地東西為經，南北為緯，中廣平而旁有邊幅故為布）。為釜（容物、熟物，而能養物者釜也，且六斗四升為釜，坤包六十四卦故為釜也）。為吝嗇（陰主收斂，故為吝嗇）。為均（卦向平分而地無私載，故為均）。為子母牛（性順多孕，生生相繼，為子母牛）。為大輿（刑方能載重，故為大輿）。為文（奇為質，偶為文，三畫平分而成章也）。為眾（三畫斷而為六畫，六畫斷而為十二畫，故為眾）。為柄（在下而承物於上為柄，坤持成物之權也）。其於地也為黑（極陰之色，先天坤居正北，故色為黑）。
荀九家有為牝、為迷、為方、為囊、為裳、為黃、為帛、為漿。來氏補有為未、為小、為能、為明、為戶、為敦。邵氏補無。

按：坤象地，大地生育萬物，故為母。布可柔軟包覆，地廣載萬物，故坤象布。釜，烹飪用的鍋，釜與「資」並用，象徵坤道資生萬物，故坤又象釜。「為吝嗇」者，地生物而不轉移，生物各適其所，象徵吝嗇，故坤象吝嗇。地生育萬物，平等對待，故為均，平均也。「為子母牛」，受孕之牛為子母牛，坤本為牛，地生育萬物，故又象受孕之子母牛也。「為大輿」者，「輿」是載貨的車子，象徵地載萬物，故坤亦象大輿。「為文」，文是文采，即斑斕色雜，故坤象文。「為眾」，眾多也，取其地載萬物非一也，故象眾。「為柄」者，「柄」是依託之意，地為萬物依託之本，故坤象柄。「其於地也為黑」，坤為陰，天清地濁，陰暗灰黑之色，為坤之象。

☳震為雷（震正東方二月之卦，陽氣動於下為雷）。為龍（神物動於淵為龍）。為玄黃（乾坤始交兼有天地之氣為玄黃）。為旉（陽氣始施為旉）。為大塗（上二偶開張，前無壅塞為大塗）。為長子（一索而得男為長子）。為決躁（陽動決陰，其進也銳，為決躁）。為蒼筤竹、為萑葦（東方之色，蒼下苞上，茂本實幹虛，陽下陰上之象，故為蒼筤竹、為萑葦）。其於馬也為善鳴（上偶開張故於馬為善鳴）。為馵足（爾雅：馬左白曰馵，震

359

居左，下一陽白又為足，故為馵足）。為作足（兩足並舉曰作，震性動，故為作足）。為的顙（額有白色曰的顙，頭上旋毛如射之的，故為的顙）。其於稼也為反生（子墜苗抽剛反而生於下，故於稼為反生）。其究為健、為蕃鮮（陽長終究必至於乾健，故其究為健，始甹而終必盛，蕃育鮮明，極言盛長之不可量，震、巽獨以究言剛柔之始也）。

荀九家有為玉、為鵠、為鼓。來氏補有為青、為蹄、為奮、為官、為圍、為春耕、為東、為老、為筐。邵氏補為車、為得。

按：〈震〉卦陽氣主動，從下而上，雷電震動，古人以為從地下往上衝起。「震為雷」者，為龍，震動之義。「為玄黃」者，玄是黑而幽深的顏色，指烏雲蔽日，雷電交加時之天色，黃指土地的顏色，所以玄黃代表天地相雜而成蒼色之義。「為甹」，「甹」是散佈的意義，取冬天萬物凍結凝聚，春雷發動使萬物發散，以至春氣和煦，草木皆吐。「為大塗」者，「大塗」為大的路途，車水馬龍之象，又取雷動之時萬物生長，順大道而行，萬物之所生。「為長子」者，因一索得男，震為長子。「為決躁」者，「決」是疾速，「躁」是躁急，皆比喻陽氣剛動。「為蒼筤竹」者，此係初生之竹，震陽氣初動，竹初生之時色蒼筤，比喻春生之翠艷絕美。「為萑葦」者，「萑葦」為下實上虛的蘆葦，震卦下一陽而上二陰，陽爻象實，陰爻象虛，故象萑葦。

　　「其於馬也為善鳴」者，雷聲響亮而遠聞，故以雷之象與馬之善鳴並比。「為馵足」者，「馵足」為馬之後足呈白色者，足走動時白色閃光，象徵雷電之閃光，故象馵足。「為作足」者，「作足」為馬兩足並舉，為動躍行健之象，故為作足。「為的顙」者，「的顙」是白額之馬，動而易見，故象「的顙」。「其於稼也為反生」者，「稼」是稼穡，即農事，「反生」是難生，始生時戴甲而出，故象徵大災等稼穡難生時，為震卦之象。〈震〉卦一陽在下，二陰在上，陽之生長受二陰之覆蓋，故難生長為震之象。「其究為健」者，〈震〉卦體為〈坤〉與〈乾〉

360

初交所得之卦，陽動之來源為乾，乾為健，故〈震〉卦之究極為健旺。「為蕃鮮」者，「蕃」是繁殖茂盛，「鮮」是鮮明，取其春時草木蕃殖茂盛而鮮明之象。

☴巽為木（巽，入也；物之善入者惟木，無土不穿）。為風（氣之善入者惟風，無物不被）。為長女（一索而得女，為長女）。為繩直（木曰曲直，繩所以糾木之曲直，故為繩直）。為工（引繩制木為工）。為白（先天巽居西南金方，其色為白）。為長（風行最長）。為高（木升最高）。為進退、為不果（陽性至果，陰性多疑，風行無常，或東或西，故為進退、為不果）。為臭（一陰伏於二陽之下，氣鬱不散，以風傳之故為臭）。其於人也為寡髮（髮為血所生，一陰入於下而未上行，故其人為寡髮）。為廣顙（陽氣獨上，感為廣顙）。為多白眼（陽白陰黑，離之黑居中為目之正，巽則二白在上，一黑在下，故為多白眼）。為近利市三倍（後天離居正南，巽居東南近離，離為日中之市，其數三，為利市三倍。巽入而貪侵牟二陽，故為近利市三倍）。其究為躁卦（震為決躁，巽錯即震，其究長而上之復反，必為躁卦也）。
荀九家有為楊、為鸛。來氏補有為後、為魚、為草茅、為宮人、為老婦。邵氏補為瓜、為潔、為絲、為床。

按：〈巽〉卦，為「順」之意，木可以輮曲直，柔順，故巽為木。「為風」者，取其陽爻在上，風吹木搖，無所不入，故巽為風，為「入」。又風柔順，亦為巽之象。「為長女」者，巽一索得長女。「為繩直」者，取其號令齊物，如繩之直木。因繩索柔軟可拉直，並作為標齊對正之基準。故號令齊物，繩直如一。「為工」者，「工」即工作，加工改變事物，使事物功能彰顯。「為白」者，風吹去灰塵，可顯現潔白本質。「為長」者，此形容風行之遠，無遠弗屆。「為高」者，巽木向上生長，風性高遠。「為進退」者，風向柔順，可進可退。「為不果」者，不果斷也，柔順即缺乏果斷，故巽象不果。「為臭」者，臭，氣也，氣味由風吹而來，故象臭。

「其於人也為寡髮」者，風吹樹落葉，風吹人落髮，象徵毛髮稀薄。「為廣顙」者，即廣額也，廣額即頭髮稀少。「為多白眼」者，多白眼即黑眼珠較小，取躁人之眼其色多白。「為近利」者，躁人之情多近於利，急功近利。近利也是容易獲得利益，獲利者多柔順而和氣生財，故近利為巽之象。「市三倍」者，「市」為交易，巽木繁衍，故獲利三倍，誇言其多。「其究為躁卦」者，巽為柔順，物極必反，巽至極而變化，其錯卦恰變為震卦，震為決躁之卦，取其風之近極於躁急。

☵坎為水（坎一陽內明為水）。為溝瀆（物陷則汙，小者為溝，大者為瀆）。為隱伏（水由地中行為隱伏）。為矯揉（矯直使曲，揉曲使直；陽欲直而陰欲曲，有水流曲直之象，故為矯揉）。為弓輪（水激射如弓，運轉如輪，二物中勁皆矯揉而成，故為弓輪）。其於人也為加憂（陷而成險，心危慮深，於人為加憂）。為心病（中滿而不虛靈為心病）。為耳痛（坎為耳，耳以虛為體，一畫實於中，為耳痛）。為血（坎在天地為水，在人身為血，固天地之血脈也）。卦為赤（得乾中畫亦分乾之赤色，但不大耳，故為赤，亦由血卦之色相承而言也）。其於馬也為美脊（剛在中而兩陰旁分，故於馬為美脊）。為亟心（剛在內而躁為亟心）。為下首（柔在上，故首垂不昂）。為薄蹄（柔在下故蹄薄不厚）。為曳（陷而失健，足行無力為曳）。其於輿也為多眚（行險而勞，卦象向下皆缺口，故其輿為多眚）。為通（上下皆虛，流而不滯故通）。為月（水之精為月）。為盜（陽剛伏陰中而能陷人為盜）。其餘木也為堅多心（陽剛在中則心堅實，故於木為堅多心）。

荀九家有為宮、為律、為可、為棟、為叢棘、為狐、為蒺藜、為桎梏。來氏補有為沫、為泥塗、為孕、為德、為淫、為北、為幽、為浮、為河。邵氏補為鹿、為金。

按：〈坎〉卦，卦體上下皆陰，中一陽爻，象外柔內剛，故為水，水行無所不通。「坎為水」者，為溝瀆，溝為小河，瀆為通海的大水，溝瀆均含藏流水。水流低窪處，為坎卦之象。「為隱伏」者，陽爻隱匿於二陰之中，象徵水隱伏地中。「為矯輮」者，使彎曲者變直為矯，使直者變彎曲為輮，水流可曲可直，故象矯輮。「為弓輪」者，弓可射箭，水亦可如箭激射，故象弓。又車輪旋轉如水流不斷。「其於人也為加憂」者，坎卦卦體二陰夾一陽，外虛而中實，象徵心中有憂慮險難。「為耳痛」者，君王坐北方主聽，因耳痛在內，類似〈坎〉卦形體。「為血卦」者，即坎卦為血卦，水在地上流，如血之在人身流動。「為赤」者，血的顏色是赤的。

「其於馬也為美脊」者，亦取其卦象之形狀，陽爻在中，堅實如馬之脊背。「為亟心」者，亟者，急也，急性之馬內心急。「為下首」者，水流向下，故象馬之下首。「為薄蹄」者，取水流破地而行。「為曳」者，「曳」是地上托拉而行，水著地磨行而流，故象曳。「其於輿也為多眚」者，「輿」是車，「眚」是災難，一三爻為陰柔，比喻車行積滯，力弱不能重載，故必遭災難。「為通」者，作事如水流應直則直，應曲則曲，故言暢通無阻。「為月」者，此係與離卦相對而言，離為火象日，坎水即指月，月乃水之精。「為盜」者，取水之潛伏流行如盜賊之潛行。「其於木也為堅多心」者，坎卦上下陰虛而中爻陽實，比喻如木之中心堅實，剛健在內。

☰離為火（離，麗也；麗木而生為火）。為日（火之精，麗於天為日）。為電（火之光，麗於雲為電）。為中女（再索而得女為中女）。為甲冑（剛在外則外堅，故為甲冑）。為戈兵（火上炎則上銳為戈兵）。其於人也為大腹（中空虛為大腹）。為乾卦（火性躁為乾卦）。為鱉、為蟹、為蠃、為蚌、為龜（外剛內柔象乎介蟲，離得坤中之黃，其物介而有黃者為鱉為蟹，形銳

363

善麗且圓轉，而上尖為蠃，內虛含明為蚌，文明含智為龜）。
其於木也為科上槁（火之中空者上必槁，火虛上炎之象也）。
荀九家有為牝牛。來氏補有為苦、為朱、為焚、為泣、為
霾、為號、為垣墉、為不育、為害。邵氏補為巷、為虎。

按：〈離〉卦，外陽而中虛，火是外強而中虛的，故象火，取南方
之五行。「離為火」者，為日，日乃火之精盛，火為光明，取太陽
光明，故離為日。「為電」者，這是象電之光明，因離為光明，雷
震動生電，電之光明則為離之象。「為中女」者，離再索而得女，
謂之中女。「為甲冑」者，甲冑是古代戰袍，外面是堅硬的，離卦
二陽爻在外，陰爻在中虛象，象徵外面堅硬，故象甲冑。「為戈
兵」者，戈兵是上端尖銳的兵器，象徵以剛強捍衛自身。

　　「其於人也為大腹」者，腹部為內虛之象，離卦中爻陰
虛，故取大腹之象。「為乾卦」者，火能烜乾萬物，故為乾燥之
象。「為鱉，為蟹，為蠃，為蚌，為龜」等生物，都是外有硬殼
者，故均是離卦外陽中虛之象，總括水產類似之物。「其於木
也，為科上槁」者，「科」指木中空之象，木既中空，其上必然
枯槁，故有枯槁分離之象。

☶艮為山（一陽高出二陰之上而止其所為山）。為徑路（一陽塞
於外不通大塗與震相反為徑路）。為小石（堅而止於小山，下
為小石）。為門闕（上畫相連，下畫雙峙而虛，故為門闕）。為
果蓏（得乾之上爻，堅圓在上為果蓏）。為閽寺（禁止人之出入
者為閽寺）。為指（人能止物者在指）。為狗（畜能守物者為
狗）。為鼠（其剛在上如鼠剛在齒也）。為黔喙之屬（黔；黑
色；為鳥喙之黑色者，其類不一）。其於木也為堅多節（陽在
上，剛而不中，故於木為堅多節）。
荀九家有為鼻、為虎為狐。來氏補有為牀、為握、為終、為
宅廬、為篤、為章、為尾。邵氏補有為喪。

364

按：〈艮〉卦，二陰在下，一陽在上，陰在下象地，坤為地，陽在上象徵地面突起，故為山之象。「艮為山」者，為徑路，艮與震恰相反，震一陽在下，二陰在上，「為大塗」，象大路途；而艮則二陰在下，一陽在上，故象徵小路。又山間小路，可行而難行，欲行又止，故有「止」之象，艮為止，故象徵山高而有澗道。「為小石」者，艮卦二陰在下，一陽在上，象徵石頭堆在地上，但艮為「少男」，故象小的石頭。「為門闕」者，「門闕」為王宮門外之望樓，即門外突起的東西，模仿艮卦二陰在內，一陽在外突起之象。

「為果蓏」者，「果蓏」為草與木之果實，果實在外是堅實的，取其出於山谷之中，為艮卦二陰在下，一陽在上之象。「為閽寺」者，「閽寺」為寺廟之守門人，制止閒雜人等。艮卦二陰在內象徵室內空間，一陽在外，象徵守門之人。「為指」者，指在手之上端，指可動，艮卦在外一陽爻象徵手指動作，取其禁制之意。「為狗」者，狗守門者，制止人入內，職責有如閽寺。「為鼠」者，家人阻止鼠輩竄入，又鼠常守在洞口，有如狗在門口。「為黔喙」者，指肉食動物之屬，黔喙為山獸，肉食動物如豺狼之類，棲止山間，有如狗居屋中，鼠居洞中，故亦為艮象。「其於木也，為堅多節」者，「節」為「止」之義，《周易正義》云：「取其山之所生，其堅勁故多節也。

☰兌為澤（坎水上入而下不洩為澤）。為少女（三索而得女故為
女）。為巫（以歌悅神為巫）。為口舌（以言悅人為舌，兌為
口，為悅也）。為毀折（兌為正秋八月，萬木凋落，其象尚
缺，故為毀折）。為附決（柔附剛為附決）。其於地也為剛鹵
（流水甜而止水鹹，兌澤水凝而至堅為剛鹵）。為妾（少女從嫡
為妾）。為羊（外悅內很為羊）。

荀九家有為輔頰、為有常。來氏補有為笑、為食、為跛、為
眇、為西。邵氏補有為虎、為袂、為金。

此章言象必合正卦、變卦、錯卦、綜卦，先、後天八卦方位
參觀之六十四卦中言象者，皆不外此。

按：〈兌〉卦，上端為坎的上半，坎象徵流動的水，而兌初爻變
為陽爻，象徵停留的水，故為沼澤。「為少女」者，兌三索得
女，謂之少女。「為巫」者，巫為古代溝通神人者。「為口舌」
者，兌上陰柔象口，中下二陽爻象口中之舌也。兌卦上陰爻為
柔，象徵口，口為柔也，巫人用口舌，但說出的語言為剛強，兌
卦下二爻為陽，象徵剛強。「為毀折」者，物之毀折表柔弱，兌
主秋季，取秋季農作物成熟，稟稈之屬必逢收割而毀折。又毀折
加口舌為挑撥離間，蓋兌上缺，象口舌，多嘴也，多嘴之人，挑
撥離間。「為附決」者，「決」是決斷，「附決」為所附之物之決
斷，即秋收時果實脫離附著而摘落之象，故兌之象附議他人。

「其於地也，為剛鹵」者，鹵是天生的鹽澤，天生曰鹵，
人造曰鹽，「剛」是剛健，天生之鹽池須地中打鑿穿井，土厚石
堅有剛健之現象。「為妾」者，兌為少女，取少女從姊為娣也。
妾在妻中之地位較低，故類比為少女。「為羊」者，羊為善良和
悅的動物，兌為澤，澤為令人和悅者，故兌象羊。

八、《沈氏玄空學·先後天八卦取象》說法

（一）、八卦說

1、坎卦為水星，為貪狼，數為一白，人為中男，為酒徒，為舟子，為盜，為淫，為加憂，為多眚，為孕，為鬼；於德為敬，為勞恤，為疑，為險，為亂；於身為耳，為腎，為血；動物為豕，為鼠，為燕；靜物為池塘，為河海，為泥塗，為幽谷；其性浮而蕩。

2、坤卦為地星，為巨門，數為二黑；人為老母，為寡婦，為女子，為小人，為吝嗇；於德為智，為安寧；於身為腹，為脾，為肉；動物為牛，為猴；靜物為塚墓，為郊墟；其性柔而靜。

3、震卦為雷星，為祿存，數為三碧，人為長男，為秀士，為官，為好爵，為侯，為里甲，為言；於德為決躁；動物為龍，為狐，為兔；靜物為棟樑，為園，為陵，為刑具；其性勁而直。

4、巽卦為風星，為文曲，數為四綠；人為長女，為文人，為婢妾，為富，為官，為工，為近利市三倍；於德為進退，為損；於身為股肱，為寡髮，為廣顙，為多白眼，為氣；動物為雞，為龍，為蛇；靜物為廟，為藤蘿，為繩索；其性和而緩。

5、乾卦為天星，為武曲，數為六白，人為老父，為盜賊，為軍吏，為富；於德為大，為道，為德，為福祉慶祥；於身為首，為項，為肺，為骨；動物為馬，為犬，為豬；靜物為鐘鼎，為玉，為石，為金；其性剛而動。

6、兌卦為澤星，為破軍，數為七赤；人為少女，為讒人，為武人，為倡優。為巫祝；於身為口舌，為涎，為毀折，為跛眇；動物為羊，為虎豹，為雞，為鳥；靜物為刀戟，為斧鋤；其性決而利。

7、艮卦為山星，為左輔，數為八白；人為少男，為僮僕，為樵豎，為君子，為損疾；於身為手，為指，為背，為鼻；動物為狗，為鼠，為虎，為牛；靜物為園林，為巖壑，為門闕，為宅盧，為邱；其性安而止。

8、離卦為火星，為右弼，數為九紫；人為中女，為穎士，為通人；於德為蓄，為言，為敬；於身為目，為心，為三焦，為大腹，為不孕；動物為雉，為鹿，為馬；靜物為爐竈，為燈燭，為焚；其性燥而烈。

（二）、星曜組合吉凶原則

1、九星之間的排列比較，以山星與向星較為重要。山星與運星的組合，與向星與運星的組合則次之。

2、雖然九星有專名與卦數，但這些只是符號性質，其本質依然是卦氣，例如坎水卦氣位置有缺陷，剋應就在中男、二女婿或中年男子。

3、山管人丁水管財；故山星主人丁，向星主財源。例如山星是九紫，九紫代表中女健康；或向星是九紫，代表中女財力。

4、陰卦指坤二老母、巽四長女、兌七少女、離九中女。陽卦指乾六老父、震三長男、坎一中男、艮八少男。孤陰孤陽皆非所宜。

5、星以生旺為吉，不宜當頭被剋，例如八運之八逢震巽木，七運之七逢九同宮，受剋太過，即使旺運也無福。其次洩氣，例如四運之四與九紫同宮，旺氣變洩氣。

6、星與星合併，分生、旺、退、殺、死等情況。生旺為吉，退殺為凶，我剋之雖死，財為我剋，故吉凶參半，端視剋力如何；例如三八，若三碧生旺，剋住八白艮土即為得財；反之，三碧退氣，剋不住艮土，宅主財衰身弱。

7、向上、山上，不喜陰星受剋；如一白坎水受剋，抑鬱不得志。如二黑受剋，寡母體弱。七赤受剋，桃花偏枯，情場失意。四綠巽木受剋，不利長女。二七、四七同宮皆陰，主家聲有敗；星曜生旺，歌舞色藝。

8、若星曜為陰剋陽，山星主病，向星主破財；星曜生旺，則山星主縱情嗜好，向星主浪費耗財。例如八白艮土為山星受四綠剋，八白逢退衰死則主少男多病，八白逢生旺則因嗜好破財，稍有回收。

九、室內設計注意事項

現代建築技術進步，生活環境之需求也多元化擴張，而設計師是否拒絕接納風水觀念，其實並不相悖，因為風水觀念大部分仍呼應人性心理與生理需求。風水無非是以各種吉祥物的材質、顏色、形狀、聲音、觸感等有形與無形的五行性，使生活環境達到陰陽和諧，賞心悅目的目的，因此風水師應該提出扼要，成本低廉，施作可行，而化凶為吉於無形之中。

1、綠色的植物僅適合在室外與室內點綴，不適合作為室內主體顏色，因為住宅需要安寧清靜，而綠色是東方「震」的意象，其次，人類是從原始山林中演化而來，綠色不是文明衍生出來的主要色系。

2、凌亂的衣物間、鞋類、書籍、瓶罐、置物櫃、庭院、走道等皆為禁忌。除非是特殊作用的空間，否則五彩繽紛、飄移不定、耳暈目眩等色系裝飾不適合住家或領導，容易心緒不穩。

3、水晶五行性質是縱橫交錯的，因為在形狀上金木水火土都有成形的機率；其次顏色也具有多樣性，視覺上也有五行的感覺，因此水晶在刻意佈置之下應該凸顯用神的性質，是一門很深的吉祥物學問。水晶顆粒就像火焰跳動，紫色、紅色、黃色、藍色各有不同剋應。至於擺放的位置、科儀與時間也是一門學問。

4、飼養寵物也是五行生剋制化的範圍，例如狗、貓、蛇、老鼠、魚、烏龜、鳥類、蜘蛛等。凡怪異、噁心、腥穢、噪音等動物，只是讓貴人不想登門。

5、鏡子是家中不可免的物品，室內化妝鏡在每室最多不宜超過一面。女性化妝鏡宜關閉，需要使用時才打開。在風水上經常利用鏡子的反射作用，改變氣場氛圍，例如在陰暗的地方對著窗外的採光，則可使安置鏡子的方位顯得光亮。

6、鏡面運用過甚，反而使空間顯得雜亂，容易產生眼花、暈頭、炫光等錯覺，使每個方位都有不同的視覺反應，畢竟鏡子只是借景而已，無法改變真正的卦位與星性，故鏡面的佈置不宜喧賓奪主。

7、鏡面數量超過正常範圍，使自己的身影經常出現在鏡子，大家可以理解為伏吟反吟之弊。在營業場所往往大量安置鏡面，這是營利與住家目的不同，營利者讓消費者伏吟而自大，幻影多而空亡，如此肯定是增加業績的，至於隨後而來的「財生殺」那是誰怕誰的事情。

8、風水與神佛等宗教之道本是兩回事，雖說並行不悖，然而風水不如法，卻想藉由宗教改運這是很難如願的，因為宗教有教規、輪迴、報應、空無等回饋的問題，而風水是無條件而普遍定性的反應，因此在風水之後過度的帶入宗教，就干擾了風水的環境。

9、風水不牽涉出世、輪迴，是當下活生生的世間生活，搞好基本生活條件，宗教感應才能派上用場；否則風水不受形式主義的宗教修行加持，反之以風水加持宗教修行則可。

10、陽宅的佈置不應虛偽造作，而應有實質作用後再加上符合陰陽、五行、飛星等特性加以佈置。因為有實質上之需要，而非稀奇古怪，所以不會因累贅而突兀；簡單說，盡量不可因風水而風水。

11、盆栽有景觀作用，屏風有迴風轉氣作用，圖畫雕塑品有藝術作用等，而將風水理論隱含於其中，形成自然而然的事物；即不可違反自然或美觀的境意。至於刀劍、獅虎、猛禽、仙佛像等都可能成為正常陽宅中的「形煞」，煞形在平時安靜中隱伏，煞氣則是退洩時猖狂發作。

12、關於吉祥物固然有存在價值，但每逢一段時間在生產與消費鏈中間自然會有大師的指點，商家的鼓動，媒體的吹捧而產生流行性吉祥物；久而久之，吉祥物越來越多，例如蜜臘手珠、水晶、會咬錢進來的貔貅等，說法也莫衷一是，其實風水意義已經不大，而是術數師成為產業界的共同結構一部分。

13、文昌塔是地方上有出科名的紀念性建築，為鼓勵地方讀書人努力而昭示，至於放在書房鼓勵子弟勤學似乎也有心理作用，然而文昌塔形象與書房實在不相干，反不如在書房進出處擺設代表節節高陞的葫蘆竹。

14、若衰死之星臨屋後方，則宜於此方開後門後窗，以洩衰死之氣；惟若後方空曠，但有阻隔正對門窗，則因阻隔而使衰死之氣無從渙散，反不宜開後門後窗。反之，生旺之氣光臨後屋，則不宜開門窗；若有阻隔則宜開放，宜多運動於此散發生機。

15、陽宅必須採光良好，不宜出現黑暗巷弄、狹窄通道、污穢窒塞等，若恰執凶星加臨，災禍作亂；尤其二黑五黃加臨，傷人丁。

16、天井太大，深度超過客廳一半，則水氣渙散，反不利聚生旺氣。但也不可太淺，或是有屋簷之類掩蔽，僅有一些開口，則納氣不全，主居家不寧。

17、側門、偏門、橫門等，方位若不佳，既能進出亦可備而不用；若代替正門必須是生旺方。因此人車分道，後進式停車亦應合乎理氣，以收山出煞處理。

18、灶座是陽宅吉凶要件，火門為重；宜向一白、三碧、四綠；次則為八白、九紫。不可向二黑、五黃、六白、七赤，有火炎土燥，火剋金的五行偏枯。以上是指向上飛星，無關山星與運星。

19、客廳前面動線須寬闊，寬闊則足以納氣。反之，內部房間通道則不可寬闊，寬闊出則氣渙散。水井、池水、自來水，宜在山星與向星方位的一白、九紫、六白、七赤等方位，具有既濟、比和、生我等關係。

20、安床最宜生氣方，以房門計算理氣，如果房間太小，床位已經佔了數個宮位，則將床頭、床口落在生旺方。安廁則不宜在二黑、五黃方位，主病。

21、與火災相關的飛星是九紫、七赤，其次二黑、七赤。河圖二七南方火，二七組合是先天火。火旺在南方，離卦在南方，因此九七形成火源。在飛星盤中二七、七九之組合方位，有火形煞、尖塔、赤紫色、尖射等，需防形煞靈動效應。尤以年月兩星又見二七、九七為發作時期。

22、三七組合是金木交戰，三為蚩尤星好鬥逞強，七赤是破軍星，主發財肇禍，因財興訟，不因三七合十而論吉。六七為交劍煞，主遇盜賊與陰謀暗害。二三則是二黑土被三碧木剋制，主官非病毒。凡凶星是為旺氣，暫時壓制；但若三七年星與月星重疊而至，仍然制不住。二七同宮土生金，但衰土無氣，以艮土加持。二黑五黃不利人丁，忌年月飛星重疊。三七主災，二五主病。二五不宜同時在中宮，衰死之時忌在陰人陰物。

既知玄空學以飛星盤卦數五行生剋制化加以佈局，佈局時即有五行性必須遵循之規則，大體上不吉祥之宮位，優先在該宮位尋找補救方法；例如乾宮的二黑五黃屬土，先破丁，後損財，先以金化去土氣，宜用金屬性質之吉祥物；其次以木剋土，但乾宮之花木、木櫃、木雕品等必須枝幹有力，否則自身難保。如果需要再加強，可以在「對應宮位」之坤宮作金屬吉祥物佈置。

所謂「對應宮位」，乾/坤（父母），坎/離（中男中女），震/巽（長男長女），艮/兌（少男少女）等。其次以先後天八卦對應宮位為輔助，例如乾卦在先天八卦是在離宮，先天八卦的乾卦是艮卦；但仍需配合飛星盤的五行宜忌。運作五行改造基本認識，例如：

1、木之五行性：木料，綠色，碧色，青色，木質聲，長形。

2、火之五行性：紅色，紫色，桃色，粉紅色，火雷聲，尖形，三角形，破碎感。

3、土之五行性：黃色，土黃，酪黃，正方形，厚實感。

4、金之五行性：金屬，白色，米色，銀色，金屬聲，尖銳，圓形。

5、水之五行性：薄紗，黑色，深藍、靛青色，水流聲，波浪形，曲形，水平感，流體，流質。

373

改造風水的吉祥物佈局，在於不露痕跡暗合陰陽五行之原理，不可一眼遭人看破，否則佈局後未蒙其利，先受訕笑。

下元九紫離火入中宮，以飛星與卦位地盤五行對比，強調卦位空間性。

八 （巽木）	四 （離火）	六 （坤土）
七 （震木）	九 （中土）	二 （兌金）
三 （艮土）	五 （坎水）	一 （乾金）

1、九紫離火入中宮，生中土，宮位得旺。

2、一白坎水入乾宮，金洩生水，宮位洩氣。

3、二黑坤土入兌宮，金得土生，有生機。

4、三碧震木入艮宮，土被木剋，被剋則死地，以火通關。

5、四綠巽木入離宮，火得木生，生則有氣。

6、五黃土在坎宮，水被土剋，被剋則死地，以金通關。

7、六白乾金入坤宮，土洩生金，宮位洩氣。

8、七赤兌金入震宮，木被金剋，宮位被囚，以水通關，以子護母。

9、八白艮土入巽宮，木去剋土，以火通關，以子護母。

第伍章、玄空訣語析論

一、陽宅三十則

在《沈氏玄空學》著作有〈陽宅三十則〉：

> 1. 城鄉取裁不同：
> 鄉村氣渙，立宅取裁之法以山水兼得為佳。城市氣聚，雖無水可收，而有鄰屋之凹凸高低，街道之闊狹曲直。凹者、低者、闊者、曲動者為水；直者、凸者、狹者，特高者為山。

按：鄉村氣流渙散，陽宅立向取山水兼得為佳，可以避免同時上山下水。城市有建築物圍兜，宅氣聚集；雖然水局不存在，但因為有鄰房高低錯置，而街道或開闊，或狹窄，或蜿蜒，或筆直等，又是人潮車潮的流動線，所以凹者、低者、闊者、曲動者為水，人與車的流動似水。直者、凸者、狹者，特高者為山。道路不論直狹低者為水，須特高始為山，例如堤防之上的道路不視為水。

> 2. 挨星：
> 陽宅挨星與陰宅無異，以受氣之元運為主，山向飛星與客星之加臨為用。陰宅重向水，陽宅重門向；然門向所以納氣，如門外有水放光較路尤重。衰旺憑水，權衡在星之理，蓋亦無稍異也。

按：沈氏研究玄空學採用甚多陰宅實例，陽宅也一併用上，挨星算法陰陽宅皆相同。以受氣的當運旺星入中宮，再分判山星與向星的生剋制化，到山到向，上山下水之類。陰宅注重山星與向星，陽宅重門向；門向雖然是納氣的主要作用，但如果門外有水受光而反射光影，水局之觀察猶重於門路。平洋地猶重水局旺衰，雖然高一吋為山，畢竟水局力大，且真水勝過旱水。

> 3.屋向、門向：
> 凡新造之宅，屋向與門向並重，先從屋向斷外六事之得失，
> 倘不驗再從門向斷之。若屋向既驗，不必復參門向，反之，
> 驗在門向，亦可不問屋向也。

按：新建完成的房屋，屋向與門向並重；但先從屋向斷外六事，因為沈氏所取實例皆是按照這個步驟。如果計算與實際反饋情況有誤，再以門向判斷。這一般指大戶人家，大門、儀門、廳門有所不同。反之，屋向已經靈驗，不必再參考門向，畢竟屋向是固定的，而門向可以更動。反之，門向固定起飛星盤與宅主吉凶應驗，即無須參考屋向。

　　　《中州派玄空學》：「門有總門，分房之門的區別。居住於大廈，總門即是大廈之門；單位門即是分房之門。飛星由總門起，視自己所在單位，坐落大廈何宮，門路又由何方而來。然後根據單位之門再起星盤，佈置內六事。」

> 4.堂局環境：
> 凡看陽宅，先看山川形勢，氣脈之是否合局？繼看路氣與周
> 圍之外六事，及鄰家屋脊、牌坊、旗桿、墳墩、古樹等物落
> 何星宮，辨衰旺，以斷吉凶。

按：看陽宅，先看山川形勢，氣脈；格局大小，發展腹地等；其次，堂局、水局、形局、地勢、地形，最後屋脊、牌坊、旗桿、墳墩、古樹等物落何星宮；以飛星盤論衰旺。陽基之龍，喜其闊大開陽，氣勢宏敞。《陽宅集成》：「基形者，人家建立宅舍，其基址之方圓長短，曲直凹凸，高低體式也。其形不一，總以寬平方正圓滿為吉，而以歪斜破碎為凶。」由遠而近，九宮逐一分判，山星是否落在安靜高起之處？向星是否符合水路水局？形煞不可忽略。

5.大門旁開：
凡陽宅以大門向首所納之氣斷吉凶，大門旁開者則用大門屋
向與正屋向合兩盤觀之。外吉內凶，難除瑕疵，外凶內吉，
僅許小康。

按：陽宅以大門向首納氣而論，但大門也有在旁邊另外開門的
情況，可以大門宮卦位飛星盤論吉凶，綜合屋向判斷；因此必
須依照實況規劃出兩個飛星盤。兩種盤面都是趨吉避凶，否則
寧可先取內部吉祥的屋向或門向。

6.屋大門小：
凡屋與門須大小相稱。若屋大門小，主不吉；然屋向、門向
皆旺，屋大門小亦無妨。

按：屋與門，猶如人與口，最宜大小中庸。若屋大門小，進出
壅塞，換氣不足即不吉。然而屋向與門向皆生旺之氣，屋大門
小無妨，自然的運氣最好。

7.乘旺開門：
凡舊屋欲開旺門，須從舊屋起造時某運之飛星推算。如一白
運立壬山丙向，旺星到坐，原非吉屋；到三碧運，在甲方開
門，方能吸收旺氣，緣起造時向上飛星三碧到震，交三運乘
時得令，非為地盤之震三也。若開卯門，亦須兼甲，以通山
向同元之氣也。

按：舊屋運過之後，如果要收旺氣之門，須從舊屋起造當時大
運之飛星推算，選擇向星在修繕之現運的生旺方開門。例如：
一白運立壬山丙向，坐山是一白坎水飛進，旺星到山，而坐山
之向星也是一白坎水到山，犯水星上山。到三碧運時，向星三
飛到震宮，所以改門取當旺向星，且三運時改門原則取和丙地
元龍相同的甲向，即使開卯向之城門，也須盡量兼向甲方。

377

（東南）　　（南）　　（西南）
巽　　　離 向　　　坤

7 4	2 9	9 2
九	五	七
8 3	6 5	4 7
八	一	三
3 8	1 1	5 6
四	六	二

（東）震　　　　　　　（西）兌

（東北）　　（北）　　（西北）
艮　　　坎 山　　　乾

（東南）　　（南）　　（西南）
巽　　　離 向　　　坤

9 6	4 2	2 4
二	七	九
1 5	8 7	6 9
一	三	五
5 1	3 3	7 8
六	八	四

（東）震　　　　　　　（西）兌

（東北）　　（北）　　（西北）
艮　　　坎 山　　　乾

378

8. 新開旺門：
凡舊屋新開旺門後，其斷法可逕用門向，不用屋向也。打灶作
房亦從門向上定方位。按：此指旺門大開，原有大門堵塞或緊
閉者而言，須辨方向之陰陽順逆，與乘時立向無異。若開便門
以通旺氣，則取同元一氣，仍照起造立極之屋向斷之可也。

按：舊屋取旺氣開門，只用門向計算理氣，不用屋向，否則多
重算法無從依據。前言：「驗在門向，亦可不問屋向」。內六事
的廚灶、衛浴、房間等，也是從門上定方位計算理氣。以上情
況指生氣旺氣之門作為通行進出，一樣具有類似旺山旺向的效
果，而其它過氣之門必須封閉。若開其它側門接收旺氣，原則
上要地天人同元一氣，而以起造當時的山向起飛星盤計算。

9. 旺門蔽塞：
凡所開旺門前面有屋蔽塞，不能直達，從旁再開一低小便門
以通旺門，則小門衹作路氣論，不必下盤。

按：所開旺門是指希望收到生旺的理氣，如果前面有房屋等地
形地物阻塞，或形煞，即堂局受損，巒頭不及格；權宜在旁邊
再開一個低矮於旺門的便門，作為通路，而小門只做路氣論，
不是飛星盤的生旺氣接收器。

10. 旺門地高：
旺門門外有水本主大吉，但門基反高於屋基者，雖有旺水，不
能吸收；門基高於門內之明堂者亦然。若門外路高當別論也。

按：以旺向定門向，旺門之外有水，水主財，到向大吉；但門
基高於屋基，旺水即被門基擋住，看的見，吃不到。門基高於
門內的明堂，即水不入堂，反而牽鼻直去。如果門外路高，大
概是朝水局，收盡水氣仍須有門基擋水，以免逢水即淹。

11. 黑衖：

凡宅內有黑衖不見光日者，作陰氣論。二黑或五黃加臨，主
其家見鬼，即不逢此二星，亦屬不吉。

按：家境艱苦者限於經濟資源條件，陽宅總是在不利環境中，
因此通風採光流水等都是無緣晉級，「黑衖」作為負面陰氣而
論。二黑病符星，五黃廉貞火瘟疫加臨，主其家中陰影憧憧，
即使二、五未曾逢臨，二五交加，疾病瘟疫，亦屬不吉。

12. 造竈：

不論宅之生旺衰死方向均可打竈，但生旺方可避則避。竈以火
門為重，竈神坐朝可弗問焉。火門向一白為水火既濟，向三碧
四綠為木生火，均為吉竈，火門向八白，火生土為中吉；向九
紫亦作次吉論，但究嫌火太熾盛耳；六白、七赤火門不宜向，
因火剋金也。二黑、五黃更不宜向，因二為病符，五主瘟癀
也。然火門所朝之向，乃造屋時向上飛星所到之活方位，非指
地盤九星言也。如一白運所造之屋，至八、九運打竈，仍須用
一白運之向上飛星是也。惟飛星之九紫方，切忌打竈，火氣太
盛，恐遭火患，此造竈方位之概略也。

按：八宅法論灶位，確定壓在凶方，玄空學則認為「生旺衰死
方向均可打竈」，但生旺方可免則免。灶以火門進氣，進氣方必
須論吉。火門向一白坎方為水火既濟；向三碧四綠為木生火，
均論吉。火門向八白，火生土中吉，向九紫離卦比合次吉；以
上木火土都有火炎土燥的缺陷。六白乾金與七赤兌金屬金，火
剋金不宜向。二黑五黃更不宜。以上火門之向是指「造屋時向
上飛星所到之活方位，非指地盤九星」，假設九運子山午向（如
下圖），灶位設在地盤艮卦，山星 2 不旺，向星 7 為衰退氣，故
可用作灶位；若火門向地盤坎卦，雖山星與向星 99 比合，但火
氣太旺；向震卦二七合火亦然。其次，若以地盤兌卦為灶位，
山星 3 不旺，向星 6 衰死之氣，適宜作灶位；若火門向坤卦，向
星 1 為水火既濟。若將火門向中宮，向星 4 綠巽木，木生火論

380

吉。如果出了几運進入一運，修改灶位仍然用九運飛星盤。如果大修繕必須改用當運之飛星盤。

（東南）巽	（南）離回	（西南）坤
6 3 八	1 8 四	8 1 六
7 2 七	5 4 九	3 6 二
2 7 三	9 9 五	4 5 一

（東）震 （西）兌
（東北）艮 （北）坎⊥ （西北）乾

13. 糞窖牛池：
穢濁不宜嚮邇，五黃加臨，則主瘟瘝，二黑飛到，亦罹疾病，以較遠之退氣方為宜。

按：糞窖牛池是污穢之地，不宜出門即當面相見，尤其二五交加時應驗瘟瘝疾病；糞窖牛池應該設在較遠的退氣方。例如上圖例之乾方與兌方。

14. 隔運添造：
凡屋同運起竈固以正屋為主，如後運添造前、後進或側屋而不另開大門者，亦仍作初運論，不作兩運排也；若添造之屋另開一門，獨自出入，方作兩運排，倘因後運添造而更改大門，則全宅概作後運論可也。

按：凡立灶與房屋興建同一運，以屋向為準；但離開建造房屋當運之後才立灶，且前後、側邊並不另外開設大門，則仍然以

當初建造的飛星盤計算吉凶，不須以立灶當運另外起飛星盤，因為進氣口沒變。因此「添造之屋另開一門，獨自出入，方作兩運排」，為何「因後運添造而更改大門，則全宅概作後運論」？因為開門等於改變進氣口，即論大修繕了。

---

15. 分房挨星：

凡某運起造之宅，至下運分作兩房者，仍以起造時之宅運星圖為主，而以兩邊私門為用；蓋星運定於起造，不因分房變動，分房以後，各以所處局部之星氣，推斷吉凶可也。同運分房者類推。參看宅斷中會稽章宅七運子午兼癸丁圖自明。

按：凡是某運起造之宅，到後面十年，因為需求而將整屋分作兩間各自獨立的房屋居住，則以兩邊各自進出私門宮位飛星盤論吉凶。因為運盤固定在起造當運入中宮，分房後仍然不變，各自以所處局部之飛星推斷吉凶。且同運分房類推。請參看第陸章「會稽章宅七運子午兼癸丁圖」說明。

---

16. 數家同居：

一宅之中，數家或數十家同居斷法，以各家私門作主，諸家往來之路為用；看其路之遠近衰旺，即知其氣之親疏得失也。

按：古時經常有大宅院中居住數家或數十家的情況，而在現代陽宅，以一個社區大門總管數十戶或百戶都是很常見的情況，因此以各家私門出入作主，再配合各家往來進出之路為用。看其路之遠近衰旺以飛星盤論吉凶，故吉者親，凶者疏，近水樓台先得月。

---

17. 分宅：

一宅劃作內室，另立私門者，從私門算；但全宅通達毗連，仍作一家排，不從兩宅斷也。

按：私宅之內另作內室，且內室另立私門者，從私門算；即一物一太極。但全宅通達毗連，仍作一家排，不從兩宅斷；因為同一排屋向不變，未符太極點變換之要旨。

---

18. 逢囚不囚：

向星入中之運，如二、四、六、八進之屋，逢囚不囚者何也？因中宮必有明堂，氣空可作水論，向星入水，故囚不住；若一、三、五、七進之屋，中宮為屋，入中便囚；但向上有水放光者，亦囚不住。

按：玄空學入囚星，指中宮向星依照小運二十年輪換，例如九運卯山酉向（如圖），九運 20 年，一運 20 年，40 年後進入二運，即入囚。但二、四、六、八進之屋，逢囚不囚者，因為中宮天井就是明堂，當作向星收水，論囚不住。反之，一、三、五、七進之屋，中宮為屋，單數在中間，向星飛入就是入囚。但向方有水光者囚不住。

(東南) 巽	(南) 離	(西南) 坤
八	四	六
七	7 2 九	二
三	五	一

(東)震 （左側）　　(西)兌 （右側）

(東北)
艮　　(北)
坎　　(西北)
乾

19、店鋪：
凡看店鋪，以門向為君，次格櫃檯，又次格財神堂；俱要配合生旺，若門吉，櫃檯凶，或財神堂凶，則吉中有疵，主夥友不和，或多阻隔；其衰旺之氣，皆從門向吸受。

按：營業用店鋪，最重門向，其次櫃檯，末次財位與神位。三者均要配合生旺之氣；若門向吉，櫃檯凶或財位神位凶，屬於內部問題，則吉中帶有瑕疵，應驗在內部同夥不合，溝通不良，冷漠相待之類。衰或旺，以門向收氣為主。

20、吉凶方高：
宅之吉方高聳，年月飛星來生助愈吉；來剋洩則凶。若凶方高聳，年月飛星來剋洩反吉；來生助則凶。此指山上龍神之方位也。（按：即山星挨到之方位也。）

按：「山上龍神不下水」，指生旺山星要立於高聳方位，因此年月飛星也要生旺之氣，不可衰退死氣。反之，山星所處宮位是衰退死氣，年月飛星宜剋洩，不宜生助。此指山星而言。反之，水裏龍神不上山，向星生旺之宮位要低平見水。謂收山出煞者。

21、竹木遮蔽：
陽宅旺方有樹木遮蔽，主不吉，竹遮則無礙，然亦須疏朗，因竹通氣故也。衰死方有樹木、竹木皆不宜。

按：陽宅旺方要收氣，已經達到遮蔽程度的樹木，就算不吉的形煞；如果換成竹子則無礙，因為竹子空心有通氣緩衝作用。而衰死方有樹木、竹木皆不宜；此語不足信，若退氣山星不宜拉高，退氣水星反宜拉高。

22、一白衰方：
陽宅衰氣之一白方，有鄰家屋脊沖射者，主服鹽滷死，獸頭更甚。

按：屋脊、獸頭等形煞冲射固然不好，為何強調衰氣一白方，主「服鹽滷死，獸頭更甚」？若衰氣是一白坎水，化煞無力。

23、財丁秀：

財氣當從宅之向水或旁水，看旺在何方，加太歲斷之。功名當從向上飛星之一白、四綠方，看峰巒或三叉交會，流神屈曲處，加太歲合年命斷之。丁氣，當從宅之坐下及當運之山星斷之，其驗乃神。

按：水管財，向星生旺方必須有水，看水局旺在何宮位，再以流年飛星入中宮，年星要有生旺向星的作用。看功名，由向星的一白、四綠方，看秀麗峰巒或三叉水，水局必須之玄有情，不是二十年皆符應，而要再以年飛星為判斷。山管人丁，山星之判斷由坐山起年星，或當運山星宮位判斷，當旺山星必須高聳；衰退死氣之山星，反宜低平流暢。

24、流年衰死重臨與旺星到向：

陽宅衰死到向是某字，逢流年飛星到向又為某字，主傷丁。旺星不到向之衰宅，逢流年旺星到向，亦轉主發禍，陰宅同斷。

按：向首飛星盤的向星是運星的退衰死氣，又逢流年飛進同樣性質的退衰死氣同字，即歲星、運星並臨，主傷丁。旺星不到向之衰宅，例如九運未山丑向，向首飛入衰退之 6，逢流年庚戌六白乾金飛入，當旺九紫離火飛到丑向，亦主發禍。

25、鬼怪：

衰死方屋外有高山或屋脊，屋內不見，名為暗探。屋運衰時，陰卦主出鬼，陽卦主出怪，陰陽並見主神，然必須太歲、月、日時加臨乃應；初現時有影無形，久而彌顯，或顛倒物件，捉弄生人。枯樹沖射，屋運衰時，陰卦亦主鬼，陽卦主神，陰陽互見主妖怪。

按：山星衰死方屋外有高山屋脊，雖然屋內看不見，但仍為形煞，稱「暗探」。屋運衰則陰卦坤、巽、離、兌，主出鬼影重重。陽卦乾、震、坎、艮出怪異，陰陽卦同時有鬼怪之物象，神位有變異，然必須流年、月日飛星同時加臨。初起有影無形，久

而久之越發明顯，或形象撲朔迷離，捉弄生人。又枯樹沖射，屋運衰退，陰卦主鬼，陽卦主神，陰陽互見一堆神鬼傳奇。

26、路氣：
路為進氣之由來，衰旺隨之吸引，離宅遠者應微，然亦忌沖射，名為穿砂，有凶無吉，二宅皆然。貼宅近路與宅中內路，尤關吉凶，故內路宜取向上飛星之生旺方，合三般者吉；而外路，亦須論一曲之首尾，察三灣之兩頭，看其方位落何星卦，灣曲處作來氣，橫直者作止氣，其法系從門向上所見者排也。天元五歌云：「酸漿入酪不堪斟」，即言屋吉路凶之咎也。

按：陽宅收到的是進氣或衰氣，依據路形斷定，越遠影響越小，而沖射形煞名為「穿砂」，陰陽宅都忌諱。路氣越近影響越大，因此貼近之路與宅中內路，尤其關係吉凶。內路取向上飛星之生旺方，合三般卦則吉，而外路則是論視線可及的三叉水；若來水之玄則取頭尾彎曲處，視為來水方。故橫直者之水與路，「止氣」不論吉凶；若屋向吉門向吉，而路氣不吉，即是「酸漿入酪不堪斟」。

27、井：
井為有源之水，光氣凝聚而上騰，在水裡龍神之生旺方作文筆論，落在衰死剋煞方主凶禍，陰宅亦然。

按：井水是活水，由地氣上升凝聚所乘，論水以向星之生旺方作文筆；反之，水井落在衰退死氣方，主凶。陰陽宅同論。

28、塔：

塔呈挺秀之形，名曰「文筆」，在飛星之一四、一六方，當運主科名，失運亦主文秀。若在飛星七九、二五方，主興災作禍，尅煞同斷，陰宅亦然。

按：塔樓之類，必須呈現挺立秀氣的形象，始可曰：「文筆」。在飛星盤的一四〈紫白訣〉：「四一同宮，準發科名之顯。」、一六合水主催官；當運主科名；失運也有文才之名。文筆峰設在飛星盤七九、二五方，〈紫白訣〉：「七赤為先天火數，九紫為後天火星，旺宮屬遇，動始為殃，煞處重逢，靜不施虐。或為廉貞疊至，或為都天加臨，即有動靜之分，均有火災之分。」故興災作禍。

29、橋：

橋在生旺方能受蔭，落衰死方則招殃，石橋力大，木橋力輕，二宅同斷。

按：橋是關卡要在生旺方，因為橋能聚集人氣，人氣帶動生旺之氣必吉。反之，落衰死方攪動衰氣，則招殃。石橋承載力大，人氣旺於木橋，故吉之愈吉，凶之愈凶。陰陽宅同斷。

30、田角：

取兜抱有情，忌反背尖射，二宅皆然。

按：田角即倒地星；高一寸為山，需兜抱有情，忌反背尖射，其餘形煞均如此；陰陽宅同斷。

二、玄機賦

宋吳景鸞著作，根據易卦論述吉凶特性，飛星即是下卦，故研讀飛星應先明易卦，才能拿捏星曜之組合特性。

大哉居乎，成敗所係；危哉葬也，興廢攸關。

按：住宅是人生大事，環境塑造人格，從而關鍵到成敗。陰宅風水攸關一個家族興廢，不可忽視，故玄空學適用陰陽二宅。

氣口（即城門）司一宅之樞，龍穴樂三吉之輔。

按：氣口是陽宅進出之門戶，既為得氣之地，當是宅之興旺根本，但不一定是向首。「龍」，向也。「穴」，陰宅之點。宜有一白、六白、八白之輔助。

陰陽雖云四路（四山四水合上下兩元也），宗支只有兩家（一陰一陽）。

按：「陰陽雖云四路」，陽四路，指巽巳丙、乾亥壬、艮寅甲、坤申庚。陰四路，指午丁未，子癸丑，卯乙辰，酉辛戌；陰陽決定順飛逆飛。「兩家」，指天盤與地盤，或說陰陽。

數列五行，體用恩仇始見；星分九曜，吉凶悔吝斯章。

按：九星各自有五行；「體用恩仇」，指飛星盤的天盤、地盤、山盤、向盤依據生剋制化組合出各種卦象，於是產生吉凶悔吝。

宅神不可損傷（靜以待用），用神最宜健旺（即龍穴之入首）。

按：「宅神」，與用神相對之詞。宅神是地盤山向，相對的天盤是用神。「損傷」，指伏吟、反吟、上山下水等。「健旺」，指旺山旺向、城門法、三般卦等。

> 值難不傷，蓋因難歸閑地（即水之低平無動作處）。逢恩不
> 發，祇緣恩落仇宮（即不當令處或向水被宮神所剋）。

按：「難」，衰敗之星。「難歸閑地」，例如水星上山，但水局巒
頭秀麗，可以「不傷」。「恩」，當元得令。「逢恩不發」，例如山
星到山，但宅後無山，懶坦散漫；或水星到向，向首高壓破碎
即是。總之，形理並用。

> 一貴當權，諸凶懾服（龍神得生旺，雖剋亦吉）。眾凶剋主，
> 獨力難支（立穴雖吉，若龍水皆不當令，又遇諸星來剋，故
> 獨力難支）。

按：「一貴當權，諸凶懾服」，指當令即能化凶為吉，例如四運
庚山甲向，山星四綠到山，九紫洩木，地盤兌宮，天盤乾六，
雖剋亦吉。「眾凶剋主，獨力難支」，指巒頭雖好，但理氣不
旺，其餘星盤不利。

> 火炎土燥，南離何益乎艮坤。水冷金寒，坎癸不滋乎乾兌
> （炎燥寒冷，太過也，皆不當元之故）。

按：坤宮與艮宮屬土，如果天、地、山、向四盤火土甚旺，流年
流月九紫無益。「水冷金寒」，指坎水、乾六、兌七多見，在乾宮
兌宮或山星向星六七，則不領情。例如九運卯山酉向乾宮。

> 然四卦之互交，固取生旺（山水品配又得元也）。八宮之締
> 合，自有假真（真假於來情辨之）。

按：「四卦」，指天盤、地盤、山盤、向盤等，用事卦位須得生
旺之氣，但以山星向星為用。飛星盤八卦宮位組合，有吉凶特
性，吉凶來自於進氣口如何，須明辨真假。

389

> 地天為泰，老陰之土生老陽（土生金也）。若坤配兌女，庶妾
> 難投寡母之歡心（蓋純陰也）。

按：「老陰」指二黑坤土，「老陽」指六白乾金；陰陽和諧，堅
金遇土，富比陶朱。「坤」，寡母；「兌」，庶妾。「坤配兌女」，
雖然五行相生，但兩陰相斥有代溝。

> 澤山為咸，少男之情屬少女（下元大發）。若艮配純陽，鰥夫
> 豈有發生之幾兆（品配必審乎時）。

按：兌七為澤，少女；艮八為山，少男；土生金，得令七八下
元大發。「艮配純陽」，純陽指乾六，雖然土生金，但兩陽相
斥。「鰥夫」，指乾六，〈大過〉：「枯楊生華，何可久也」

> 乾兌託假鄰之誼（山水皆可相兼）。坤艮通偶爾之情（二八為
> 配取，比肩也）。

按：乾六兌七皆屬金，五行性蕭瑟銳利，兩金相搏必有一傷。
「假鄰之誼」，指當旺之時，虛情假意表面和諧；失令衰退則交
相劫奪。坤艮屬土，五行性敦厚兼容，且二八合十帶五，三般
卦三元通氣。例如八運坤山艮向。

> 雙木成林，雷風相薄（此後天也，亦如先天）。中爻得配水火
> 方交（坎離中爻互易即天地交泰之理）。

按：「雙木成林」，指三震四綠木，「雷風相薄」，指先天卦位雷
與風在艮坤相對。先天八卦的乾為天，坤為地，將其中爻對換
成為坎離既濟。

> 木為火神之本（木生火也），水為木氣之元（水生木也）。巽
> 陰就離，風散則火易熄（宜審元運）。

按：火以木為本，木以水為本；「巽陰就離」，四綠與九紫皆
陰，當令文明科舉藉風勢遠揚；失令，風弱火熄。但巒頭還是
有發言權。

390

震陽生火，雷奮而火尤明（即棟入南離之義）。震與坎為乍交，離共巽而暫合（皆得相生之義，惟非正配偶然而已）。坎元生氣，得巽木而附寵聯歡（即上元車驅北闕之義）。

按：「棟入南離」，三震木與九紫離火同宮有氣，震木長男奮發，文明燦爛。「乍交」，震坎雖為水木相生，然皆為陽卦而相斥，旺則結交，衰則攻訐。「暫合」，指離火中女與巽木長女皆陰，成敗出於偶然。「附寵聯歡」，坎水生四綠巽木，陰陽和諧，一四同宮。指陰陽才是王道。

乾乏元神，用兌金而傍城借主（乾不當元而兌當令亦得生旺）。風行地上，決定傷脾（土受傷也，風為木，脾為土）。

按：「乾乏元神，用兌金而傍城借主」，乾宮缺乏生旺之氣，借用兌宮開城門收旺氣；例如三運巽山乾向，兌宮當城門。「風行地上」，巽木是風，坤土是地，木剋土，土為脾胃。

火照天門，必當吐血（金主肺，被火剋故吐血也）。木見戌朝，莊生難免鼓盆之嘆；坎流坤位，買臣常遭賤婦之羞（坎為中男，坤土剋之即我不剋而反剋我，主遭婦辱，故以朱買臣為證）。

按：「火照天門」，火是九紫，天門是乾宮，火剋金，金屬肺。「木見戌朝」，巽為長女，乾金剋之故主剋妻，「鼓盆之嘆」，喪妻。「坎流坤位」，一白二黑同宮，妻權霸凌。

艮非宜也，筋傷股折（艮主股肱筋格，如受木剋即有傷折之慮）。兌不利歟，唇亡齒寒（兌主唇齒，若受金剋故主唇亡齒寒）。

按：「艮非宜」，指艮土受困，筋傷股折。兌為口舌，七赤失令，或所到宮位巒頭凶惡，則唇齒之病。

> 坎宮缺陷而墮胎，離應巉巖而損目（二方以形勢言，坎為當
> 元，離失元也）。輔臨丁丙，位列朝班。

按：坎屬水，坎水衰退又遇巒頭凶惡，主墮胎、流產、血疾。
九紫離火飛到之處，形勢破碎，主損木。「輔臨丁丙」，艮土左
輔若有丙丁火加持，當官加爵，應在下元。

> 巨入坤艮，田連阡陌（艮坤為土故旺田園）。

按：「巨入坤艮」，二黑巨門與八白艮土同宮，陰陽相合；「田連
阡陌」，房地產致富。例如八運艮山坤向，向首坤宮二八同宮，
天盤五黃土，向首、中宮、坐山一路二五八，上山下水，八運
上山下水巒頭配合仍有財。

> 名揚科第，貪狼星在巽宮（即四一同宮之義）。職掌兵權，武
> 曲峯當庚兌（應在下元）。

按：論科名，貪狼坎水在巽宮，或四一同宮即文昌位；適宜作
為文書、創意、書房等位置。論武職，六白乾金武曲星，庚兌
七赤，六七皆屬金氣肅殺之象，故僅取當旺之氣。武曲也是財
星，可作為帳台，財庫，出納等位置。衰退為交劍煞，例如二
運乙山辛向。

> 乾首坤腹，八卦推詳（即乾為首，坤為腹，離為目，坎為
> 耳，兌為口，震為足，巽為股，艮為手之類）。

按：「八卦推詳」，取〈說卦傳〉最傳神；乾為首，坤為腹，離
為目，坎為耳，兌為口，震為足，巽為股，艮為手之類。見第
一章，不贅述。

> 癸足丁心，十干類取（甲頭乙項，丙肩丁心，戊脅己脾，庚
> 臍辛股，壬脛癸足，此十干之應也。

按：《三命通會・卷七・論疾病五臟六腑所屬干支》：「甲膽乙肝丙
小腸；丁心胃戊己脾鄉；庚是大腸心屬肺；壬系膀胱癸腎臟。」

> 子疝氣，丑脾肝，寅背肱，卯目手，辰背胸，巳面齒，午心
> 腹，未脾脇，申咳嗽，酉背肺，戌頭項，亥肝腎，此十二支
> 之應也。參合八卦，其應如響。

按：不贅述。

> 木入坎宮，鳳池身貴。（應在上元，此亦四一同宮之義）金居
> 艮位，烏府求名（應在下元）。金取土培。火宜木相。

按：「木入坎宮」，指一四同宮。「鳳池身貴」，以文采取功名。
「烏府求名」，御史之類，指司法監察系統。

三、玄空秘旨

　　沈竹礽《沈氏玄空學・玄空秘旨》：「按此篇有三註本。舊
註本及鮑士選註本，均題宋吳景鸞著。章仲山註本題明目講僧
著。玩其理論，實與玄機賦同。或本吳景鸞作，而目講傳之
歟。茲將原註、鮑註列於句下。章註則附於每段之後，其字句
不同處，亦逐一註明。讀者參證之可也。」此言〈玄空秘旨〉
來源典故，吳景鸞與目講僧都是玄空學名人；主要精解五行生
剋與八卦意象，有助於各宮位之斷驗。本書僅解釋《沈氏玄空
學・玄空秘旨》精義，不考據各家文辭。

> 不知來路，焉知入路，盤中八卦皆空

按：堪輿學有操作理氣的問題，因此先認清宅門、屋向、三叉
水、形煞等；「來路」，指何運；「入路」指山向。入路決定收到
生旺衰死何氣；「盤中八卦皆空」，立向不宜有空亡；一旦天運變
化，飛星盤皆隨時顛倒變化，焉知吉凶？故不可拘泥於元旦盤。

> 未識內堂，焉識外堂，局裡五行盡錯。

按：諸注略以，內堂所受之氣皆外來之氣，「內堂」，旺神也；
旺神應當置於向首；「外堂」，指砂水方位，端視飛星盤內的山
星與向星如何排列；否則何以分辨旺山旺向、上山下水、反吟

393

伏吟諸般現象？「五行盡錯」，例如九運卯山酉向的坎宮，山星二與向星七，合為二七火，坎宮不當水。中宮山星七與向星二，合為二七火，7九合轍火局

卯山酉向(乙山辛向)九運

<table>
<tr><td>8 1
八</td><td>3 6
四</td><td>1 8
六</td></tr>
<tr><td>9 9
七</td><td>7 2
九</td><td>5 4
二</td></tr>
<tr><td>4 5
三</td><td>2 7
五</td><td>6 3
一</td></tr>
</table>

（山）左側　（向）右側

乘氣脫氣，轉禍福於指掌之間。右挨左挨，辨吉凶於毫芒之際。

按：「乘氣」，指進氣口得到生旺之氣；「脫氣」，指進氣口得衰死之氣；例如九運立極，九為旺氣，一為生氣，八為退氣，七為衰氣，六五四三為死氣；禍福全在生旺或衰死之氣而決定。「右挨左挨」，指順飛逆飛，逆飛則令星到山到向；順飛則犯上山下水。若向首屬陰，坐山屬陽者，則雙星到向；若向首屬陽，坐山屬陰，則雙星到坐。

一天星斗，運用只在中央。千瓣蓮花，根蒂生於點滴。

按：「中央」，指每運飛入中宮數不同，故飛星盤之判斷不同，因此八國流氣隨之而變，八卦只有一卦通，玄空用法只重一卦，即生旺而已。根蒂，指山向；點滴，指入中宮旺數。「千瓣蓮花」指山川形勢而言，其地形地物吉凶之判斷，皆由飛星盤作為根蒂之緣起。

夫婦相逢於道路，卻嫌阻隔不通情。兒孫盡在於門庭，猶忌凶頑非孝義。

按：「夫」，向之吉方，宜有水。「婦」，山之吉方，宜有山。山水宜相配，若水不得平夷，山不得峻秀，即阻隔不通情。反之，有情。「兒孫」，指坐山與向首所得到的山水。門庭前之山忌巉怪崩破，水忌反背冲射，理氣還需巒頭搭配。總之，理氣要有山水相應。

卦爻雜亂，異姓同居。吉凶相併，螟蛉為嗣。

按：玄空要求山向皆吉；若水吉山凶，水凶山吉，即「卦爻雜亂」，指運星、山星、向星，得元與失元混雜不清，異姓同居，有再婚、離寡、過養諸情。「吉凶相併」，上山下山，反吟伏吟，旺衰夾雜，螟蛉為嗣。反吟伏吟有三般卦可解。

山風值而泉石膏肓。

按：山風蠱上九：「不事王侯，高尚其事。（遊山玩水的嗜好）」艮為山，巽為風，木剋土；四八同宮用事，端視運星為關鍵，吉者悠然山林泉石間，凶者病入膏肓。《紫白訣》：「四綠固號文昌，然八會四，而小口殞生，三八之逢更惡。」下圖二運乾山巽向，坤宮與兌宮都有四八組合。卦位主事得令時孤芳自賞，失勢時損少男帶病痛。

4 2	8 6	6 4
一	六	八
5 3	3 1	1 8
九	二	四
9 7	7 5	2 9
五	七	三

午酉逢而江湖花酒。

按：陰神成羣主花酒。章仲山：「離為火，為目，為心，性喜流動。兌為金、為少女，為妾，性愛驕奢。離，麗也；一陰附於

395

陽，則喜。兌，說也。」午酉，九七也，九紫離火與七赤兌金皆陰卦，火剋金；午酉逢之有回祿之災，若運盤為一白坎水有解。下圖為八運壬山丙向，向首九七合轍，運星三碧木添柴加油，主敗風俗蕩花酒，又有成癆瘵（肺癆）者。

壬山丙向八運

向

5 2 七	9 7 三	7 9 五
6 1 六	4 3 八	2 5 一
1 6 二	8 8 四	3 4 九

山

虛聯奎壁，啟八代之文章。

按：二十八星宿，「虛」、「奎」、「壁」，大約在坎卦與乾卦之間，即一六或六一，得生旺氣人才英華。奎木壁水在乾戌之間，其中水木相生，雖居金土之位而有制有化。例如八運辛山乙向，離宮運星三碧飛入，一六水生木，木生火宮星相生，有利文昌用事。或六運庚山甲向下卦，震宮一六四。

酉山卯向（辛山乙向）八運

2 5 七	6 1 三	4 3 五
3 4 六	1 6 八	8 8 一
7 9 二	5 2 四	9 7 九

向 （左） 山 （右）

胃入斗牛，積千箱之玉帛。

按：胃，兌也，斗牛艮也，艮為天市垣，又七八相生，故有巨富之應。胃土，辛也，庚酉之位，「胃」在兌卦辛酉之間；「斗牛」艮八，艮八兌七即土生金，有土斯有財。例如三運未山丑向，震宮巽宮八七用事。七運戌山辰向起星，向星當旺，山星退氣，財旺丁損。

未山丑向三運

雞交鼠而傾瀉，必犯徒流。

按：雞是酉，兌卦為七；鼠是子一白坎水，即七一。雖屬相生，苟不當元而又傾瀉，必犯徒流破敗，以水冷金寒之故。輕則腎耳有病。又傾瀉散漫奔流，兌為刑，坎為陷，坎水流而不返，故有充軍之象。

雷出地而相衝，定遭桎梏。

按：坤為刑為小人，震為木為正直，木剋坤土，又有桎梏之象，衝指刑煞。失元，山水相衝，必生官非，雷，震也，地，坤也，即三二（斗牛煞）。水冲向，山冲坐（屋角冲同）。例如五運丁山癸向，震宮蚩尤兩見剋土。

火剋金兼化木，數驚回祿之災。

397

按：指先天七兌與後天九離相會，若不當運，上山下水，營造興建之時又遇年運二黑、七赤或九紫交加，主有回祿之災。「化木」，須帶三碧四綠助火。例如八運壬山丙向，坤宮七九，運星為五，忌年運二、七、九。

壬山丙向八運

向

5 2 七	9 7 三	7 9 五
6 1 六	4 3 八	2 5 一
1 6 二	8 8 四	3 4 九

山

土制水復生金，自主田莊之富。

按：土雖剋水，有金通關，反成土生金，金生水，濕土生木適宜農作物。例如二運午山子向，雙星到向，二黑為土，天盤挨星七赤為金，地盤為坎宮，故山星與向星生天盤七運，七赤兌金生坎宮，星生宮。

子山午向（癸山丁向）二運

向

8 5 一	3 1 六	1 3 八
9 4 九	7 6 二	5 8 四
4 9 五	2 2 七	6 7 三

山

398

按：木火通明，雖不當元有子亦能聰敏。例如八運癸山丁向，向上挨星三運入中，三碧為震木，坐山挨星四綠入中，四綠為巽木，三四會合在中宮，而山上飛星七赤九紫，得運星四綠所生；木火通明不必同宮，只須中宮見木能生用事方火局即可。

子山午向（癸山丁向）八運

向

3　4 七	8　8 三	1　6 五
2　5 六	4　3 八	6　1 一
7　9 二	9　7 四	5　2 九

山

按：坤為冥晦，為迷，雖遇離明相生而火炎土燥，故出頑鈍；嘗見有九運立丙向，丁未坤方有高山，出蠢子，幾不辨菽麥。丁未坤方有高山，受離宮雙九紫離火及坤宮二七火相生，即火見土；而離宮之四綠運星雖有木火通明之象，但高山洩去木火元神。

壬山丙向九運

向

4　5 八	9　9 四	2　7 六
3　6 七	5　4 九	7　2 二
8　1 三	1　8 五	6　3 一

山

> 無室家之相依，奔走於東西道路。

按：「無依」，指水裡龍神上山，山裡龍神下水。例如七運戌山辰向下卦，旺山旺向，但坐山無山，向首無水，即無巒頭相依，主奔波勞碌。

> 鮮姻緣之作合，寄食於南北人家。

按：「姻緣之合」，指向首若無水局進財，改用城門訣結緣，亦主有財富。惟因巒頭不利，運勢一過必衰。

> 男女多情，無媒妁則為私約。陰陽相見，遇冤仇而反無猜。

按：「多情」，指山形水勢合乎巒頭；「媒妁」，指立穴定向合乎理氣。因此陰陽和諧不宜遇上反吟伏吟，上山下水，星宮相剋。

> 非正配而一交，有夢蘭之兆。

按：「正配」，指九一、三四、七八等陰陽相配。一二、二三、六七雖非正配，若有趨吉避凶之道，必得佳兒。

> 得干神之雙至，多折桂之英。

按：「干神」，指乙辛丁癸。「雙至」，指水外有水，山外有山，旺山旺向之類。「折桂」，報捷於秋闈。

> 陰神滿地成群，紅粉場中空快樂。

按：「陰神」，指二黑，四綠，七赤，九紫，皆為陰卦；指宮位，或向，水口或大門。宅中人沉迷酒色，得令當旺淫亂。例如三運庚山甲向，巽、離、坤卦，陰神坐陰卦。

> 火曜連珠相值，青雲路上自逍遙。

按：火曜尖秀之峰，即文筆也，連珠一六（最強，其它弱），二七，三八，四九，九一，一四等是也，遇文筆之砂，挨以宮貴之星故發貴，但不發財。「相值」，指巒頭與理氣互相呼應。例

如六運艮山坤向下卦，坐山九紫離火雙至，巒頭如法在流年木火到坐山應驗。

艮山坤向（寅山申向）六運

向		
1 4 五	5 8 一	3 6 三
2 5 四	9 3 六	7 1 八
6 9 九	4 7 二	8 2 七

山

非類相從，家多淫亂。雌雄配合，世出良賢。

按：「非類相從」，指巒頭理氣皆不如法。若理氣論吉，巒頭惡劣，雖有一時之福，出人鬼祟。「雌雄配合」，雌雄即陰陽，指巒頭理氣皆如法則。

棟入南離，驟遽見廳堂再煥。

按：巽木為棟，震為喜笑，離為光明。如三運子山午向下卦，雙三到向，地盤是九，木生火，即「棟入南離」。「廳堂再煥」（重新裝修）之象，三九或三四同宮發財，四九得令出功名（或聰明）。

子山午向（癸山丁向）三運

向		
7 8 二	3 3 七	5 1 九
6 9 一	8 7 三	1 5 五
2 4 六	4 2 八	9 6 四

山

401

車驅北闕，時聞丹詔頻來。

按：沈祖綿解釋：天盤與山向飛星，為一六遇二者，是處有水，方為驅車北闕之應。例如七運辛山乙向下卦，合旺山旺向，若水口出於巽方者合一六與城門。艮方者土生金生水，輾轉相生。一六發文章科甲。

酉山卯向（辛山乙向）七運

1　6 六	5　1 二	3　8 四
2　7 五	9　5 七	7　3 九
6　2 一	4　9 三	8　4 八

（向） 左　（山）右

苟無生氣入門，糧艱一宿。會有旺星到穴，富積千鍾。

按：當令之星為旺，未來之星為生，退氣之星為死，退氣已久為衰；故無生旺之氣，住食艱困。反之有生旺之星，富積千鍾。

相剋而有相濟之功，先天之乾坤大定。相生而有相凌之害，後天之金木交併。

按：先後天八卦乾坤與坎離相對，先天乾坤即後天之坎離，因此相濟而定。震兌與坎離相對，先天坎離即後天震兌。

木傷土而金位重重，雖禍有救。火剋金而水神疊疊，災不能侵。

按：木剋土，例如三八、四八、三二、四二等，如果在乾宮、兌宮，且運星為六七，用金剋木，雖禍有救。同理，九七、九六火剋金，但運星為一飛入坎宮，災不能侵。

402

土困水而木旺無妨。震宮一二、巽宮一八。金伐木而火縈何忌。離宮三六或四七。艮交震巽七運無礙。文兼武破要用弼星。坎宮六九、七九。貪若兼巨尤須震巽。震宮一二、巽宮一二。破武遇弼兼貪反吉。離宮四六、四七。

按：以上所述，五行有通關、以子護母、貪生忘剋等救應方法；因此土剋水用木，金伐木用火，木剋土用金等解救而無礙。不論貪狼、武曲、破軍、右弼等仿此。

吉神衰而忌神旺，乃入室而操戈。凶神旺而吉神衰，直開門而揖盜。重重剋入，玄見消亡。位位生來，連添財喜。

按：吉星不當令，忌星當令，出自內部憂患損丁。或凶神旺而吉神衰，來自外在威脅破財。「重重剋入」，指剋制太甚，恐消滅敗亡。例如：三運甲山庚向下卦山盤得八，向盤得七，皆衰敗而損丁破財。若向首、峰巒、三叉水口皆生神旺神，喜慶連連。

甲山庚向三運

9 4 二	5 9 七	7 2 九
⑪ 8 3 一	1 5 三	3 7 五 ⑭
4 8 六	6 1 八	2 6 四

403

不剋我而我剋，多出鰥寡孤獨之人。不生我而我生，乃生俊秀聰明之子。

按：剋出者若為令星，無咎，衰退之時始見否態。例如四運甲山庚向，震宮四綠剋二黑土八白土，四綠是旺星雖剋不凶；衰退則出鰥寡孤獨之人。不生我而我生，我旺則生俊秀聰明之子。

甲山庚向四運

3 7 三	7 2 八	5 9 一
4 8 二 (山)	2 6 四	9 4 六 (向)
8 3 七	6 1 九	1 5 五

為父所剋，男不招兒。被母所傷，女不成嗣。後人不肖，因生方之反背無情。

按：坐山巒頭雖吉，但挨進之飛星被令星所剋，則人丁不旺。「母」指坐山，「女」指坐山旁宮。山上形勢雖吉，旁宮應有山而無山，即「女不成嗣」。生氣方因為有砂水反背無情，不管是否當令，應在子孫不肖。

賢嗣承宗，緣生位之端拱朝揖。我剋彼而反遭其辱，因財帛以喪身。

按：子孫賢能必須收到生旺的理氣，並且搭配端莊而有情的巒頭。「財帛」，指水局。旺運時向首水星猶能剋制，一旦衰退無從制化，因財遭凶。

404

按：玄空學不離形與氣，山形暴戾崩破，又恰是剋制水星為難產徵兆。例如七運酉山卯向，兌宮山星七赤破軍剋制水星三碧木，如果山形暴戾破碎，一旦退氣為難產。

酉山卯向(辛山乙向)七運

1 6 六	5 1 二	3 8 四
2 7 五	9 5 七	7 3 九
6 2 一	4 9 三	8 4 八

（向）左側，（山）右側

二黑與一白同宮，若一白當令，土剋不住水，主有腹水。三碧退氣，六七生旺，手足受剋。例如七運乾山巽向起星，山向皆不當令，而離方之飛星為一三衰死氣，天盤二亦為衰死氣，又不合城門訣，是方有水局，腹疾不免。

乾山巽向(亥山巳向)七運

（向）

7 5 六	3 1 二	5 3 四
6 4 五	8 6 七	1 8 九
2 9 一	4 2 三	9 7 八

（山）

巽宮水路纏乾，為懸樑之犯。兌位明堂破震，主吐血之災。

按：〈說卦〉：「乾為首……巽為繩直」，水路發源於巽宮，環繞至乾宮，而在乾宮用事，如不當令，有水或道路繞乾宮者，形象為懸樑；或乾為馬勞碌命。兌宮向首山星得三，水星得七，恰逢向首是也；兌被震冲破，肺肝兩傷，故有吐血之應；還是要形煞到位。

風行地而硬直難當，室有欺姑之婦。

按：「風行地」，指四巽木剋二坤土。「硬直」，例如兩門相對，硬路直冲等正面對槓。坤為老母，巽為長女，如巒頭硬直無情，又值失令，木剋土，故家有欺姑之婦，以下犯上，如當旺則減等。例如一運丑山未向用替卦，山向不當令，兌宮四二，離宮也四二，且兩方具皆巒頭破損。

⑩

7 8	2 4	9 6
九	五	七
8 7	6 9	4 2
八	一	三
3 3	1 5	5 1
四	六	二

⑪

406

火燒天而張牙相鬥，家生罵父之兒。

按：乾為天，火焰尖銳，火剋金，張牙舞爪。例如四運丑山未向下卦，犯上山下水（三般卦），巽方飛星九六同宮，若巒頭猙獰，主生逆子吐血。

丑山未向四運

向

6 9 三	2 5 八	4 7 一
5 8 二	7 1 四	9 3 六
1 4 七	3 6 九	8 2 五

山

兩局相關，必生雙子。孤龍單結，定主獨夫。

按：「兩局相關」，指鄰宮有生剋制化的關聯性，或指山前有山，水外有水，且山星生旺則人丁旺。例如二運未山丑向下卦，當令到山到向，向首與坐山巒頭合宜，旺丁發財。「孤龍單結」，指飛星盤旺丁，左右鄰宮無依靠補救，巒頭單薄，人丁雖有但不旺，或財丁僅一。

未山丑向二運

山

9 6 一	4 1 六	2 8 八
1 7 九	8 5 二	6 3 四
5 2 五	3 9 七	7 4 三

向

坎宮高塞而耳聾，離位摧殘而目瞎。兌缺陷而唇亡齒寒，艮傷殘而筋枯臂折。

按：〈說卦〉：「乾為首，坤為腹，震為足，巽為股，坎為耳，離為目，艮為手，兌為口。」上述八卦是指飛星盤而非元旦盤，八卦受剋有各自代表性。

山地被風，還生瘋疾。雷風金伐，定被刀傷。

按：艮山坤地皆受巽木剋制，例如四運卯山酉向下卦，兌宮山星與向星四八，犯零神上山，若有形煞惡水，不利小口犯瘋疾。

卯山酉向(乙山辛向)四運

1 5 三	6 1 八	8 3 一
9 4 二	2 6 四	4 8 六
5 9 七	7 2 九	3 7 五

(山) 左側　(向) 右側

「雷風金伐」，三碧四綠遭遇六乾七兌，例如三運庚山甲向起星，向首飛星為九三，坐山飛星為四七，如背山面水後山惡劣，主刀傷賊禍。

三　運

4 1 二	9 6 七	2 8 九
3 9 一	5 2 三	7 4 五
8 5 六	1 7 八	6 3 四

(向) 左側　(山) 右側

408

家有少亡，只為沖殘子息卦。庭無耆耄，多因裁破父母爻。

按：「子息卦」，指乾坤以外的卦象受損。例如：四運辛山乙向
起星，向首山星四下水，山裏龍神下水，如又逢水局破碎不
堪，則沖殘子息。

四　　運

5 9 三	1 5 八	3 7 一
4 8 二	6 1 四	8 3 六
9 4 七	2 6 九	7 2 五

（向）左側，（山）右側

「庭無耆耄」，指父母爻受損，例如六運未山丑向，上山下水，
坤宮九紫火剋六白金，六白金因水裏龍神上山而凶。

未山丑向六運

（山）

2 8 五	7 4 一	9 6 三
1 7 四	3 9 六	5 2 八
6 3 九	8 5 二	4 1 七

（向）

漏道在坎宮，遺精洩血。破軍居巽位，顛疾瘋狂。言欹斜破 碎形金星，巽上逢之，故出瘋狂。

按：「漏道」，水分出兩處，但不是分支，且須衰死剋制之方，
「遺精洩血」，包括所有相關疾病。「破軍」，指山水形勢惡劣破

碎。例如八運艮山坤向，寅申二局，滿盤伏吟，兌宮七四兼有破碎巒頭，出人癲狂。

艮山坤向（寅山申向）八運

向

1　4 七	6　9 三	8　2 五
9　3 六	2　5 八	4　7 一
5　8 二	7　1 四	3　6 九

山

開口筆插離方，必落孫山之外。離鄉砂見艮位，定遭驛路之亡。

按：「開口筆」，指山峰破碎而不具文昌筆條件。「離鄉砂」，指反背、反走、反抱，水與路反八字分流而去。巒頭不利，更見運勢一過則無僥倖。

金水多情，貪花戀酒。木金相反，背義忘恩。

按：坎為水為酒，兌為金、為娼，水性淫蕩，值失元之時，故有貪花戀酒之應。例如四運未山丑向下卦，坤、中宮、艮，皆是一七金水，失令酒色病絕。

未山丑向四運

山

9　6 三	5　2 八	7　4 一
8　5 二	1　7 四	3　9 六
4　1 七	6　3 九	2　8 五

向

木金之戰論人事，旺方無礙，衰方遭背義忘恩或出人如此。例如二運申山寅向替卦，震卦三七，若巒頭背反無情皆應。

申山寅向二運替卦

8 4 一	4 9 六	6 2 山 八
7 3 九	9 5 二	2 7 四
向 3 8 五	5 1 七	1 6 三

令星到山。震方37同宮，乙辛分家室分離，劫盜，官災。
滿盤犯伏吟。

震庚會局，文臣而兼武將之權。丁丙朝乾，貴客而有耆耋之壽。

按：震甲為文士，庚為武將，得運則上馬為將，下馬為相。例如三運酉山卯向下卦，向首73，山星到山，水星到向應此。

酉山卯向（辛山乙向）三運

6 2 二	1 6 七	8 4 九
向 7 3 一	5 1 三	3 8 山 五
2 7 六	9 5 八	4 9 四

411

離為南極主壽，乾為貴客，山上六、水遇九，得時者應，貴而有壽，例如：六運坤山艮向及申寅二局，向首天盤九，山向96，需得令有水局。失令火厄吐血，罵父之兒。

坤山艮向（申山寅向）六運

⑴

4 1 五	8 5 一	6 3 三
5 2 四	3 9 六	1 7 八
9 6 九	7 4 二	2 8 七

⑵

天市合丙坤，富堪敵國。

按：天市，艮也，合丙坤，即二一、九八進氣，八九排在水上，又二來合十，故有此應，天市本主財祿，又得火土相扶，富可敵國。沈竹綿解釋：艮宮丑艮寅三山，離宮丙午丁三山，坤宮未坤申三山，地元龍丑未臨丙，天元龍艮坤臨午，火土相生富堪敵國。若人元龍寅申臨丁，寅申一冲，丁又剋申，寅雖到山到水，木火通明，出貴。

按：離為中女，坎為中男，離為喜九，一為正配，離坎成既
濟，主多男之慶。例如九運亥山巳向起星，天盤為一，山星與
向星 91，若山星到向巒頭理氣皆備旺丁。失令則應驗在心、
腎、眼病；人事則環境滯礙。

九運亥山巳向起星

向

2　8 八	6　4 四	4　6 六
3　7 七	1　9 九	8　2 二
7　3 三	5　5 五	9　1 一

山

四生有合人文旺，四旺無沖田宅饒。

按：寅申巳亥為人元龍，亦為長生位；指寅亥合即艮八與乾
六，八六同宮；巳申合即巽四與坤二，四二同宮；俱須值令，
則人文旺。四旺子午卯酉，三震九紫同宮，木火通明；一坎七
兌，金白水清。四生四旺當令，人文發，田宅饒。

413

丑未換局而出僧尼，震巽失宮而生賊丐。

按：「換局」，衰死之宮位。「失宮」，宮位不得生旺之氣。艮為閽寺，坤為老母，失令故「出僧尼」；例如二運丑山未向下卦，到山到向，若山形水勢不當出僧尼。

丑山未向二運

向

6 9 一	1 4 六	8 2 八
7 1 九	5 8 二	3 6 四
2 5 五	9 3 七	4 7 三

山

震為蚩尤，失令為賊寇，巽為利市三倍，失令故「生賊丐」；例如四運酉山卯向下卦，上山下水，四綠在震宮。

酉山卯向（辛山乙向）四運

5 1 三	1 6 八	3 8 一
4 9 二	6 2 四	8 4 六
9 5 七	2 7 九	7 3 五

向（左側）　山（右側）

414

按：九一飛入中宮，例如一運亥山巳向替卦，中宮飛星為九一，向首一九，相盪為既濟卦。坎離為後天，乾坤為先天。失令為腎臟、目疾、心臟病等。

一運亥山巳向替卦

向

9 1 九	5 5 五	7 3 七
8 2 八	1 9 一	3 7 三
4 6 四	6 4 六	2 8 二

山

按：「長庚」，西也；「啟明」，東也；金木交戰。例如五運之卯山酉向，天地盤向上為七，七即「長庚」，山上為三即「啟明」。五運之卯酉、乙辛、酉卯、辛乙四局，天盤與地盤一致，合時生旺，出武略之人。

按：「健」，指山龍；「順」，指水局。另解「乾，健也；坤，順也」，因此乾為天為向首，坤為地為坐山。玄空盤中陽順飛者，必為前山後水，若向首有水，即山星下水。例如四運乾山巽向下卦，雙星到向，全局伏吟，動非佳兆。

止而靜，順而靜，靜亦不宜。

按：「靜」，指坐山；雙星會合於坐山，而坐後無合宜山水，形氣不利即不宜。艮是「止」，即不宜動。玄空盤陰逆飛，必為前山後水。

富並陶朱，斷是堅金遇土。

按：「堅金」，指乾金；例如六運立甲山庚向下卦，到山到向，兌宮天盤值八，向首為六二同宮有水局發光，吉不可言。「堅金遇土」，不限於向首用事，若它宮巒頭與理氣適宜即屬之。失令主頭、骨、肺、鼻、手指等疾病。惡曜併臨出狂人。

貴比王謝，總緣喬木扶桑。

按：「王謝」，豪門世家。「喬木扶桑」，喬木者，震三木，巽四木，桑，水局；例如三運卯山酉向，旺星到山到向，向首之向星得三，而乾方向盤得四，為未來之吉氣，乾兌兩方有水局放光，連發四十年。

卯山酉向(乙山辛向)三運

2　6	6　1	4　8
二	七	九
3　7	1　5	8　3
一	三	五
7　2	5　9	9　4
六	八	四

（山）（向）

辛比庚，而辛要精神。甲附乙，而甲亦靈秀。癸為元龍，壬號紫氣，昌盛各得有因。

按：庚酉辛同屬兌卦，庚酉辛皆有水局；例如天盤三運乙山辛向，後有靠，前有照，向首水局發光，則辛方水局要比庚方大。「甲附乙」，例如四六兩運庚山甲向，令星到向，如甲卯乙

416

三方皆有水光，則甲上之水，應較乙方之水為大始吉。癸陰逆飛，壬陽順飛，屬性不同，挨排有異而各得有因。

> 丙臨文曲，丁近傷官，人財因之耗乏。見祿存，瘟黃必發，遇文曲，蕩子無歸。

按：丙向接近巽卦文曲，「丁近傷官」，因為未中己土是丙火的傷官。丙雜巳，巳為文曲；丁雜未，火生土為傷官，山龍水局犯此，人財不利，此言出卦兼向，但挨星收到旺氣到山到向，體用兩宜，亦可發財丁。天盤、地盤、山盤與向盤，得失令三碧祿存有瘟病。文曲為四綠巽木，失令主風疾，氣病，膽病，自縊、淫亂、敗財等。

> 值廉貞而頓見火災，逢破軍而多虧身體，火剋金也，以上皆因夾雜之故。

按：值五黃運，在中央為土，在外即廉貞火。五黃失運併臨，主火災、病痛；二黑、三碧、四綠、五黃、七赤、九紫，木火土疊疊不休亦同。但凡破軍失運，木生火，二七火，四九火，七九合轍等均損人丁，巒頭惡劣更甚。

> 四墓非吉，陽土陰土之所裁。四生非凶，卦內卦外由我取。若知禍福緣由，妙在天心橐籥。

按：「四墓」，辰戌丑未。凡天盤辰戌丑未墓加臨於墓上者，為陰；甲庚壬丙加臨於墓上者，為陽。陽順飛陰逆飛，陰吉陽凶。「四生」，寅申巳亥，「卦內」，地盤；「卦外」，天盤、山盤、向盤。「橐」冶器，指砂水；「籥」，九星。總之，理氣之妙，存於天心。

四、紫白訣（上篇）

紫白訣上篇（上篇用沈氏原文照錄不解釋）

姚廷鑾云：此訣無作者姓氏，或云目講，或云王思山，無可證也。篇中頗多奧旨，陽宅精蘊闡發殆盡，應驗如神。

《樓宇寶鑑·紫白訣》

原文：紫白飛宮，辨生旺退煞之用。三元分運，判盛衰興廢之時。
師青曰：何謂紫白，洛書九星也。飛宮者，飛佈八方也。八宅俱以本宅之星入中宮，照排山掌飛去，如是坎宅，即以一白入中宮，二黑飛乾之類。此特舉例而言，沈祖緜註，謂與下氣運為君之意全悖，非也。生財退煞者，以飛到各方之星來生中宮之星者曰生，剋中宮之星者曰煞，與中宮比和者曰旺，中宮之星生各方之星者曰退，剋各方之星者曰死。凡此則以九星各有五行，如一白屬水，二黑五黃俱屬土，三碧四綠俱屬木，六白七赤俱屬金，九紫屬火，而定其生旺退煞焉。論氣運則有三元之分，上元運為一二三，中元運為四五六，下元運為七八九，得元運則興盛，失元運則衰廢，理固然也。

原文：生旺宜興，運未來而仍替。退煞當廢，運方交而尚榮。總以運氣為權衡，而吉凶隨之變化。
師青曰：水遇金為生，遇水為旺，然未交三元金水運，則為失令而仍替。水遇木為退，遇土為煞，然方交三元金水運，則為得令而尚榮，權衡一定，無論生旺退煞，總以三元為主，得運者吉，失運者凶，俱從此而變化焉。此總攝通篇大旨，而歸重元運。

原文：然以圖之運論體，書之運論用，此法之常也；有時圖可以參書，書可以參圖者，此又其變也。

418

師青曰：圖運，是河圖之運，即下文五子分運也。書運，是洛書之運，即上中下三元大運也。體者，如八宅坐定宅星是也。用者，由宅星飛布是也。以圖書之五行互參，則書可兼圖，圖亦可兼書，圖書融會貫通，或輕或重，此又常變互用之法也。此總提圖書二運，逐一說明。沈註謂河圖洛書、不當折而為二，此昧於體用之理耳。

原文：今考河圖之運，以五子分運，則甲丙戊庚壬，乃配水火木金土之序，而五行之運，秩然不紊。

師青曰：河圖之一六屬水，故甲子配之為水運。二七屬火，故丙子配之為火運。三八屬木，故戊子配之為木運。四九屬金，故庚子配之為金運。五十屬土，故壬子配之為土運。每子各配十二年，五行配運，豈不秩然有序乎。

原文：凡屋之層與間是水數者，喜金水之運。係木數者，嫌金水之運。其火金土數，可以類推。

師青曰：凡屋喜生旺，而忌剋洩。一層六層，一間六間，是水數屋。在金運庚子，水運甲子，為其所喜。若三層八層，三間八間，是木運屋，在火運丙子、金運庚子、乃其所忌，餘類推可也。

原文：生運發丁而漸榮，旺運發祿而驟富。退運必零退而絕嗣。煞運必橫禍而官災，死運損丁，吉凶常半。此以圖論，應如桴鼓。

師青曰：若以圖論，則層間之屋，遇五子運，生者為生，比者為旺，剋者為煞。層間生運為退，層間剋運為死、但死運有吉有凶，故言常半。以上是申明前段圖之運論體句。

原文：而九星遇此，喜懼亦同，木星金運，宅逢劫盜之凶。火曜木元，人沐恩榮之喜。書可參圖，亦如是矣。

419

師青曰：此言書可參圖。九星者，指洛書言。此者指圖書運言。喜者，喜圖書運生旺比和。懼者，懼書與圖運死退剋煞。其應驗亦如桴鼓。以書參圖，則書之三碧四綠水，九紫火，可參圖之庚子金、戊子木之運也。

原文：又考洛書之運，上元一白，中元四綠，下元七赤，各管六十年，謂之大運，一元之內，又分三元，循序而推，各管二十年，若九星論臨一週，謂之小運。

師青曰：上中下三元，總計一百八十年，而成紫白一週。若分論之，上元大運，一白總管六十年，小運一白、二黑、三碧，各管二十年。中元大運，四綠總管六十年，小運四綠、五黃、六白，各管二十年。下元七赤，總管六十年，小運七赤、八白、九紫，各管二十年。即符合紫白週之數。

原文：提此三運為主，更宜專論其局。八山上元甲子，得一白方龍穴、一白方砂水、一白方居住，名元龍主運，發福非常。至甲申甲午二十年，得二黑方龍穴、二黑方砂水、二黑方居住，福亦如之。舉此一元，而三元可知矣。然二者不可得兼，或當一白司令，而震巽受運之生。四綠乘權、而震巽合運之旺。此方之人、亦有慶也。

師青曰：主運者，生旺退煞之元運也。一白，得龍穴砂之方位也。局與運符，故發福非常。四運喜龍向砂之旺，忌巽水，喜乾水，在乾水，則得零神之吉，在巽水則犯正神之凶，正神之水宜避，須知一二三運，只欲一二三龍穴砂之旺，不喜見一二三之水，見則敗財，最喜九八七之水，見水則發財。六運，喜戌乾巳之龍向砂，忌戌乾巳之水，喜巽辰亥之水。七八九運、欲兌艮離龍穴砂，不喜見兌艮離之水，見水則失財，喜一二三之水，則無不發福。作者龍穴砂水四字中，水字原著有秘，蓋山旺水衰，水旺山衰，原有定理，觀拙著樓宇寶鑑『鑰法』自明。又須熟讀拙著『地學鐵骨秘』之元運歌。甲子申，貪狼一路行。

坤壬乙，巨門從頭出。癸未卯，俱是祿存至。巽辰亥，盡是文曲位、戌乾巳、武曲一星聯。丁酉丑，破軍七八九。艮丙辛，位位是輔星。庚午寅，右弼此星真。經曰：識得零神與正神、只日入青雲，不識零神與正神、代代絕除根，其斯之謂矣。

原文：且先天之坎，在後天之兌。後天之坎，在先天之坤。則上元之坤兌，未可言衰。先天之巽，在後天之坤。後天之坤、後天之巽，在先天之兌。則中元之坤兌，亦可言旺。先天之兌、在後天之巽。後天之兌、在先天之坎、則下元之巽，不得云替。此八卦之先後天運、固可合論也。

師青曰：此申明書之運論用句。如兌屬金，坤土，運值上元，則金生水為退氣，土剋水為死氣。不知先天之坎，在後天之兌位上，則兌雖被上元洩，而先天坎水，卻是得令。又如後天之坎，在先天坤位上，則坤雖剋上元坎水為死氣，而先天之坤土，卻是得令。故上元坤兌二位，俱是先後天之吉，未可言衰。坤土兌金，運值中元，木剋土為煞氣，金剋木為死氣。不知先天之巽，在後天坤位上，則坤雖被中元木剋，而先天巽木，卻是得令。後天之巽，在先天兌位上，則兌雖剋中元巽木，而先天兌金，卻是得令。後天之巽，在先天兌位上，則兌雖剋中元巽木，而先天兌金，卻是得令。故中元坤兌二位，亦係先天之吉、可以云旺也。

原文：如一白司上元，而六白同旺。四綠居中元，而九紫同興。七赤居下元，而二黑並茂。即圖一六共宗，四九為友，三八為朋，二七同道之意。圖可參書，不信然乎。

師青曰：此申明圖可參書前句。洛書一白乘上元之旺，河圖乃一六共宗，故一旺而六亦旺，而中元之四九、下元之七赤、亦同此義，皆可類推，而以圖參書也。

原文：或一白未得運，而局之生旺財方，有六事得宜者，發福亦同，水為上，山次之，高樓鐘鼓殿塔亭台之屬，又其次也。再論其山，有山之六事，如門、路、井、竈之類，行運與否。次論其層，層有層之六事，或行大運，或行小運，俱可言其榮福。否則將六事佈置，合山與層及其間數，生旺則關煞俱避，而河洛二運未交，僅可言其小康也。

師青曰：論一白總歸河洛二運上，此承上而言也。局之六事，是外六事，層之六事，是內六事，本文自明，不必作山論作水論也。六十年一週為大運，二十年一易為小運。六事放在局與山層間之生旺方，不犯官煞，一交河洛二運，發福非常，若未交，只小康而已。

原文：至若干支納音之生煞，有統臨專臨之異，而每太歲入中宮，並詳生旺，管山星宿之穿宮，有逆飛順飛之例，而每歲禽星入中宮，同參生剋。八門加臨非一，九星吊替多方。

師青曰：六甲者，甲子、甲戌、甲申、甲午、甲辰、甲寅是也。三元者，上元、中元、下元也。上元甲子六十年，中元甲子六十年，下元甲子六十年，但泊宮不同。故曰各異，若泊中宮干支納音，即下文一年一易也。如上元甲子起坎，即逆數至中宮，得己巳木納音也。中元甲子起巽，即將本宮逆數至中宮，得壬申金納音也。下元甲子起兌，則逆數至中宮得丙寅火納音也。為木為金，為火，不同，故曰各殊也。惟星宿之穿宮、與禽星論生剋，因古今歲差之大，不必同參，八門加臨可用。

原文：如上元一白起甲子十年，己巳在中宮納音屬木，甲戌十年，戊寅在中宮納音屬土。中元四綠起甲子十年，壬申在中宮納音屬金。甲戌十年，辛巳在中宮納音屬金。下元七赤起甲子十年，丙寅在中宮納音屬火。甲戌十年，乙亥在中宮納音屬火。

422

師青曰：上元甲子從一白坎起，逆輪至中宮，乃己巳也。中元甲子從四綠巽起，逆輪至中宮，乃壬申也。下元甲子從七赤兌起，逆輪至中宮，乃丙寅也。

原文：每年先以中宮納音，復以所泊宮星，與八山論生剋，所以謂統臨之君也。

師青曰：上言統臨，至此已逐段申明，此處言先以中宮所得納音，與八山五行較生剋。又以八山逆輪所得納音，與八山五行較生剋。如乾山是金，中元甲子起巽，逆輪至中宮，是壬申金音，則此十年金與金旺。如甲辰十年，是戊申土音則此十年土生乾金，為生為旺也。餘可類推。

按納音每十年一易，又有本山納音之法，如上元甲子在坎山，甲子納音金，生山水，乙丑離泊，金受山剋，丙寅泊兌，火剋山凶，是為泊宮星納音。上端所列，三元入中宮星，將納音與八山較其生剋，以定十年之休咎，乃為統臨之法者也。

原文：何謂專臨之君，即六甲旬飛到八山之干支也。三元各以本宮所泊，隨宮逆數。數至本山，得何干支，入中宮順飛，以輪八山。生旺則吉。退煞則兇。

師青曰：上論統臨，此論專臨，君臨者，主星之臨也。如中元甲戌旬，得辛巳金音入中。乾山比旺吉矣。又將辛巳在中宮順輪，輪到乾山得壬午木音，即受乾山之剋，則是年福力減輕，餘可類推。此段原文他本飛字作佈，而以輪為論，大失本義，今據古本更正。

原文：統臨專臨皆善，吉莫大焉。統臨不善而專臨善，不失為吉。統臨善而專臨不善，未免為凶。然凶猶未甚也。至於統臨專臨皆不善，禍來莫救矣。

師青曰：統臨專臨，固有吉凶之分，然先後輕重，自有不同，特為舉出，歸重專臨。為統臨專臨之結論也。沈注謂作者於

紫白知其一而不知其二，祇為以偽術欺世，而作游移飾語，不知統專吉凶之比，在術數中五行生旺，剋洩互相損益而判斷，類多如是，何得謂為欺世飾語？沈氏譏為三白寶海之流亞、而不知其本身也。

原文：至於流年干支，亦入中宮順飛，以考八山生旺，如其年不得九星之吉，而得歲音之生旺，修動亦吉。

師青曰：八山俱有流年九星，飛入中宮，順飛八局各有生旺退煞之辨，倘此年到八山不吉，而太歲干支之納音與八山相生，修理動作亦吉。是流年干支重於九星，亦猶上之專臨重於統臨也。此曷以故，如屬甲子年，即將甲子入中宮，乙丑到乾，丙寅到兌，順飛八山，將納音與八山較其生剋，如坎山屬水，甲子納音是金，乃金生水故吉。乙丑在乾，乾係坎山二黑，二黑屬土，乙丑納音亦金，則為洩氣。八山俱從此推，屢多奇驗。沈氏又註為全局不吉，流年雖吉，亦不免於凶。若然，則八山已成定案，歲音生旺，皆無所預，寧有是理耶。此正孟子所謂，詖辭知其所蔽也。此段申明前太歲入中宮二句。

原文：禽星穿宮，則當先明二十四山入中宮之星。巽角。木。辰亢。金。乙氐。土。卯房。日。甲心。月。寅箕。水。尾。火。艮斗。木。丑牛。金。癸女。土。子虛。日。壬危。月。室。火。亥壁。水。乾奎。木。戌婁。金。辛胃。土。酉昴。日。庚畢。月。嘴。火。申參。水。坤井。木。未鬼。金。丁柳。土。午星。日。丙張。月。翼。火。巳軫。水。各以坐山所值之星為禽星。入中宮順布，以論生剋。但山以辰戌分界，定其陰陽。自乾至辰為陽山，陽順佈。自巽至戌為陰山，陰逆輪。星生宮，動用與分房吉。星剋宮動用與分房凶。

師青曰：此申明以前管山星宿句。本文自明。

424

原文：其流年之禽星，則以值年星入宮飛方。陽年順行。陰年逆行。而修造之休咎，於此可考。

師青曰：此段申明前每年禽星二句。流年禽星，俱從支上起，至支所屬之星，與前二十四山十二地支所屬之星無異。如子年則以虛宿入中宮，以子寅辰午申戌為陽年，順布。以丑卯巳未酉亥為陰年，逆輪。夫禽星以二十八宿定名，而穿宮入中值年，理雖有當，惜乎，廿八宿度數，與廿四山宮位，今昔不同、而穿宮入中自異，須知廿八宿之運行，每年東行約五十一秒，則七十年差一度有奇，二千一百一十餘年，可差一宮。古今差距之大，何止一宮，故因此時未可適用，參閱拙著，七政四餘星圖析義，第一百五十八頁至一百六十七頁，則自明矣。

原文：八門加臨者，乾山起艮，坎山起震，艮則加巽，震則從離。巽從震，離從乾，坤坤，兌兌，以起休門，順行八宮，分房安床，獨取開休生為三吉。

師青曰：八門者，休生傷杜景死驚開也。加臨者，加於八山也。如乾山加艮，是乾即休門、震即生門也。取休開生為三吉者，如一白坎為休、六白乾為開、八白艮為生，以白為吉也。八門五行，隨八卦而起休，隸坎屬水生、隸艮屬土、至開隸乾屬金。看其所隸，而知其門。

原文：又有三元起法，上元甲子起乾，順行四維，乾艮乾順，週而復始。中元甲子起坎，順行四正，坎震離兌。下元甲子起艮，順行四維，艮巽坤乾。

師青曰：此段說明三元起法，在上元，則甲子年休門起乾。乙丑年休門起艮。丙寅年休門起巽。丁卯年休門起坤。戊辰年休門起乾。順行四維，四維者，四隅也。餘可按年類推。至於每年輪法，陽順陰逆，陽山順佈，陰山逆佈、分佈八門也。

原文：論流年係何宮起休門，亦論其山之陰陽順逆佈之。如寅甲為陽，陽主順，乙卯為陰，陰主逆。但取門生宮，宮門比和為吉，宮剋門次之，宮生門則兇，門剋宮則大凶。

師青曰：此言起休之法，從順逆排佈、如甲子年休起乾，其年寅山係傷門，傷隸震木，為門剋宮。甲山係杜門，杜隸巽木，為宮比門。卯山休起乾，逆輪，死門在震、死隸坤土於卯山為宮剋門。如乙丑年休起艮，陽山從艮順佈休生等門。陰山從艮逆佈休生等門。此申明以上八門加臨句也。

原文：九星吊替者，如三元白星入中宮飛佈，俱謂之吊，而年替年，月替月，層則替方，門則替之屬，皆以名之。

師青曰：此申明前九星吊替各方句，而總提下吊替各法。

原文：如上元甲子年，一白入中宮，輪至子上，乃歲支也。係六白即以六白入中宮，飛佈八方，視其生剋，而支上復得二黑，是年替年也。又如子年三月，六白入中宮輪至辰上，乃月建也，係五黃，即以五黃入中宮，輪至辰上，乃是四祿，此月替月也。如二層屋下元辛亥年，五黃入中宮，六白到乾，以六白入中宮，輪佈八方，以論生剋，是層替方也。又如三層屋，二黑居中，而開離門，則六白為門星。下元辛亥年，五黃入中宮，輪九紫到門，剋原坐六白金星矣。復以九紫入中宮，輪數八方，而六白到坤，及第七間，是門替間也。此河圖之妙用，循生迭起，運合災祥，無不可以預決。

師青曰：此舉年替年、月替月、層替方、門替間各法，依順逆輪佈，為災為祥，無不可以預決也。

426

五、紫白訣下篇

> 四一同宮、準發科名之顯。

師青曰：以宅星入中宮、查四綠落在何宮、次以流年太歲入中宮、輪到一白到四綠處所、即為四一同宮。發科名之顯者利考試而獲榮顯也。蓋一白為官星、主仕宦、四綠是文昌、主科名。例如兌宅艮門、每逢一白之年、四一同在艮位；巽宅坤門、每逢七赤之年、四一同在坤位；坎宅中宮、每逢四一之年、四一同在中宮是也、舉一反三、帖然明白。沈祖緜註此、拘於天地盤山向飛輪之說而斷。以為失令。四一主淫蕩、則失之遠矣、其實得令失令、須明拙著、『鈴法』、並非以天地盤山向飛輪之說而可定也。

按銓選之法、古今遞變、三代以前出於學、戰國至秦出於客、魏晉出於九品中正、隋唐明清出於科舉、民國以來、出於學校。術書所稱科名、今即指考試及格而言、讀者觸類旁通、毋泥於名詞之下可也。

譬之在職者、則主高遷、庶俗者、則主遇貴、商賈者、則主獲利、業農者、則主進業、僧道者則主加持、觀此、則知不可執於科名之顯而斷。

> 七九穿途、常遭回祿之災。

師青曰：穿途者、穿其入宮之途也。先以宅星入中宮、次以流年太歲入中宮、若本宅或九紫遇流年之七赤、或七赤遇流年之九紫、同泊此宮、是謂穿途。如其方位又犯本年某月丙丁火星、一經修作衝動、則不免於火災。城市大村、以該市村中間為中宮、論其方道、與一棟屋論間同也。地方遭火、如六白被離水太盛、七赤被乾兌水太盛、八白被艮水太盛、九紫被艮兌水太盛、無有不被回祿者、不僅犯九紫七赤同宮、及丙丁火星相值為然、惟逢七九穿透者為尤甚耳。若謂九七同宮、其方宜空、見水可免、則不知水盛亦可為災之義矣。沈氏謂玄空秘旨云午酉逢而江湖花酒、乃別有所指也、與此條意義無關。

二五交加而損主、亦且重病。

師青曰：交加者、以本宅入中宮、亦以流年太歲入中宮之謂也。如逢二黑五黃、同宮互見、宅主雖不住其間、亦感損耗、若住其間、則更不離茶鐺藥竈矣。

三七叠臨而盜刧、更見官刑。

師青曰：震兌同宮、一之為甚、交臨叠至、其患益滋。蓋金主刑、木逢金、非刑即折。三碧七赤、因為九星中最惹是非者也。如本宅與流年相遇同宮、則在家者被盜見災、不在家者亦將因刧而興官訟、甚至罹禍無窮。此總言九星同宮、分別吉凶也。

蓋一白為官星之慶、牙笏文章、四綠為文章之祥、天輔太乙。還宮復位固佳、交互叠逢為美。

師青曰：一為官星、四為文章、文章為科第之階、仕宦因文章而顯。故四得一而交互叠逢為美、一得四而還宮復位亦佳。但每年中八宅、一宅一向、不能多遇。一四同宮、亦只一宅一間耳。此條文義甚明、其論四一同宮之美、上下何等聯貫。沈註、若以復位為伏吟、主不利、雖逢四一、亦作不吉論、未免節外生枝、不喻斯旨矣。

是故三九、九六、六三、豈惟乾離震攀龍有慶。

師青曰：以下數節、均為四一同宮之論。三九乃三碧之年、九紫之宅；九六乃九紫之年、六白之宅、六三乃六白之年、三碧之宅。以三碧入中宮、乾間是四綠、旋以離宅之九紫入中宮、乾間是一白、故離宅乾間、為四一同宮。以九紫入中宮、離間是四綠、旋以乾宅之六白入中宮、離間是一白、故乾宅離間又為四一同宮。以六白入中宮、震間是四綠、旋以震宅三碧入中宮、震間是一白、故震宅震間亦為四一同宮、此言本宅八卦排其間也。

428

> 而二五八之間、亦可蜚聲。

師青曰：此言中宮向上飛星、二五八當旺之局。所謂二者、橫論離宅第二間也、五者、橫論乾宅第五間；八者、橫論震宅第八間也。再申言之、三碧之年、第二間是四綠；九紫之宅、第二間是一白、此五間屋排五間論也。九紫之年、第五間是四綠；六白之宅、第五間是一白、此七間屋排五間論也。六白之年、第八間是四綠；三碧之宅、第八間是一白；此九間屋排第八間論也。凡此意義、灼然能明、沈註、反謂此三節、為前人所未道破、何不思之甚也。又註攀龍有慶亦可蜚聲八字、恐非原文云云、則更見其讀者不求甚解、囫圇吞過、蓋此兩節緊接上文而來、「是故」兩字、承上轉下、明白曉暢。上文既謂「復位固佳、叠逢亦美」、則下文之「有慶」「蜚聲」正相泊合也。

> 一七、七四、四一、豈但坤艮附鳳為祥。

師青曰：「一七」者、兌宅艮門樓也。「七四」者、巽宅坤門樓也。「四一」者、坎宅中宮也。「坤艮附鳳為祥」者、言一白之年入中宮、四綠在艮、七赤之宅入中宮、一白在艮、則兌宅艮門樓、遇一白之年而為祥、七赤之年入中宮、四綠在坤、四綠之宅入中宮、一白在坤、則巽宅坤門樓、遇七赤之年為祥；四綠之年入中宮、四即在中宮、一白之宅入中宮、一白即在中宮、故坎宅之中宮、遇四綠之年、而附鳳可期。

> 而四七一之房、均堪振羽。

師青曰：房者、臥房也。一白之年入中宮、第四位艮間是四綠、兌宅七赤入中宮、第四位艮間是一白、是為兌之第四間、為四一同宮。七赤之年入中宮、第七位坤間是四綠、四綠之宅入中宮、第七位坤間是一白、是為巽之第七間、為四一同宮。以四綠之年入中宮、而四綠即在中宮、以坎宅一白入中宮、而一白即在中宮、是為坎之第一間、為四一同宮、故曰「四」「七」「一」之房、均堪振羽、可得吉慶而受福。按沈氏所據

429

本、上句為「一七七四四一、但坤艮中附鳳為祥」、與師青所據本比較、闕一「豈」字、以致意義迥殊。與下句「均」字、不能呼應關合。則上下不屬、詞意均不協矣。

> 八二、二五、五八、固在兌巽坎、登榮足賀。

師青曰：此論一四大勢、某年某方大利、非專指一宅而言。八白之年、二黑之山、與二黑之年、八白之山、一四均在兌方之宅、故曰「八二」。二黑之年、五黃之山、與五黃之年、二黑之山；與中宮排之、一四均在巽方之宅、故曰「二五」。五黃之年、八白之宅、與八白之年、五黃之宅、以中宮排之、則四一均在坎方之宅、故曰「五八」。凡此三者、同為一四應運、均主有登榮之喜。

> 而三六九之屋、俱是榮顯。

師青曰：此就屋之層進而論、皆以四一同宮為主。如三進屋就是現代新式樓宇之第三層、層數須從地庫計起、八白之年、一白在第三、二黑之山、四綠亦在第三、故第三層得四一同宮。六進屋即名六層、五黃之年、八白之山、第六層得四一同宮。九進屋即今之九層、五黃之年、二黑之山、故第九層得四一同宮。誠如是、其家必臻榮顯。

沈註、謂其原文、被後人改竄、沈氏未知何所據耶、不僅為無根之談、且昧於一四同宮之義。不知原著發揮之基礎、其所論列、始終一貫、且常有驗、不必置議。

> 遇退煞以無嫌、逢生旺而益利、非獨運宅局可以參觀、抑且年與運尤須並論。

師青曰：「退煞」、指上元乾兌艮離四卦、若遇四一同宮之位、亦可平安吉利。「生旺」指下元乾兌艮離四卦若遇四一同宮之位、當可亨通大利。「參觀」、「並論」者、言宅局要合、流年吉照亦要合、局既合運、元運與年運亦要合、須多面以觀之意

430

也。凡此皆就一同宮立說、而沈祖緜則以四一為誤、謂六運四運之艮寅山、二運之未山、皆到山到向、八國雖有退殺、亦無可嫌、查八國二字與原文無關。

師青曰：大運者、上元中元下元也。小運者、上元一運二運三運、中元四運五運六運、下元七運八運九運也。又如一元之運、分甲子、甲戌二十年、甲申、甲午二十年、甲辰、甲寅二十年、原有大小三元、各司其會。其中交加之歲、仍照大小司令、辨其三元之得令失令、遇生旺則興、遇死退則敗。此拙著樓宇寶鑑第二章鑰法經已詳矣。大小二運、皆是一白、或大小二運、皆是四綠、名曰雙逢。三元花甲、遞相交接。故上元甲子起坎、一白逆行、中元甲子起巽、四綠逆行、下元甲子起兌、七赤逆行、乃流年之小運、大小運同臨、即謂雙逢、分大小也。

師青曰：凡論住宅、應先論其局與向之得令、次論其方之生旺有氣。如一白當令、即將一白運中論山論水、如以運合、再得一白方居位、方運並合、必主大發、故以局方為主。層間以圖運為君。遇有相合者則發。師青曰：如遇一層一間、一乃屬水、如遇五子運中、庚子十二年屬金、逢金為生、遇甲子十二年屬水為比和、皆為旺運。主合家利。原文既舉其總、又言其分、局方層間、昭然揭示、何等明白。沈註、卻指為誤、不應分而為二、然則所謂「為主」者、其為衍文乎。

師青曰：此言上元坤山艮向、艮水坐左輔、特朝出兌、合地二生火、天七成之之局。當甲辰甲寅二十年、左輔艮水為震之催官、故曰科名獨盛。

431

> 艮山庚水、巨門運至、而甲第流芳。

師青曰：此言下元艮山坤向、坤水坐巨門出震、合天三生木、地八成之局。當甲子甲戌二十年、巨門坤水為兌之催官、故曰甲第流芳。

> 下元癸卯、坎局之中宮發科。歲在壬寅、兌宅之六門入泮。

師青曰：前朝考試制度、稱鄉試舉人為登科、稱縣試庠生為遊泮。下元壬寅年流星五黃入中宮、六白在乾、兌宅七赤入中宮、六白在乾、則是年兌宅乾間、得三白合局、亦能入泮。科名有大小也。

> 故白衣求官、秀士請舉、推之各有其法。而下僚求陞、廢官思起、作之亦異其方。

師青曰：此總論四一同宮之驗也。求官重一白官星、求名重四綠文昌、其法其方、各各不同。如其間有四一同宮者、即擇其間居之、自可成名得官矣。學者須記得清楚、自然胸有成竹。

> 第以煞旺須求生旺、或小堆大塔、龍極旺宮加意。

師青曰：元運有時而變、煞運亦隨而易、故於煞旺生旺、最要審察。如以坎宅之生氣在巽、為文昌吉方、小堆大塔、萬年不改、豈能泥守一方、故須加意以求其合之義也。

> 然而制煞不如化煞、或鐘樓鼓角、局山生旺施工。

師青曰：制煞不如化煞、制之有時亦凶、化之則能轉吉。如煞在震巽坤坎、則建屋栽樹以避之、避之即化之也。若於其方作鐘樓鼓閣以鎮其煞、則煞愈盛而禍莫遏矣。故於局山中應審其生旺方施工、不宜於煞方施工、此為向宅之要義、必須詳察。俗師以遊年之禍六絕五為煞方、生天延為吉方、如坎之吉在巽、用鐘樓鼓閣制乾兌坤艮之煞、或以宅主之年月日時、用水局化之、皆不通之論也。

432

若夫七赤為先天之火數、九紫為後天之火星、旺宮單遇、動始為殃、煞處重逢、靜亦肆虐。或為廉貞疊加、都天再臨、須分動靜、赤紫廉火維鈞。

師青曰：七赤九紫廉貞、回祿之山也。宅不宜配、然亦有動靜之不同、若旺宮單遇、不動亦無妨、倘逢煞方、雖靜亦難免於肆虐。苟五黃廉貞並至、又值都天加臨、則無倖免者矣。

是故乾亥方之水路、宜通不宜閉、通而閉之、登時作祟。右弼方之井池、可鑿不可填、鑿者填之、隨手生嗔。

師青曰：此言上元坎宅喜先天乾方有水也、路宜通而井宜鑿。

廟宇刷紅、在一白煞方、尚主瘟火。

師青曰：上元離方、照牆刷紅、其象屬火、是一白之煞方。一白屬水、本可制火、但在煞方、廟宇尤須注意、否則不免於瘟火矣。

樓台聳閣、當七赤旺地、豈免災凶。

師青曰：下元七赤方、七赤乃先天火數、甲子甲戌二十年、七赤方不宜高聳樓閣、若遇五黃之年、難免火災之殃。

建鐘樓於煞地、不特亢旱常遭。造高塔於火宮、須知生旺難拘。

師青曰：煞地不宜鐘樓、火宮指離之方位也。然亦要七九交加之年、方有明驗。若離方高塔、造於下元之時、文明蔚起、若造於上元之期、則是煞方、不宜高塔、故曰生旺難拘矣。難拘者、不能執一而論也。

但逢二星、同七九到、必然萬室齊灰。

師青曰：此言本宅星與流年星、於七九之年、同到其方、則烈焰飛騰、為禍必矣。

> 巽方庚子造高閣、坎艮二局盡燬、坤局之界無侵。

師青曰：上元庚子年、一白入中宮、九紫到巽、坎宅一白入中宮。九紫到巽。故巽方修造高樓、坎宅盡燬。上元坤宮、雖係庚子年七赤到宮、而無九紫同到、故無侵焉。

> 巽上丙午興傑閣、離兌巽中皆燒、艮在遠方可免。

師青曰：中元丙午、七赤入中宮、故中宮被火。九紫到兌、故兌亦被火。二黑到離、先天火數、離亦被火。巽本九紫火宮、此時造閣、必主火殃。艮得一白飛到、故遠可免。

> 須知明證、可以避禍。

師青曰：以上為申明七九穿途句。

> 五黃正煞、不拘臨方到間、常損人口。二黑病符、無論小運流年、多生疾病。

師青曰：二黑五黃、乃惡土凶星、不宜至間到中。若至間到中、則不利甚矣。如公元一九六九年己酉、此年值中元、四綠入中、順數五黃在乾、若住在宅之西北乾位之房、則不利、此年二黑在震、若住在宅之正東震位之房、則亦不利。若值修動、愈見疾病。

> 五主孕婦受災、黃遇黑時出寡婦。二主宅母多病患、黑遇黃至出鰥夫。

師青曰：五黃陽土、二黑陰土、均主肚腹、故孕婦應災。黃土加黑土、是陰壓陽也、故出寡婦。黑土加黃土、是陽壓陰也、故出鰥夫。但從宅星入中宮、流年星入中宮、查其是否同到。若二五均在煞方、與所住之人相剋、其驗更著。僅有五而無二、則不妨矣。

434

運如已退、廉貞逢處非災一、總是避之為良。

師青曰：如吉運已退、逢五黃到間、又與本命相剋、急宜趨避防災。

運若未交、巨門交會病方深、必然遷之始吉。

師青曰：巨門交會者、二黑巨門同在二宮也。若吉運未交、仍在二黑之宮、雖巨門為吉星、究以土剋水命而見凶、宜擇吉處趨避始吉。此申明以上二五交加句。

夫蚩尤碧色、好勇鬪狠之神。破軍赤名、肅殺劍鋒之象。

師青曰：此言三碧七赤二星有凶煞之性也。

是以交劍煞興多刼掠。鬪牛煞起惹官刑。

師青曰：交劍煞者、七赤破軍、遇六白、武曲見乾金交戰也。鬪牛煞者、三碧凶惡之星、遇坤艮木剋土、故因爭鬪興訟而遭官刑。

七逢三到生財、豈識財多被盜。三遇七臨生病、那知病愈遭官。

師青曰：我剋者為財、但七赤是賊星、宮星七赤金、遇流年三碧木、金剋木為財、故雖得財而被盜刼。三碧形成戰鬪、宮星三碧木、遇流年七赤金、兩相剋害、故主多病、病愈亦遭官刑、亦鬪牛殺也。

運至何慮穿心、然而煞星遇旺、終遭刼賊。身強不畏反吟、但因坐神一去、遂罹官災。

師青曰：此為申明三七叠逢之句。蓋屋局雖吉、而流年煞星、同太歲諸般會臨、是為穿心煞、刼賊之禍、終難避免。如屋局七赤當令、遇生旺之運、則不為畏三碧加臨矣。而流年吉神之助神不到、凶星別有加臨、是為反吟、仍難免於官災也。

435

要知息刑弭盜、何須局外搜求。欲識病愈延年、全在星中討論。

師青曰：此為總提吉凶俱在星局之結論。大凡盜刦病患、及一切灾害、固由宅局之不善、而二五交加、三七叠臨、九七穿途等凶、關於年星者尤重。若為四一同宮、則家道興隆、後昆秀發、皆趨於吉。流年禍福、不外於元運禍福者明矣。斷間之法、即在於此。

更言武曲青龍、喜逢左輔善曜。

師青曰：武曲六白、乾金也、左輔八白艮土也、如宮星坐金星、喜流年艮土星以生其宮也。

六八主武科發迹、不外韜略榮身。

師青曰：如宮星武曲、遇流年左輔、謂之星生宮、故主武。

八六文士參軍、或則異途擢用。

師青曰：如宮星左輔、遇流年武曲、謂之宮生星、主文人任武職、或擢用出於異途。

旺生一遇為亨、死退雙臨不利。

師青曰：旺星生星、或六或八、若得一星到宮、生宮足矣。死者退者、剋害之星也、在局上既為死為退、雖遇六遇八、雙臨亦凶。他本有作死退雙臨乃佳者、死退安得佳耶。

九紫雖司喜氣、然六會九、而長房血症、七九之會尤凶。

師青曰：九紫為生子之星、但因宮星是六白金、流年遇九紫、火來剋金、乾金六白也、乾為老父、應主長男血症、若不逢九紫、而逢七赤、亦與六會九同患。按七赤兌金也。兌為少女、乃屬破軍惡曜、一遇九紫火、來剋兌金、故尤凶也。

四綠固號文昌、然八會四而小口損傷、三八之逢更惡。

師青曰：宮星八白屬艮、艮為少男、流年值四綠、木來剋土、故聰明之子有損。三碧祿存、乃凶惡之星。比四綠文曲水性更猛、故聰明之子、一病莫救。沈註、徒為曲解、何不思之甚也。

八逢紫曜、婚喜重來。

師青曰：八逢紫曜、為八白宮星、遇九紫流年星、以火生土、離為中女、艮為少男、宮星並旺、不是婚喜、便主生子、二者必居其一。

六遇艮星、可以尊榮不次。

師青曰：宮星六白、為吉曜、得流年八白左輔善曜、金遇土生、相得益彰、故主晉陞不次之尊榮、而百事咸昌者也。

如遇會合之道、盡同一四之驗。

師青曰：紫白賦以一四同宮為綱領、凡所議論、不離其宗。宮星兩善、則以一四同宮為斷、必有奇驗、以承上六八言、喜其相生也。沈註、謂此篇拘於一四同宮立論、疑原文為後人竄改、又疑一四兩字為山水之誤、其於本賦宗旨、顯見尚有隔閡。若以一四為拘、改論山水獨不拘乎。

若欲嗣續、惟取生神加紫白。至論帑藏、尤看旺氣與飛星。

師青曰：流年星生本宅星、如宅星八白、流年星九紫、以火生土、是為生神、主發丁。若飛來之星、皆紫白吉曜、得其旺氣、主發大財。

二黑飛乾、逢八白而財源大進、遇九紫而螽斯蟄蟄。

師青曰：坎宅一白入中宮、飛二黑到乾、遇流年七赤入中宮、飛八白到乾、替星九紫到乾、則住乾間者、是年不惟大有之年、且可獲螽斯之慶。

437

> 三碧臨庚、逢一白而丁口頻添、交二黑而青蚨闐闐。

師青曰：坎宅一白入中宮、飛三碧到兌、逢流年八白入中宮、飛一白到兌、則添丁有喜。交流年二黑入中宮、飛四綠到兌、會三碧為旺氣、焉得不獲大財耶。

> 先旺丁、後旺財、於中可見。先旺財、後旺丁、於理易詳。

師青曰：丁財之旺、有先有後者、憑於流星。如生星先到、旺星後到、則先發丁而後旺財。如旺星先到、生星後到、則先旺財而後發丁。其理易詳。何有天機不可洩漏之拘、沈註云云、洵如術士慣用口吻矣。

又上言「三碧臨庚」者、言兌金得三碧木、我剋他為財、得一白水運生木即添丁。交二黑者、流年二黑入中、言我既以金剋木為財、茲又四綠會三碧、則主發財、但另有辨別者、不是二黑要臨庚上、必以四綠之年入中、二黑到震亦是也。沈註「三碧臨庚」謂庚字誤、當作巽字、如以上理推詳、可知庚字不誤、所誤者沈註耳。

> 木間逢一白為生、八白同臨、而添丁不育。

師青曰：震宅以三碧入中宮、飛一白到震、可云生子之星。奈因替星是八白到坎、致水被土剋、則水不生木、而生我者又復為後來所制、故生而不育也。

> 火層遇木運得財、水局年來、而官災不免。

師青曰：火層者、屋之第二層也。木運者、五子之木運也、木火相生、故主得財。一運十二年、水年剋火、故有官災之事、不得與水生木、木生火並論。上兩條、據古本考正、語既簡明、義亦流暢。沈本合併為一條、又增添文句、反為贅疣、而以生剋之為非、誤矣。

438

> 但方曜宜配局配山、更配層星乃吉。

師青曰：此言配合層星、與配局配山並重。如艮山坤向、乃土局土山也、宜分作兩層、以火生土也。若土局而作三層、則木剋土矣。是故配局配山、雖為方曜之善、仍待層星濟美、始為貞吉之全。

> 間星必合山合層、尤合方位生光。

師青曰：此言間也、山也、層也、必須配合得宜、乃成吉宅。

> 蓋在方論方、原有星宮生剋之用、復配以山之生死、局之衰旺、層之退煞何如、而方曜之得失始見。

師青曰：此為總結相宅之大旨。方位之吉凶、宮星之生剋、山向之得令失令、層進有煞無煞、層之退煞如何、則為相宅必須明辨、孰得孰失、自有準確。倘闕其一、未為全美。

> 就間論間、固有河洛配合之妙、再合以層之高低、山之父子、局之財官奚若、而間星之制化聿彰。

師青曰：此為總結論間之大旨。論間之法、先要查明其間是否合於八卦陰陽、次看其層進高低之孰吉孰凶、又查其本山本局之子父財官合與不合、而後再查本命流年之或生或剋。倘其間有不合之門路、亦須詳審。能如是、始知所以制化、造一屋如此、改一門樓亦如此。夫制化者、正在河圖洛書之配合、圖書並舉、互用可知矣。乃沈註但云河圖、又謂「不必如此拘泥」、顯見其為削足適履、以圖自圓其曲解、實未審耳。
又此數節中、於層之配合、屢屢言之、可知其與配局配山並重。理之所在、顛撲不破、固非沈氏所能一筆抹煞者也。

> 論方者以局、零神朝揖、門路合度、詳其內外維鈞、而富貴可許。

師青曰：局者、當令之局也、言局與令之皆合也。

439

論間者以運、年星疊至、星來生宮、徵其旺氣不失、而福祿
永貞。

師青曰：運者、三元之運也、言局與運之皆合也。

如八卦乾位屬金、九星則八白為土、此號宮星之善。

師青曰：乾金遇八白、土生金為生方。

入三層、則木來剋土而少財。

師青曰：第三層屬木、則八白雖至乾金、而因三層之木、制於
八白之土、不生乾金、故云少財。

入兌局、則星來生宮而人興。

師青曰：八白土入兌宅、則宮得星生、故人興。

更逢九紫入木土之元、斯為得運、而財丁並茂、兼主科名。

師青曰：九紫屬火、元運值木、得木生九紫火、是運生星、元運
屬土、逢九紫火生土、是星生運、所以丁財並旺而又發科也。

如河圖四間屬金、洛書四綠屬木、此圖剋書之局、入兌方、
則文昌被剋而出孤。

師青曰：四綠木是文昌之星、入兌方而被金剋、故雖有聰明之
子、多被剋損。

入坤局、則土重埋金而出寡。

師青曰：坤局四間、屬金雖好、惜坤土重而兌金薄、易被埋
沒、故少婦有寡居之患。

若以一層入坎震之鄉、始得為氣、而科甲傳名、亦增丁口。

師青曰：一層屬水、故坎方見水為旺、在震方水生木為生、層
方互為生旺、方為得氣、發丁發貴、理所當然。

440

> 局為體、山為用。山為體、運為用。體用一元、天地動靜。

師青曰：本段為全賦之總結、作者將其重點、作扼要之敘述、學者應熟加體味。此節言立宅之道、要使本山本局與氣運合於一元、體用兼備、則天地動靜可以操之於掌矣。沈註「以局為體、以運為用、山向為用中之用」、指此不合、而忘其前此所註：「運之得失、全在山向」、則正以山為體、以運為用也。

> 山為君、層為臣。層為君、間為臣。君臣合得、鬼神咸欽。

師青曰：此言一宅之中、層間要合法度、使其如君臣之間、雖有尊卑之別、而能魚水相依、則一德同心、家道可以興隆。按山局氣運屬於自然、層間制作屬於人事、欲以人事配合自然、則相宅之道是尚。如坎卦、以一白入中順佈、觀其生旺退殺、佈至六事、其房床井灶俱合本山之生旺、河圖之層數、相生相旺、剋殺俱避、則謂君臣合德也。

> 局雖交運、而關八方之六事、亦懼戊己廉貞疊加。

師青曰：此言八方均忌黃黑也、若值黃黑上之位。居六事井灶等項。雖本局得元、而修動之中、亦怕動起諸煞、故修作最宜謹慎。

> 山雖逢元、而死退方之惡煞、猶恐災罹天罡加臨。

師青曰：災罹、即年之太歲。天罡、辰戌丑未也。本山雖在運中、而煞方又值當年太歲、諸凶降臨、煞上加煞矣。故修作之時、應避免五黃戊己都天之類。

> 蓋吉凶原由星判、而隆替實本運分。局運興、屋運敗、可從局論。山運敗、局運興、休以山憑。

師青曰：此論山局並重、局運興、水神當令也。屋運敗、不當元運也。此楊公救貧之法、專以局山並重者也。

師青曰：此為紫白賦篇末之言、示意讀者、必須學思並用、庶能不罔不殆、明其妙運。蓋規矩可以示人、不能使人巧、若欲深入義理之微、推陳出新、知所變通、則繫於其人之慎思敏求。凡學皆然、固不止於此也。拙著樓宇寶鑑、遠溯本源、臚陳各法、於相宅之學、雖不敢詡為權威、而一編在守、使人明古通今、自能相宅、其中體用、確有獨步之處。茲將紫白賦之紛歧、逐一加釋辨正、舉枉措直、蓋亦示人規矩之意、以免受曲解者之所惑。附錄書後、俾與拙著參證、相互發明、固不失為明古通今之一助也。

六、古訣要則釋義

王松寒在《王氏陽宅學》將宮星各類法則整理出簡要的 130 條例，如下：

1、二黑為病符星，七赤為破軍星，三碧為蚩尤星，五黃為廉貞星。

2、七赤是開花臉的凶星：
   遇二黑九紫—便要弄火。
   遇三碧木星—便要劫財。
   遇七七—便弄口舌。
   遇一白水—如母遇子，舐犢情深。

3、二三鬥牛煞：官事口舌，煩惱多端，疲於奔命。

4、年月合成六七交劍煞，二三鬥牛煞到氣口，動處及水照處，必發生口角、鐵血及殺傷等事。

5、遇二、七、三、五化解方法：
   (1)如遇三碧生事時，向四綠所在處動作。
      因三屬震卦，如我家的長男；四屬巽卦，如他家的長女；
      以陰調陽，可以無事。

442

(2)防七赤惹禍時，向八白所在處動作：

因七屬兌卦，為彼處少女；八屬艮卦，為此地少男；以夫馭婦，自然安靜。

(3)如嫌坤二，則求之乾六。

因乾父能制坤母，均在雌雄匹配上關係上，多有商量餘地。

(4)如怕五黃肆虐時，可用八白化之。

因艮八中丑土屬己，與五黃中三分之一之戊土，成功配偶，即安。又五為廉貞火，以艮八土德洩之，自然無事。

(5)二五交加，疾病死亡：

五陽數，二陰數，二五作合到了口子上，路冲上，就有疾病死亡之事發生。能於彼時閒卻之，轉動為靜，即無事。

6、水上一六相逢，應產生有才華之人。

7、遇向星之一六八方，為喜慶。

8、六七小人暗算。

9、三六九主人剛健中正克己愛羣，處事精密。

10、年七月三到動處，防其露財招盜。
月三年七到動處，防其病後涉訟。

11、制五黃二黑法，鳴鐘則土去生金，如母聞子喚，急赴子處，不再作威他犯，或用銅鈴一個，白銅鈸六個，串在一起，掛於門上，令其常動常響，以洩土氣，壯宅命。

12、氣口如得九紫火向星，喜年月飛星四三九一到，忌二五八六七到。

13、八七會，為少陰少陽相遇而制化，變為吉。

14、破破軍凶氣法，於山向星七赤方，置一大水缸，蓄養黑魚一條；因破軍屬金，黑魚屬水，水可洩金之凶氣。

15、山星六白方，不可作池及廁所，否則會死宅主。

443

16、內外氣口，得八六一四，聲名好。

17、年一月六（或年六月一）到向星四綠向上，有財喜。

18、坤方四二交會，山地被風吹，還生風疾。

19、坐山三碧旺星，四綠生氣如落水，死子。

20、六四，可稱之鑽木取火，吉則吉，凶則凶。

21、二五交加，不損主，亦重病。

22、四綠木，最怕七金九火；四九化合，失卻本相，尤為大忌。

23、四綠運遇六七金氣，患足疾及瘋癲病。

24、四一通氣，向一生運星四，雖洩氣可借光，勞而有獲。

25、兩年連傷三人，還是歸凶於二五到氣口到灶。

26、住在向星五黃及地盤五黃位置多病。

27、年月九七飛星到離方水上，火災。

28、年月二七九七，先後天火星飛到尖塔方，火災；可以方踩以洩其氣。

29、四一四九氣可互補。

30、三七合十，遭暗算。

31、八白為吉星，有時不論生剋（旺衰而定）。

32、口子上九紫火，遇年星八白，為陰陽相見（離見艮）。

33、九星中，一六八三白為無色組，餘皆有色組。

34、四木九金，分投諸方時；九遇一，或四遇三，較為安詳。

35、伏吟，多口舌是非，向上用水池化解。

36、三白吉星，大部分可成就一切美舉。

但怕失卻地位，遇到致命傷之聯星，則盜洩其元精，往往發生不幸之事件，如：

一個一白水，遇到三八木聯星。

一個八白土，遇到四九金聯星。

37、屋前二五到，可冲到屋後方。

38、中宮，老父老母司權。

39、九宮合十大利，多和合。

40、氣口之山星在衰方，落水，路冲，冲塔又被向星剋者，該山星卦命之人死亡。

41、宅命上山下水，多死人。

42、看氣口，要兼看年月飛星到向首之情形。

43、年月飛星合生成，有盛名。

44、門前空曠氣散，可用籬隔成甬道以取旺氣（運星不旺無用）。

45、凡向星剋山星，凶險甚烈；山星剋向星無礙。

46、田隴平洋，山向生旺之星，均宜到水裡。

47、中宮向剋山，主人生病或死亡（命卦須與山星同）；年白剋星到即發凶。凡中宮向剋山，墳堆宜低。

48、以坐山入中之星收生剋，最為重要。

49、年星剋中宮運盤之解救法，如七赤入中宮，三運，則為金剋木：於南方置一蓄水器，養七星水一尾或六尾，取一六水化解七金而生三木。

50、凡空亡之向，多鬼怪，恍惚人在飛艇中，夫妻失歡失和，骨肉慘離。

51、氣口會盜洩向上元氣，洩財氣。

52、動處剋主命，遇年月剋星到即病，加之年月五黃到氣口或坐位或動處，病更劇。

53、氣口向星如剋制向首向星，破產困頓。

54、住宅之向星，如被向首向星剋不吉。

55、旺氣主財祿，生氣主令譽。

56、火若剋金兼化木（如九火剋六金，四綠又到），數經回祿之災。

57、還宮復位（遇水），如向星四到巽，則三到震，八到艮，六到乾，一到坎；是為還宮復位，五吉齊收，致富。

58、向首向星生氣口向星，為生出，大敗。

59、看何處衰星被向星所剋，即患何病。

60、山星，生旺星落水，死人。

61、凡流年七赤所到之方，關係特重，不可不留意。

62、兌為金，為少陰，其形尖銳，其味辛辣，陰人掌權。

63、向首及氣口之向星生年星為生出，多耗損，多憂患。

64、在旺運退後，其生氣向星之方，如流年白數和生氣數相同，而飛到該方時，大發。

65、空曠方之旺氣，一被塞住，即貧病。

66、向首向星剋氣口向星，有亢進之嫌，伏危機。

67、宅向星和氣口向星化河圖合，而年星到向首到氣口之星亦化合，如生宅向之合星則吉；如宅向合星生年星則財散人離。

68、向首衰星剋制坐山旺星，人口財祿受損。

69、向首年月合星，剋氣口年月合星，防惹事朝侮。

70、四運中，如門在六金上，是嫩木受重金之剋，會死人惹事。

71、震方金木相剋，得手足瘋痲病。

72、剋出，犯勞倦。

73、反吟，是年月對宮相剋。

74、向首與氣口動處合成河圖數之房間，不為年月二星之河圖數剋洩為佳，可作保險間。

75、向首向星，運生出，而被年月飛星所洩氣，每多演出驚人之慘劇。

76、向首向星剋出，剋年月星辰，惹禍。

77、氣口旺氣生向首衰氣，剋年月星辰，惹禍。

78、向犯空亡，是非橫生，進退維谷，主意不堅，前後不應，四隅較安（即乾坤艮巽上)。

79、向首地盤亦可用，如向首三木生地盤九火，生氣口二土是為聯環生出，衰敗不吉。

80、無替可用者，用兼之向再飛一盤。

81、氣口衰星，如能生向首星，可發鉅萬。

82、向星剋山星，對人口不利。

83、外口承衰氣，內口雖承生旺氣，亦遲困不振。

84、氣口洩氣，防賠累。

85、掛黃窗簾可洩九火之氣。

86、改門百日可生效。

87、改坐位，可以坐位之向推算挨星。

88、年月星與向星可成反吟伏吟。

89、向首之向星，雖非當元，而向首玄空大卦當元亦發。如三

447

運甲向八，氣衰，但甲卯乙為三運得元旺氣。

90、命卦在中宮受剋，最凶。

91、紫白及玄空為救貧之法。

92、先看陸路吉凶，次看水路吉凶，與向首之向星比生剋。

93、年月合成交劍煞（六七）或鬥牛煞（二三）到口子，動處及水照處；必發生口角、鐵血、及殺傷事件。

94、坐山向首，逢病符二五星到，宜全年注意衛生。

95、氣口震三，逢年星七到，腳病難免。

96、氣口剋年星，如一白剋九紫，勞後獲福。

97、九宮合十，人事和諧。

98、四綠到而比和，喜慶多。

99、年星合向星，如三八合，有威勢。

100、向星四綠，有年月三八合到，木木比和，有特殊因緣。

101、剋入：受貴人青睞，得大名，受大益，如年三月八化三八先天木，剋主星五土。

102、重重生出：主人於此時遭意外危險，受大痛苦。

103、重重剋出：如無意間得罪顧客，出言無禮等。

104、年星六到向首四上，成反吟。

105、氣口一白水剋年星九紫火，剋出大凶，待月星八道口，剋出化為剋入（火八生土，土剋一白水），則化險為夷。

106、坐山的山星方，不可有糞坑死人。

107、坐山山星管丁口之興旺及生死。

108、運星為子孫星，不可受剋，尤其灶位在山星上剋子孫星，

小孩多夭折；如三運，三為子孫星，如灶在山星七赤上，即金剋木凶。

109、年月飛星生氣口向星時可懷孕；待過了九十月，氣口向星生年月飛星時，概即到生產之期了，但須房門之向星能生向首之向星，始可如此推算。

110、房門之向星洩向首之向星，男丁難招，如房門為七，向首為二，二土生七金，向首洩氣。

111、因氣口向星六，剋向首山星四，金剋木，故不生育而無丁。丁將床放在山星一上，房門也向一，以生山星四木，即可催丁。

112、歲破方，即歲支對沖方，不可動土。

113、半身不遂，因四綠木命受向星六金剋，其宮之挨星為 946，地盤之四，亦可作命卦用。如氣口有一白星，即可化之。

114、為避年月凶星到，可移灶及床於吉方。

115、廁在四綠上，有汙文章。

116、反伏吟，有水無礙。

117、水上一六相逢，應產有才華之人。

118、催丁用灶，宜放在生旺的山星上，或生當運之山星方。

119、灶在山星一六八方為吉。

120、灶為向星與氣口向星合生成吉。

121、灶在山星二五位，歲五黃到生病。

122、灶壓在向星二五方，不宜在坎巽宮，破聲名。

123、灶壓的山星剋坐山的山星，死人。

124、灶壓在三運四綠生氣方，旺丁。

449

125、灶壓在二黑病符方，多病；以金星化解之。

126、灶在向星七山星三上（向首為四綠木），口舌多，損失多。因七遇二化火，洩向首四綠木之氣。補救方法：可將櫃桌面漆黑色，使七金生黑水生四綠木。

127、灶的火門，宜對旺方。

128、灶在山星旺方可催丁。

129、灶位為子孫氣脈所在地，忌走破，忌去水沖破，喜靜止溫暖。

130、灶壓在向星一四方，難揚名。

第陸章、古今實例解析

《沈氏玄空學‧陽宅祕斷》共計十六例。

例1、陶姓宅，丑山未向，五運造。

9 3 四	4 7 九	2 5 二
1 4 三	8 2 五	6 9 七
5 8 八	3 6 一	7 1 六

原文：

向上有破屋並水，開巽方門；前有三叉水口，兌方有水，至巽方門前聚消。此屋住後財丁頗好，旺星到向也；至六、七兩運病人常見女鬼，因向上有參差之樓故也。

則先謹按：

向上殘樓參差，陽和掩蔽，宅中色氣乃禍福之主宰。黑暗陰寒謂之死氣，故旺運一過，二本陰卦，五為五鬼，自有病人常見女鬼之應。

按：五運丑山未向，旺山旺向，故「住後財丁頗好」。向上破屋就是形煞，水局更甚；二五同宮，病符瘟疫，但五運旺氣尚可平安。六運三碧木入坤宮，木剋土；七運四綠木，木剋土。二五受制，坤卦為二，五鬼不祥。

例 2、某宅，子午兼癸丁，五運造。

午向

2 1 四	6 5 九	4 3 二
3 2 三	1 9 五	8 7 七
7 6 八	5 4 一	9 8 六

子山

暗探

原文：

此宅兌方有暗探，七運見鬼，八運已消。可見暗探祕主出鬼，不必拘定二黑為鬼也。

此屋住後出寡婦，中年以上人丁剋死，因坤土剋坎水故也。

此從屋向斷，不從門向斷也。

則先謹按：

此屋起造非不合運，但巽方星辰犯水遭土剋之咎。所以迭損中年者，必是方有鄰屋窒塞掩蔽，陽和受剋乃烈，否則闢為門路，通一四之氣，亦未嘗不主書香也。

按：雖然有兼向的情形，但仍然用下卦起飛星盤，顯然在四度半之內。《沈氏玄空學·論陽宅》：「陽宅與陰宅異；陽宅不獨理氣為要，而光線亦不能不講，如都會之區人煙稠密，無非光線而已。」五運造，向星得水，山星坐山，論得運。「七運見鬼」，兌宮形煞七運最凶。巽宮坤土剋坎水中男，巽木巽宮剋坤土，故損中年，出寡婦。「必是方有鄰屋窒塞掩蔽」，巽宮山星 2 衰死之氣，不宜在鄰屋上山，山管人丁。若闢為門路平宜，巽宮 1 四同宮，主書香。

452

例 3、某宅，壬丙兼亥巳，五運造。

丙向

1　6 四	6　2 九	8　4 二
9　5 三	2　7 五	4　9 七
5　1 八	7　3 一	3　8 六

壬山

原文：

此局用變卦，故七、二入中。

按：到山之一為壬，壬挨二巨，到向之九為丙，丙挨七破，故山向飛星不用一、九而用二、七，此用替卦之法也。此屋住後寡婦當家，如夫人主政，因二為寡宿，七、五入中宮，七為少女，故主如夫人主家政也。

則先謹按：

二黑到向主寡鵠，與六白同到則主寡而得旌，六為官星故也，有水更驗，二宅同斷。是局從向首，中宮合闡取驗；凡斷衰向，或旺向被凶形冲射者，均宜取法於是，並闡中宮也。

按：用變卦，即起星圖，超過四度半兼亥，所以用替卦之法。向首坤 2 為退氣，為寡宿；七兌少女入中宮，如夫人主家政。「六為官星」，山星 6 是生氣。如果要判斷向首旺衰、冲射，應從向首到中宮合併闡述最驗。

453

例 4、某宅，辛山乙向兼戌辰，五運造。

8 3 四	3 7 九	1 5 二
9 4 三	7 2 五	5 9 七
4 8 八	2 6 一	6 1 六

乙向（左）　辛山（右）

路

原文：

此局用變卦，故二、七入中。

按：向上挨星為三，三即乙，乙挨巨，故飛星不用三而用二入中，亦用替卦法也。

此屋住後多女少男，連產八、九女，只生一男。坎方有路，如夫人生者聰明，正配生者愚魯，因一六到坎故也。生女者，氣衰也；即陽卦六生女故也。

則先謹按：

此局不當替而用替，氣自衰矣。氣衰本主生女，陽卦且然。今山、向中宮陰卦密布，顯係多女之象。連產八、九女者，山上、向上各逢九到故也。只生一男者，運星三到向，震為長男故也。九五臨山，火炎土燥，故所產愚魯。秘旨云：火見土而出愚鈍頑夫，雖當元亦應，況衰向乎。

1、按：辛山乙向兼戌辰，用替卦。坐山與向首巒頭形勢並無敘述，向首山星九與向星四，皆為衰退之氣。山管人丁，故五運之旺星五飛入坐山，得九紫火生氣，主添人口。

2、向首四綠長女，中宮二黑老母與七赤少女，坐山七赤少女與九紫中女，陰卦氣盛，陰盛陽衰。正宮連產八、九女口，經納妾後僅生一男。坐山飛星盤卦數為五九七，五九火土同位，出人愚濁。

3、何以納妾？中宮二七，老婦與少女同宮。何以由妾生一男聰明？因向首為三震長男，坎宮為側室，坎方有路震動，坎水一6生震木，水為智慧。中宮與震宮間宜有水局或土局佈置。

454

例5、某宅，子山午向兼癸丁，六運造。（下卦與起星相同）

午向

1 2 五	6 6 一	8 4 三
9 3 四	2 1 六	4 8 八
5 7 九	7 5 二	3 9 七

子山

原文：

此屋財氣大旺，丁氣亦佳，因旺星到向，向上有水也。然辰、巽方是一、二，牆外有墳，左邊當出一書腐；未、坤方有屋，門臨於四、八之位，右邊亦出一書腐；因一為魁星，四為文昌，皆被土壓故也。若無墳、屋，不過出讀書之人耳。

則先謹按：

觀此可悟一、四所在，無論山、向飛星均不宜受形質上之逼壓，犯則變文秀為書腐，冲射更凶，二宅同忌。

按：雙星到向，因為向首有水財旺，旺丁則因離宮打劫。巽方坤土剋坎水，牆外有墳高，山星衰氣不宜居高，貪狼無用出書腐。坤方開門面臨鄰屋冲射，四綠文曲亦出一書腐；若無墳、屋等形煞，不過出讀書人。開門坤宮84，山星8氣未來，水星4氣已衰。

例 6、某宅，子山午向，六運造。

午向

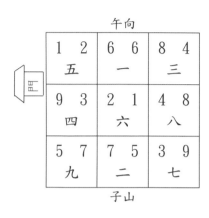

1 2 五	6 6 一	8 4 三
9 3 四	2 1 六	4 8 八
5 7 九	7 5 二	3 9 七

子山

原文：

此宅對宮有屋尖沖射，中子當家，因坎入中宮，坎為中男也。然屢被官府暗算，以雖屬旺向，因有鄰屋沖射，向上是六，六為官星故也。

則先謹按：

屋尖沖射，官星高聳，故屢被官府暗算。向上旺神飛到，對宮高屋犯上山，亦主耗財。六為長，長不得力，故主中子當家，取坎入中宮之驗。

1、按：六運雙星到向，六為武曲近似官星；向首有屋尖沖射就是形煞。為何「中子當家」？運星坎水一入向首，坎為中男。山星固然宜高，但尖射即是凶煞，而向星宜低平開闊，面對屋尖，水裏龍神上山，求財即緣木求魚。

2、運用城門水法將門開在坤宮開坤門，可避免屋尖沖射，且中宮一六水生坤宮三八木。在坎宮二五同宮，瘟病；二七是火，故中宮與坎宮之間宜用木通關。

例7、某宅，子午兼壬丙，六運造。

午向

1 2	6 6	8 4
五	一	三
9 3	2 1	4 8
四	六	八
5 7	7 5	3 9
九	二	七

子山

原文：

此宅向得六白，雙乾到向，乾為陽首，坐子向午，為地畫八卦之坎宅。陽六為坎宅生氣，金生水也，且合紫微、八武同到之妙。便門開震，巽方進內屋，巽方二黑為孤陰，為坎宅之難神；坎宅，水也；水被土剋，故為難神；再見一白同在巽宮，土剋水也；一為魁星，主出讀書人，今受土剋，故讀書將成而病生，水虧之證，恐夭天年。

此宅內戶門宜開離、艮、兌三方，合成六、七、八三般卦；因離得六白旺氣也，艮得七赤生氣也，兌得八白生氣也。次走坤路亦妥。四綠門為文昌，切忌走巽門，巽方是二，主病符，且剋坎宅。竈為一家之主，此宅竈宜在震方，火門宜向西，木生火（三四3與九），火生土（2與中五，8八）也；又宜在兌方，火門向震，火生土（2與中五，8八），木生火（三四3與九）也；又宜在坤方（4三），火門向坎（二7），木生火，火生土（二5）也。但巽方是宅之病符（2五），坎方是宅之五黃（二5），均宜避；如火門向艮是火剋兌金，主口舌，有肺病、血證；如離方名火燒天，主出逆子。書此可通諸宅之法。

則先謹按：

立竈之法，以向上飛星作主，火門朝對為重，其方位可不問衰旺生死；旺方可避則姑避之，最宜坐木向土，或坐土向木，取木生火，火生土為吉；火門向一白，取水火既濟亦吉。但飛星之二黑、五黃方均為坐朝所忌，因巨屬病符，廉主瘟瘴故也。九紫方火氣太盛，慮患回祿，亦為坐朝所忌。餘如向乾六、兌七，犯火金相剋，主有口舌、肺病、血證之咎，亦非所宜，且乾為天，火燒天門，主出逆子，九、六同宮更驗。宅內門方以向上飛星取三般、或三白為不二法門。二黑為坎宅難神；當運不忌，餘雖無一白同臨，亦非所宜，因二為病符故也。

按：離宮打劫。

457

例 8、會稽任宅，子午兼壬丙，七運造。

午向

4 1 六	8 6 二	6 8 四
5 9 五	3 2 七	1 4 九
9 5 一	7 7 三	2 3 八

子山

原文：

此宅前面地高，後有大河，乾、坎艮方均現水光，後有大槐照水，一片綠色，屋內多陰暗。住此屋者，財丁兩旺，因雙七到後，後有大河故也。然屋內有身穿綠衣之女鬼，至申時出現，因雙七到坎，七為兌，為少女也；二黑到乾，二為坤母；五黃到艮，為廉貞，即九，離為中女，五黃又為五鬼；此三方皆有大河水放光，合坐下之七，即陰神滿地成群，故主出女鬼。於申時出現者，以坎為陰卦，申乃陰時也。穿綠者，因槐映水作綠色也；且屋陰暗，故鬼棲焉。

八運初，錢韞巖於未方為開一門，至今鬼不現矣，因未方得八白旺星，艮方變為二黑，五鬼已化，故無鬼也。此乃一貴當權，眾邪并服之謂耳。

則先謹按：

易不言鬼。凡鬼均與卦氣有關，然必與環境形態相湊合，其驗乃神。但屋得旺向、或門開旺方，其形氣亦能潛移，此一貴當權之義。是宅八運初錢韞巖為就未方開門，鬼不復現，即旺門之力也。

按：雙星到山，大槐樹是山，乾、坎、艮都是水局。為何「屋內有身穿綠衣之女鬼」？坎宮旺星 7 是少女，乾宮有 2 坤母，艮宮有 5 黃廉貞五鬼，離火 9 中女，陰神滿地。槐樹綠色，水波助揚。八運未方開門收向星 8 旺氣。

458

例 9、會稽章宅，子午兼癸丁，七運造。

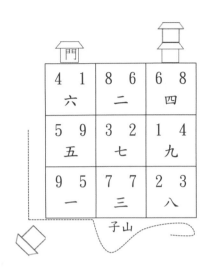

子山

原文：
此屋運星到後，定主財丁兩旺，雙七臨坎。至八運財大退，以坤方無水，且有高樓壓塞，名為上山故也；又有官訟不休，以六到坤，六為官星也。此屋若兩家合住，書云：一到分房宅氣移，一門換作兩門推，左邊所住之人居一、五之位，是衰方，八運上山，定主蕭索；右邊所住之人是八位，雖係上山，地盤尚旺，較左邊之財，大有高下，然總不吉耳。門開一、四之方，書香是好，兌方所住之人，一、四同宮，定主採芹；屋後之河乾方有蹺足之象，且居於乾之三三為震，為足，住乾方屋者，必出一蹺足。左邊所住丑方之人，必出一瞽女，因丑方九、五同宮，且有門屋壓塞，九為離、為目，五為土，目中有土，故主瞽。書云：離位傷殘而目瞎也。左屋之竈建於震方，震九位，火門向午，午即六，定主父子不睦；書所云：火燒天也。然無罵父之兒者，形局無張牙之狀耳。

則先謹按：
天元五歌，〈陽廟篇〉云：一到分房宅氣移，一門恆作兩門推，有時內路作外路，入室私門是握機。註曰：分房者，是數家合居一屋之分房也。看法以一家私門為主，諸家往來之路為用。是言九星定於起造之際，不因分房而隨之變易，第分房以後，各得一隅，其吉凶以私門乘氣，故曰握機。內路引氣故轉，可作外路論耳。後人不察，率以分房後之私門作主，不論所處地位僅係宅之一部或廂房，餘屋各自立極飛佈九星，誰知中宮誤

定，滿盤都錯。要之，宅運以起造定，特立星辰，須實際上自
關蹊徑，不相關連，方得立極飛佈，自成一家；否則只可照全
宅八國之局部推也。本篇詳註住左住右，左居一、五之位，右
處八白之方，即房分而宅運仍舊之明證也。或謂住左邊者，私
門向西，七運山上飛星西方是一，向上飛星西方是四，門對
一、四同宮，主出聰明正途之人；住右邊者，私門向東，七運
山上飛星東方是五，五即土也，向上飛星東方是九，九為火、
為文明，門對九、五，火炎土燥，頑鈍之徵，文明被土所壓，
主出一書腐。此從門向論也。
今沈公註云：兌方所住之人，定主採芹，乃就地盤立論，然震
方處九、五之位，不出書腐者，亦未始非門對一、四之補救
也。門向、地盤融冶饒減之理，觀此便不難索解矣。

例10、胡宅，甲山庚向，七運造。

<table>
<tr><td>4　8
六</td><td>9　4
二</td><td>2　6
四</td></tr>
<tr><td>3　7
五</td><td>5　9
七</td><td>7　2
九</td></tr>
<tr><td>8　3
一</td><td>1　5
三</td><td>6　1
八</td></tr>
</table>

甲山　（左側）　庚向（右側）

原文：

此屋丁方有一條直路而進，山顛水倒，本主不吉，且離方門前有直路沖進，又是二四同宮，定主姑媳不睦。書云：風行地而硬直難當，定有欺姑之婦。姑受欺不至氣結而死者，以門上有九到，火能生土故也。

則先謹按：

玄空五行之吉凶，必與實地形巒相湊合，其驗乃神。風行地上，氣也；硬直難當，形也；形氣交會，自有悍婦欺姑之應。是屋門開二、四之方，苟無路氣直沖，其驗亦微；然是屋本犯山顛水倒，若就震方得闢便門，亦足以資補救。今不是之圖，而闢離門，縱無凌長犯上之應，亦全無生氣入門，衰可知矣。

461

例11、某宅，申寅兼坤艮，七運造。

申山

3 2 六	8 6 二	1 4 四
2 3 五	4 1 七	6 8 九
7 7 一	9 5 三	5 9 八

寅向

原文：

此屋住後，財氣頗佳，然巽方有高樓沖射，必有一老寡婦爭田涉訟，因六為官星，二為寡宿，為田土故也。又有少女喜伴中男，因向上雙七，七為少女，坎一到向，坎為中男故也。

462

例 12、張村丁宅，子午兼癸丁，七運造。

路

午向

4 1 六	8 6 二	6 8 四
5 9 五	3 2 七	1 4 九
9 5 一	7 7 三	2 3 八

子山

原文：
此屋門開巽方，前有直路闊大，從午方引入。

此屋向星上山後，無水本主不吉。門開巽方，本一、四同宮，主發科名，因路氣直冲，為水木漂流之象。四為長女，故主婦人貪淫。路從午方引入直進到門，主外人進來，來者必一光頭和尚，因向上之六在離方，頭被火燒，故主光頭，入於四、一之門，與婦人交接也；且巽為僧，故主來者為和尚；然此門前，必有抱肩砂，否則無此病也。

則先謹按：
一、四同宮得令主功名，失令主淫亂，然與形態醜惡之砂水相值乃驗；猶發科名之必須挨到秀峯、秀水。方位同一例也，二宅皆然。

463

例 13、許宅，子午兼癸丁，七運造。

原文：

屋後有河，巽方開門，路從艮至震、引巽，至入門中。

路 門	午向	
4 1 六	8 6 二	6 8 四
5 9 五	3 2 七	1 4 九
9 5 一	7 7 三	2 3 八
路	子山	

此屋住後，財丁兩旺，因旺星到後，後有河水故也。門開巽方，乃一、四同宮，準發科名，且向上是六，巽方運盤亦是六，六為首，且六與四合十又一與六同宮，當為案首，故孟、仲兩人均考案首而入泮。道光七年丁亥二八中，一白到巽，二房考一等案首；十五年乙未三碧入中，二黑太歲到巽，長房考起補廩，皆巽門之力也。進氣艮、震兩方之路均犯九、五同宮，故出瞽目之人。

則先謹按：

進氣方兩犯九、五，遂主出瞽，可見陽宅以門為骨，以路為筋，吉門惡路，故有酸漿入酪之喻。

464

例 14、湖塘下陳宅，亥山巳向，八運造。

巳向

1 8 七	5 3 三	3 1 五
2 9 六	9 7 八	7 5 一
6 4 二	4 2 四	8 6 九

門
水

亥山
窰

原文：

屋後有窰三座，在戌、乾、亥方；巳方照牆，寅方開大門，門前有大湖放光，光又有路直冲寅向。

此屋住後，家主即吐血而亡，因乾方六、九同宮，犯火剋金；又有三窰，火光透焰，真火又來剋金；離色赤，乾為主，故家主吐血而亡也。寅方門二、四同宮，二為姑，四為媳，又有直路衝門，門前大水為五黃，故主姑媳不睦而致訟，以六到艮宮，六為官事也。次子病後而啞，以巽為風、為聲，寅門四、二、五同宮，土塞聲上故主失音。中宮七、二、九同宮，書云：陰神滿地成群，紅粉場中快樂，故主姑媳不潔也。

此宅若開門向丑，八白旺星到門，主二十年吉利，斷無諸患，所謂一貴當權耳。

則先謹按：

開門之法，固取旺方，而於二十四山隨時而在之陰陽不可不辨。如前會稽任宅八運初錢韞巖於未方開一門，鬼不復現。夫坤宮固為任宅八運之旺方，然不開坤、申而獨取未者，何也？蓋八運八入中，五到坤，天元龍四維五屬陽，坤、申，陽也，逢陽順行，八白不能到門，所謂旺而不旺；未，陰也，可用五入中逆行，則旺星到門，艮方變為二黑矣。是宅艮方運盤為二，二即未、坤、申此三字，惟未屬陰，未與丑為地元一氣，故當開丑門、丑向，則二入中，逢陰逆飛，八白旺星亦到門矣，此不旺而旺也。

465

例15、東溪周宅　酉卯山兼辛乙，八運造。

2　5 七	6　1 三	4　3 五
3　4 六	1　6 八	8　8 一
7　9 二	5　2 四	9　7 九

卯向（左）　　酉山 井（右）

原文：

此宅坐後辛方有井，作書房。於道光乙未、丙申兩年先生打死兩學生，均頭上受傷而死。此屋旺星到山，本主不吉。向上運星之六入中，已洩中宮之土，乾六為首、為師長，巽四為木、為教員，向上三、四、六同宮，故首上加木；中宮八、六、一同宮，故少男頭上有血；辛方之井，雙八到，八為少男，井在運盤之坎，坎為血。必待乙未、丙申年應者，乙未三碧入中，中宮首上加木也；五黃到井，五為大煞，書云：五黃到處不留情，一白到向，一為坎、為血，向上是六，頭已出血，故主打死；打死之月，必是二月，四入中，中宮頭上重加木也，六白到井，頭上見血，二黑到向，太歲臨向也；所傷之人必肖虎者。丙申年四綠到井，二黑入中，太歲臨中宮，四到井上，木剋土也，然必是二月，一入中宮，頭上見血，傷者必肖牛也。

則先謹按：

此乃令星下水，丁星落在井中之咎。乙未年逢戊、己大煞臨井，丙申年向上之四亦移到井，故凶禍迭現。所傷之人必主肖虎與牛者，以雙八到坐，八即丑、艮、寅，丑為牛，寅為虎故也。以此卦象推禍兆，而以坐山雙星斷年命也。

466

例 16、某宅，未山丑向，八運造。

原文：

未山

6 3 七	1 7 三	8 5 五
7 4 六	5 2 八	3 9 一
2 8 二	9 6 四	4 1 九

丑向

乾、坎二方有水放光，至丑方門前橫過。

此宅住後丁財頗佳，因旺星到坐到向，向上有水故也。惟嫌乾、坎兩宮之水皆四、六、九同宮，乾方本無六到，而地盤是六，故亦四、六也。書曰：巽宮水路纏乾，主有懸樑之厄，故主屋內有一女人身穿紅衣黑背心，坐而吊死，此因乾方地盤是六，六金也，金重故不能懸起，坐而吊死也。穿紅衣黑背心者，因九、一同宮，九為離，色紅，離中虛，落於坎位，坎色黑且中滿，填補離中虛，故穿紅衣黑背心也。若六在上，四在下，即主懸吊矣。

則先謹按：

巽為索，乾為首，索繫於首，縊之象也，故巽宮水路纏乾，失元主有懸樑之厄，應在女子者，乾金剋巽木，四、九為陰卦故也。然有水或路其剋乃力，否則亦不驗。是篇合乾、坎兩宮解釋卦象，維妙維肖，為斷法精到之作。或云水路纏乾兼形局斷，如陽宅乾方有曲水纏繞，亦主此厄；然亦須太歲或年月星辰加臨，其禍斯應。

467

談養吾，名浩然，江蘇武進人，著作有《談氏三元地理大玄空實驗》《三元地理大玄空路透》《三元地理大玄空實驗》《地理辯正新解》《玄空本義談養吾全集》等書。其作品中曾經敘述縣衙門養魚可以平定竊盜一事。

二運戊戌年，歲星五黃入中，中宮即二五交會；縣衙前的鼓樓在兌方，運星四綠，年星七赤飛入，七兌金剋四綠巽木，兌為破軍盜賊，巽為文曲文書，故竊賊多，談養吾建議縣衙司令養一缸魚，魚用黑色，據說有效。金木相剋以水通關，黑色代表水。

一 4	六 9	八 2
九 3	二 5	四 7
五 8	七 1	三 6

王亭之舉出談養吾對三般卦之運用，略以：某公司三運營造，壬山丙向，樓高三層，九開間。樓中央有大天井，氣口在巽宮，樓梯及升降機口亦在巽宮；宅外在巽宮方位是三叉路口，車水馬龍，其兌方建築為太古洋行，樓頂尖形。開業後業務鼎盛，但由 1924（中元四綠巽木起）甲子年業務轉衰，是非橫生，生意淡薄。六年後進行門面改造。

9 6	4 2	2 4
二	七	九
1 5	8 7	6 9
一	三	五
5 1	3 3	7 8
六	八	四

壬山

468

此盤巽宮，有九紫飛入山星，六白飛入向星；巽宮是門向，做生意最重門向，六白金在四運並不旺，又受到九紫離火的剋制，又有太古洋行樓頂尖形的火上加油；其次，三運時二黑、九紫、六白也非旺氣；二黑又受向首山星四綠巽木所剋。再次，中宮運星三碧，剋山星八白土，而又為七赤金星所剋，循環相剋故不利。改善方法，主要進氣口移至坤宮，升降機移到乾宮，帳房及總經理移至艮宮。

8 9 三	4 4 八	6 2 一
7 1 二	9 8 四	2 6 六
3 5 七	5 3 九	1 7 五

壬山

　　經過改善後屬於四運，四運以四綠為旺星，向首雙四飛入，雙星到向，財運亨通。坤宮是氣口，與中宮、艮宮形成「一四七」三般卦七星打劫的結構，將進氣與財庫的元氣相通。其次，艮宮運星七赤與艮宮山星三碧合十，屬土；中宮則是四九合金；坤宮一白與山上飛星六白，合為一六共宗水。土生金，金生水，一路相生。乾宮安升降機，重金屬洩五黃煞。四運興旺，五運不免衰退。

469

《宅運新案》略以：某宅酉山卯向，兼庚甲二度，上元一運翻造，前高後低，即坐空朝滿；主家經營船運與錢莊，甚旺；至光緒二十三年丁酉年二運，於原址加蓋樓房。由飛星盤知，一運旺氣為一白，雙星到山，向上六白乾金，一六共宗，金生水。宅後有水路，故向星能進財。

4　7 九	8　3 五	6　5 七
5　6 八	3　8 一	1　1 三
9　2 四	7　4 六	2　9 二

（右：酉山）

二運改造後，飛星盤向首雙星到向，門前街道不寬，有理無形，向星管水，未見其吉。酉方流進真水是兌七衰死之氣。若用城門法，改由巽宮進氣，或可一搏。

3　1 一	8　5 六	1　3 八
2　2 九	4　9 二	6　7 四
7　6 五	9　4 七	5　8 三

（右：酉山）

例1：長生橋南月中桂 上海

南月中桂化妝品號。舊係某綢緞號址。此處十餘年內，已有數家在此屋歇業，三運壬丙向，承受巽宮退氣。

詩曰：君不見長生橋下月中桂，開設至今多賠累。只為老陰元氣洩，坐看財寶連年退。

註：向首二黑坤土，在三運已為衰氣，更加巽上門路最活動處，挨著六白乾金，與向首元神相洩，所謂生出是也，金出主退財，故設號於此者，皆歇業虧耗。

壬山丙向三運

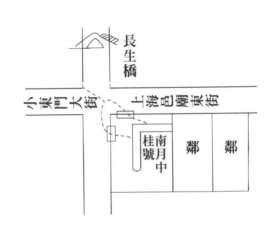

例 2：上海望平街民立報館

三運甲庚向，編輯處引進八六一吉氣，故文名極盛。機件在火星聚處動作，更得年月紫火射入，內外火星接觸，故不盈年而燬於火。庚戌九秋開辦，辛亥孟夏遇火。

詩曰：人云民立遭天忌，豈識內中失布置。流年九火到冲方，火聚夏初竟火化。

註：二七先天火，九紫後天火，機房動處，火星聚會，向首又逢七赤，辛亥年四月，均八入中，九至乾方總氣口，二至艮方內路，七至機房，遂有遇火之應。

甲山庚向三運

9 4 二	5 9 七	7 2 九
8 3 一 (山)	1 5 三	3 7 五 (向)
4 8 六	6 1 八	2 6 四

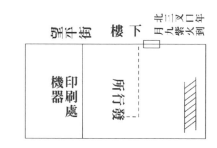

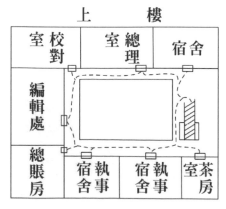

472

例 3：九畝地新舞台 上海

三運丑未兼艮坤，癸丑年(上元民國二年)夏六月造。甲寅正月十三日遇火，當年再行建築。

詩曰：火鴉飛向左右來，五虎分明化作灰。再怕碧龍三一八，騰騰烈焰起層臺。更看春夏金雞到，連續推翻丁丙災。苦煞四鄰齊受劫，十年以內難星追。

註：向首九六三聚會，所謂火若剋金兼化木，數經回祿之災者此也。地當兩路之交，車水馬龍，往來不輟，更日有千百眾之觀客出入，活動之甚，無有過於是者，故應驗之處，火星全在活動之方，且兌離巽宮，原有二七羅列，故火災必矣。

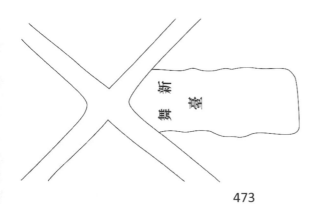

丑山未向三運

7 8 二	2 4 七	9 6 九
8 7 一	6 9 三	4 2 五
3 3 六	1 5 八	5 1 四

艮山坤向(寅山申向)三運

5 1 二	1 5 七	3 3 九
4 2 一	6 9 三	8 7 五
9 6 六	2 4 八	7 8 四

新舞臺

473

例4：二運孫香林先生發宅

二運二黑旺氣到坎方曠場，午丁方高樓，又迴下天空中坎方旺氣，灶坐離方，化生為旺，以助土威，故以善權子母而成偉大富業。書房門路走動四綠文星之方，遇年月助吉主發科，故其子入學成秀士。

三運向首二黑衰退，灶火盜洩三碧旺氣，化出二黑衰退之土，故長孫保大吸食鴉片，將四五千現金，百數十畝良田逐漸敗盡，今則全宅易主矣。

詩曰：試看先輩香林宅，助吉助凶在灶間。二黑運中成富業，祿存無奈化為烟。

午山子向（丁山癸向）二運

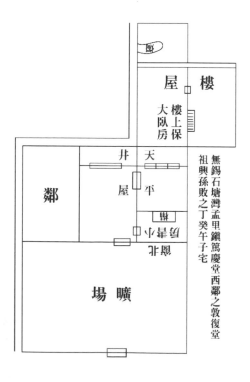

山

5 8 一	1 3 六	3 1 八
4 9 九	6 7 二	8 5 四
9 4 五	2 2 七	7 6 三

向

例5：沈氏東三省大連市興業公司

三運甲寅年入宅，未山丑向(實於癸丑十二底開始遷入)。通利當吸足旺氣，生涯獨盛。總公司收氣夾雜，吉凶參半，主人臥室，純乎吸收衰死之氣，聞沈氏游旅順，遇陰謀家席間中毒，回寓發險症而亡。

詩曰：已過之氣為衰退，過久為死動非宜。曲蠖待時雖暫寄，天機莫背可無疑。

又曰：怪哉小小通利當，日進紛紛生意旺。為得天機作主張，萬千主顧爭相訪。

未山丑向三運

⑧ ⑦ 二	④ ② 七	⑥ ⑨ 九
⑦ ⑧ 一	⑨ ⑥ 三	② ④ 五
③ ③ 六	⑤ ① 八	① ⑤ 四

475

例6：上海大東門內蔴袋公所義務小學

向首引入三碧旺氣，衙口德八白輔星，三八合成先天木局，故外間聲譽絕佳，教員宿舍吸收氣口四綠生氣，宜乎教務振作，有聲有色，震動遐邇也。

詩曰：大東門內小學堂，如何教育震遐方。只為三八先天木，木運之中來路良。再看西角教員室，氣口逢生姓字揚。小規模中大作用，天機占得不尋常。

子山午向（癸山丁向）三運

（向）

7 8	3 3	5 1
二	七	九
6 9	8 7	1 5
一	三	五
2 4	4 2	9 6
六	八	四

（山）

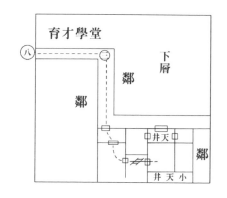

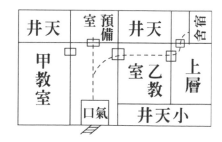

476

例 7：上海某金號

舊用丙山壬向，凡設號於此者，皆失敗而去，以向首三危於交劍煞，而外口廉貞惡土，又助虐故也。

友人某君欲設金號於此，囑予代為布置，遂囑將辦事之案，移於甲處，而改為丙向，使氣口星辰，節節生入，外口一向內生第二三氣口三八木，三八木又隨同來客直上樓梯生第四氣口九，第四氣口九生坐前之二黑巨門土，果然捷得厚利。

詩曰：化煞為生反掌間，重重生氣往內旋。果然著手開金庫，滾滾財源湧眼前。

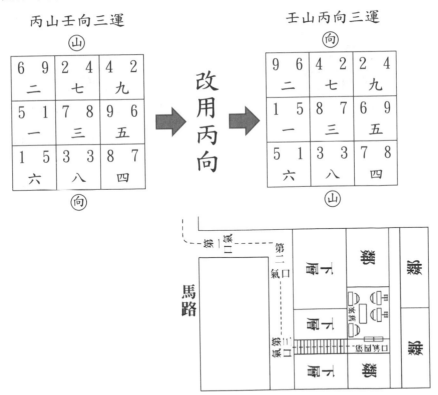

例 8：上海蘭路順泰醬園

坤宮有三四里特朝之水，得向上旺氣，故生涯甚盛。震宮近照有三叉曲水，得向上四綠生氣，後望頗長，故營業逐年拓展，櫃中又引進前後生旺之風，故貿易非常發達也。

詩曰：水與風兮兩得宜，雙收生旺氣為奇。羨他暗裡承天助，釀酒工場得福基。

坤山艮向（申山寅向）三運

1　5 二	5　1 七	3　3 九
2　4 一	9　6 三	7　8 五
6　9 六	4　2 八	8　7 四

上海蘭路順泰醬園

三運坤山
艮向

478

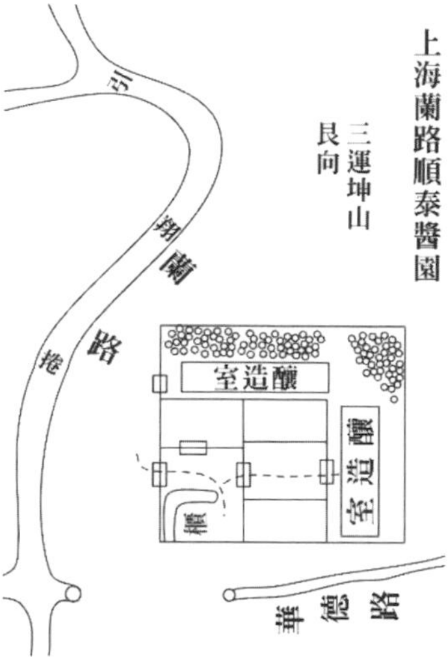

例9：上海威賽路聶公館

全宅星氣本吉，惜受外路兌金之剋，主有憑藉陰人之力，口辯之巧，而來剝削，且木被金傷，則肝經受病，膽經受虧，膽汁一弱，胃化力亦不足矣。

前門○處置儲水器，以資解救，主要辦事處與賬房，當宜於甲乙二室，因甲子年即交四運，藉以吸取離宮五黃生氣也。

詩曰：滙山路上聶公館，坐艮向坤對碧天。可惜兌金占外路，助凶最怕癸亥年。(年白七赤又到兌)

艮山坤向(寅山申向)三運

5 1 二	1 5 七	3 3 九
4 2 一	6 9 三	8 7 五
9 6 六	2 4 八	7 8 四

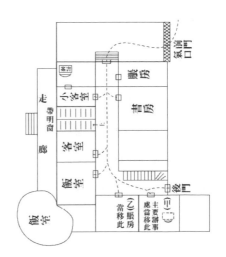

參考書目

徐善繼，徐善述合著，《地理人子須知》。

沈竹礽著，《沈氏玄空學》上下冊。

張鶴齡著，《玄機陰陽秘鑑》。

王松寒著，《王氏陽宅學》。

蔣大鴻著，《地理合璧》。

王啟燊編著《地靈人傑‧上下冊》。

吳師青著，《樓宇寶鑑》。

曾子南編著，《三元地理函授講義》。

王亭之編著，《中州派玄空學》。

談養吾著，《談氏三元地理大玄空路透》。

尤惜陰，懺悔學人著，《玄空秘本二宅實驗》。

王德薰著，《山水發微》。

唐正一著，《風水的研究》。

國家圖書館出版品預行編目資料

玄空陽宅三十天快譯通/於光泰著
--初版—桃園市
於光泰，2024.03
480 面；14.8X21 公分
ISBN：978-626-01-2596-7
CIP：1.CST: 相宅
294.1　　113003864

玄空陽宅三十天快譯通

2024 年 3 月　初版　第 1 刷

作者：於光泰
出版者：於光泰
地址：桃園市桃園區大業路二段 103 號 7 樓之 2
電話：(03)472-4980
Email：s91923010@yahoo.com.tw

印刷：明邦印刷事業有限公司
地址：新北市中和區中山路二段 327 巷 11 弄 5 號 1 樓
電話：(02)2247-5550

建議售價：新台幣壹仟參佰元整

ISBN：978-626-01-2596-7